学术成长资料采集工程
程院院士传记丛书

术宏愿
盛勇传

黎润红 张大庆 ◎著

1920年	1936年	1942年	1952年	1985年	1996年	2010年
出生于上海	考入国立上海医学院	成为中华医学会终身会员	任军事医学科学院实验外科系副研究员	获国家科学技术进步奖一等奖	当选中国工程院院士	获第八届光华工程科技奖

老科学家学术成长资料采集工程
中国工程院院士传记丛书

仁术宏愿
盛志勇传

黎润红 张大庆 ○著

中国科学技术出版社
上海交通大学出版社

图书在版编目（CIP）数据

仁术宏愿：盛志勇传／黎润红，张大庆著．—北京：中国科学技术出版社，2015.1

（老科学家学术成长资料采集工程丛书　中国工程院院士传记丛书）

ISBN 978-7-5046-6724-3

Ⅰ.①仁⋯　Ⅱ.①黎⋯　②张⋯　Ⅲ.①盛志勇－传记　Ⅳ.① K826.2

中国版本图书馆 CIP 数据核字（2014）第 233632 号

出 版 人	苏　青　韩建民	
责任编辑	吕秀齐　刘赫铮	
责任校对	孟华英	
责任印制	张建农	
版式设计	中文天地	

出　　版	中国科学技术出版社　上海交通大学出版社
发　　行	科学普及出版社发行部
地　　址	北京市海淀区中关村南大街16号
邮　　编	100081
发行电话	010-62173865
传　　真	010-62179148
网　　址	http://www.cspbooks.com.cn

开　　本	787mm×1092mm　1/16
字　　数	250千字
印　　张	16.5
彩　　插	2
版　　次	2015年1月第1版
印　　次	2015年1月第1次印刷
印　　刷	北京华联印刷有限公司
书　　号	ISBN 978-7-5046-6724-3 / K·160
定　　价	48.00元

（凡购买本社图书，如有缺页、倒页、脱页者，本社发行部负责调换）

老科学家学术成长资料采集工程领导小组专家委员会

主　任：杜祥琬

委　员：（以姓氏拼音为序）

巴德年　　陈佳洱　　胡启恒　　李振声

王礼恒　　王春法　　张　勤

老科学家学术成长资料采集工程丛书组织机构

特邀顾问（以姓氏拼音为序）

樊洪业　　方　新　　齐　让　　谢克昌

编委会

主　编：王春法　　张　藜

编　委：（以姓氏拼音为序）

艾素珍　　董庆九　　胡化凯　　黄竞跃　　韩建民

廖育群　　吕瑞花　　刘晓勘　　林兆谦　　秦德继

任福君　　苏　青　　王扬宗　　夏　强　　杨建荣

张柏春　　张大庆　　张　剑　　张九辰　　周德进

编委会办公室

主　任：许向阳　　张利洁

副主任：许　慧　　刘佩英

成　员：（以姓氏拼音为序）

崔宇红　　董亚峥　　冯　勤　　何素兴　　韩　颖

李　梅　　罗兴波　　刘　洋　　刘如溪　　沈林苣

王晓琴　　王传超　　徐　捷　　肖　潇　　言　挺

余　君　　张海新　　张佳静

老科学家学术成长资料采集工程简介

老科学家学术成长资料采集工程（以下简称"采集工程"）是根据国务院领导同志的指示精神，由国家科教领导小组于2010年正式启动，中国科协牵头，联合中组部、教育部、科技部、工信部、财政部、文化部、国资委、解放军总政治部、中国科学院、中国工程院、国家自然科学基金委员会等11部委共同实施的一项抢救性工程，旨在通过实物采集、口述访谈、录音录像等方法，把反映老科学家学术成长历程的关键事件、重要节点、师承关系等各方面的资料保存下来，为深入研究科技人才成长规律，宣传优秀科技人物提供第一手资料和原始素材。按照国务院批准的《老科学家学术成长资料采集工程实施方案》，采集工程一期拟完成300位老科学家学术成长资料的采集工作。

采集工程是一项开创性工作。为确保采集工作规范科学，启动之初即成立了由中国科协主要领导任组长、12个部委分管领导任成员的领导小组，负责采集工程的宏观指导和重要政策措施制定，同时成立领导小组专家委员会负责采集原则确定、采集名单审定和学术咨询，委托中国科学技术史学会承担具体组织和业务指导工作，建立专门的馆藏基地确保采集资料的永久性收藏和提供使用，并研究制定了《采集工作流程》、《采集工作规范》等一系列基础文件，作为采集人员的工作指南。截至2014年底，已启动 304 位老科学家的学术成长资料采集工作，获得手稿、书信等实物原件资料 52093 件，数字化资料 137471 件，视频资料 183878 分钟，音频资料 224825 分钟，具有重要的史料价值。

采集工程的成果目前主要有三种体现形式，一是建设一套系统的"老科学家学术成长资料数据库"（本丛书简称"采集工程数据库"），提供学术研究和弘扬科学精神、宣传科学家之用；二是编辑制作科学家专题资料片系列，以视频形式播出；三是研究撰写客观反映老科学家学术成长经历的研究报告，以学术传记的形式，与中国科学院、中国工程院联合出版。随着采集工程的不断拓展和深入，将有更多形式的采集成果问世，为社会公众了解老科学家的感人事迹，探索科技人才成长规律，研究中国科技事业的发展历程提供客观翔实的史料支撑。

总序一

中国科学技术协会主席 韩启德

老科学家是共和国建设的重要参与者，也是新中国科技发展历史的亲历者和见证者，他们的学术成长历程生动反映了近现代中国科技事业与科技教育的进展，本身就是新中国科技发展历史的重要组成部分。针对近年来老科学家相继辞世、学术成长资料大量散失的突出问题，中国科协于2009年向国务院提出抢救老科学家学术成长资料的建议，受到国务院领导同志的高度重视和充分肯定，并明确责成中国科协牵头，联合相关部门共同组织实施。根据国务院批复的《老科学家学术成长资料采集工程实施方案》，中国科协联合中组部、教育部、科技部、工业和信息化部、财政部、文化部、国资委、解放军总政治部、中国科学院、中国工程院、国家自然科学基金委员会等11部委共同组成领导小组，从2010年开始组织实施老科学家学术成长资料采集工程。

老科学家学术成长资料采集是一项系统工程，通过文献与口述资料的搜集和整理、录音录像、实物采集等形式，把反映老科学家求学历程、师承关系、科研活动、学术成就等学术成长中关键节点和重要事件的口述资料、实物资料和音像资料完整系统地保存下来，对于充实新中国科技发展的历史文献，理清我国科技界学术传承脉络，探索我国科技发展规律和科技人才成长规律，弘扬我国科技工作者求真务实、无私奉献的精神，在全社会营造爱科学、学科学、用科学的良好氛围，是一件很有意义的事情。采集工程把重点放在年龄在 80 岁以上、学术成长经历丰富的两院院士，以及虽然不是两院院士、但在我国科技事业发展中作出突出贡献的老科技工作者，充分体现了党和国家对老科学家的关心和爱护。

自 2010 年启动实施以来，采集工程以对历史负责、对国家负责、对科技事业负责的精神，开展了一系列工作，获得大量反映老科学家学术成长历程的文字资料、实物资料和音视频资料，其中有一些资料具有很高的史料价值和学术价值，弥足珍贵。

以传记丛书的形式把采集工程的成果展现给社会公众，是采集工程的目标之一，也是社会各界的共同期待。在我看来，这些传记丛书大都是在充分挖掘档案和书信等各种文献资料、与口述访谈相互印证校核、严密考证的基础之上形成的，内中还有许多很有价值的照片、手稿影印件等珍贵图片，基本做到了图文并茂，语言生动，既体现了历史的鲜活，又立体化地刻画了人物，较好地实现了真实性、专业性、可读性的有机统一。通过这套传记丛书，学者能够获得更加丰富扎实的文献依据，公众能够更加系统深入地了解老一辈科学家的成就、贡献、经历和品格，青少年可以更真实地了解科学家、了解科技活动，进而充分激发对科学家职业的浓厚兴趣。

借此机会，向所有接受采集的老科学家及其亲属朋友，向参与采集工程的工作人员和单位，表示衷心感谢。真诚希望这套丛书能够得到学术界的认可和读者的喜爱，希望采集工程能够得到更广泛的关注和支持。我期待并相信，随着时间的流逝，采集工程的成果将以更加丰富多样的形式呈现给社会公众，采集工程的意义也将越来越彰显于天下。

是为序。

总序二

中国科学院院长 白春礼

由国家科教领导小组直接启动，中国科学技术协会和中国科学院等12个部门和单位共同组织实施的老科学家学术成长资料采集工程，是国务院交办的一项重要任务，也是中国科技界的一件大事。值此采集工程传记丛书出版之际，我向采集工程的顺利实施表示热烈祝贺，向参与采集工程的老科学家和工作人员表示衷心感谢！

按照国务院批准实施的《老科学家学术成长资料采集工程实施方案》，开展这一工作的主要目的就是要通过录音录像、实物采集等多种方式，把反映老科学家学术成长历史的重要资料保存下来，丰富新中国科技发展的历史资料，推动形成新中国的学术传统，激发科技工作者的创新热情和创造活力，在全社会营造爱科学、学科学、用科学的良好氛围。通过实施采集工程，系统搜集、整理反映这些老科学家学术成长历程的关键事件、重要节点、学术传承关系等的各类文献、实物和音视频资料，并结合不同时期的社会发展和国际相关学科领域的发展背景加以梳理和研究，不仅有利于深入了解新中国科学发展的进程特别是老科学家所在学科的发展脉络，而且有利于发现老科学家成长成才中的关键人物、关键事件、关键因素，探索和把握高层次人才培养规律和创新人才成长规律，更有利于理清我国科技界学术传承脉络，深入了解我国科学传统的形成过程，在全社会范围内宣传弘扬老科学家的科学思想、卓越贡献和高尚品质，推动社会主义科学文化和创新文化建设。从这个意义上说，采集工程不仅是一项文化工程，更是一项严肃认真的学术建设工作。

中国科学院是科技事业的国家队，也是凝聚和团结广大院士的大家庭。早在1955年，中国科学院选举产生了第一批学部委员，1993年国务院决定中国科学院学部委员改称中国科学院院士。半个多世纪以来，从学部委员到院士，经历了一个艰难的制度化进程，在我国科学事业发展史上书写了浓墨重彩的一笔。在目前已接受采集的老科学家中，有很大一部分即是上个世纪80、90年代当选的中国科学院学部委员、院士，其中既有学科领域的奠基人和开拓者，也有作出过重大科学成就的著名科学家，更有毕生在专门学科领域默默耕耘的一流学者。作为声誉卓著的学术带头人，他们以发展科技、服务国家、造福人民为己任，求真务实、开拓创新，为我国经济建设、社会发展、科技进步和国家安全作出了重要贡献；作为杰出的科学教育家，他们着力培养、大力提携青年人才，在弘扬科学精神、倡树科学理念方面书写了可歌可泣的光辉篇章。他们的学术成就和成长经历既是新中国科技发展的一个缩影，也是国家和社会的宝贵财富。通过采集工程为老科学家树碑立传，不仅对老科学家们的成就和贡献是一份肯定和安慰，也使我们多年的夙愿得偿！

鲁迅说过，"跨过那站着的前人"。过去的辉煌历史是老一辈科学家铸就的，新的历史篇章需要我们来谱写。衷心希望广大科技工作者能够通过"采集工程"的这套老科学家传记丛书和院士丛书等类似著作，深入具体地了解和学习老一辈科学家学术成长历程中的感人事迹和优秀品质；继承和弘扬老一辈科学家求真务实、勇于创新的科学精神，不畏艰险、勇攀高峰的探索精神，团结协作、淡泊名利的团队精神，报效祖国、服务社会的奉献精神，在推动科技发展和创新型国家建设的广阔道路上取得更辉煌的成绩。

总序三

中国工程院院长　周　济

由中国科协联合相关部门共同组织实施的老科学家学术成长资料采集工程，是一项经国务院批准开展的弘扬老一辈科技专家崇高精神、加强科学道德建设的重要工作，也是我国科技界的共同责任。中国工程院作为采集工程领导小组的成员单位，能够直接参与此项工作，深感责任重大、意义非凡。

在新的历史时期，科学技术作为第一生产力，已经日益成为经济社会发展的主要驱动力。科技工作者作为先进生产力的开拓者和先进文化的传播者，在推动科学技术进步和科技事业发展方面发挥着关键的决定的作用。

新中国成立以来，特别是改革开放30多年来，我们国家的工程科技取得了伟大的历史性成就，为祖国的现代化事业作出了巨大的历史性贡献。两弹一星、三峡工程、高速铁路、载人航天、杂交水稻、载人深潜、超级计算机……一项项重大工程为社会主义事业的蓬勃发展和祖国富强书写了浓墨重彩的篇章。

这些伟大的重大工程成就，凝聚和倾注了以钱学森、朱光亚、周光召、侯祥麟、袁隆平等为代表的一代又一代科技专家们的心血和智慧。他们克服重重困难，攻克无数技术难关，潜心开展科技研究，致力推动创新发展，为实现我国工程科技水平大幅提升和国家综合实力显著增强作出了杰出贡献。他们热爱祖国，忠于人民，自觉把个人事业融入到国家建设大局之中，为实现国家富强而不断奋斗；他们求真务实，勇于创新，用科技为中华民族的伟大复兴铸就了辉煌；他们治学严谨，鞠躬尽瘁，具有崇高的科学精神和科学道德，是我们后代学习的楷模。科学家们的一生是一本珍贵的教科书，他们坚定的理想信念和淡泊名利的崇高品格是中华民族自强不息精神的宝贵财富，永远值得后人铭记和敬仰。

通过实施采集工程，把反映老科学家学术成长经历的重要文字资料、实物资料和音像资料保存下来，把他们卓越的技术成就和可贵的精神品质记录下来，并编辑出版他们的学术传记，对于进一步宣传他们为我国科技发展和民族进步作出的不朽功勋，引导青年科技工作者学习继承他们的可贵精神和优秀品质，不断攀登世界科技高峰，推动在全社会弘扬科学精神，营造爱科学、讲科学、学科学、用科学的良好氛围，无疑有着十分重要的意义。

中国工程院是我国工程科技界的最高荣誉性、咨询性学术机构，集中了一大批成就卓著、德高望重的老科技专家。以各种形式把他们的学术成长经历留存下来，为后人提供启迪，为社会提供借鉴，为共和国的科技发展留下一份珍贵资料。这是我们的愿望和责任，也是科技界和全社会的共同期待。

周济

盛志勇

2010年12月3日采访过程中一起查看资料（左起盛志勇、黎润红）

2010年12月13日采访盛志勇院士结束后工作人员与盛志勇院士合影
（右二李金浞，右三盛志勇，左三黎润红）

序

我有幸被列为中国科协组织的老科学家学术成长资料采集工程第一批采集对象，感到非常光荣。我的父亲在南京金陵大学医学院学医，毕业后被聘到上海杨树浦的工业医院工作。后因工业医院停业，我父亲自己开业，逐渐建立了沪东医院。因此我是在上海出生和长大的。

我小时候，就住在杨树浦，和医院在一起。父母每天都忙于医院的工作，我也是在医院长成的，亲眼目睹他们辛勤地给予杨树浦一带的工人医疗服务，印象深刻，因此很早就有学医的志向。因为我们家住在沪东公社附近，我5岁的时候就进入沪东公社上小学，一直读到初中二年级才离开。当时沪东公社的小学和现在很像，也是6年制，课程主要有国文、数学、自然等。在初中二年级，我转到沪江大学附属中学，直到高中毕业。因此从初中起，一直住校学习，养成独立、不依靠父母亲的学习和生活本领。我们上中学的时候就已经有外教了，是一名美国老师。当时我父亲还怕我们的英语跟不上，有个暑假他给我和我姐姐请了一位美籍华人给我们补习英语，因此，我的英语基础比较好，在后来的学医过程中特别有体会。我认为现在的年轻人也应该好好学习一门外语，如英语，毕竟在目前，英、美的科学发展比我们早，科学人才比我们多，因此最新研究成果一般都是先用英语发表的，而且，如果能用英语书写自己的临床和研究成果也可在国外杂志发表，赢得国际承认。

沪江大学附属中学管理很严，我们都是住校，两个星期才可以回家一次。当时这个学校有很多学生是有钱人的孩子。在学校时，周末有学生跳墙出去玩，而我从来不敢，一方面是家里管得很严，我的零用钱很有限，仅为一元；另一方面是我对那些娱乐不太有兴趣，也许是从小在医院长大的缘故。虽然我不会饮酒、跳舞，但是我很擅长玩，对体育方面也很有兴趣，很多运动项目我很快就学会，比如跳绳、荡秋千、走浪木、踢毽子、单双杠、踢足球、打乒乓球、排球、网球等，都玩得很不错，而且也注意平时拉弹簧锻炼。

高中毕业后，考入了国立上海医学院。当时考上医并没有什么特别的想法，也许就是因为家里父母都在医院，一种潜移默化的影响，在自己的头脑里几乎没有过学习其他专业的想法。不过由于当时医学院很难考，所以我给自己想了一条退路，如果考不上上医就考沪江大学化学系，因为我对化学还是挺感兴趣的。结果我考上了，所以就这样一直从事医学专业。

大学毕业后先后在红十字会第一医院即现在的华山医院、中山医院急症外科医院、军事医学科学院、第二军医大学、解放军总医院、304医院等单位从事普外科、创伤外科、烧伤外科等相关科室的工作。先后参加过抗美援朝医疗队、成昆铁路修路医疗队、中印边境自卫反击战医疗队、中越边境自卫反击战的救治工作，二次参加农村医疗队等，各种丰富的人生经历以及工作经历为我外科手术积累了丰富的经验，也了解了战争的残酷性以及农村缺医少药的情况。

在学习过程中，主要是颜福庆院长的谆谆教导，校训"正谊明道"以及诸位前期临床老师如应元岳、吴在东、乐文照、邵幼善、沈克非、黄家驷等的教诲，不论外科学临床的知识、手术操作、手术前后的医疗措施以及科学道德，还是作为一名医务工作者的操守，都得之于诸位前辈和老师的谆谆教导。

新中国成立后，又受党的培养，从一名普通的外科医生，到奉命参加战伤和大灾难救死扶伤的工作和培养年轻医生的工作，又进行了有关创伤、烧伤的病理生理机制及治疗的研究。因此，目前我本人有一些对烧、创伤的诊断、并发症发病机制等的治疗经验和成果，都要归功于党和老师们的培养，所以应该感谢党和老师们的谆谆教导。但从上世纪末，身体开始走下坡路，头发仅存白发一圈，冠状动脉内已放置五个支架，支撑着心脏的功能，行动已开始蹒跚，记忆极速衰退。所幸与我工作多年的较年轻的同志已出人头地，在医学领域已稍有成就，并取得应有的名望可聊以自慰，但还不甘心蹉跎仅剩的时日，无所作为。目前在创、烧伤的治疗和康复的领域里，还存在很多尚未解决的问题，亟须由从事这方面的中、青年的医务人员来进行研究和实施。我亟诚希望在不久的将来，在这些青壮年同志的努力下，可使绝大多数的患者能在伤后获得更良好的治疗，以及在治愈后能够拥有优越的生活质量，更好地为人民服务、造福于人民，在党的领导下，共同实现"中国梦"。是为序。

目 录

老科学家学术成长资料采集工程简介

总序一 ……………………………………………………………… 韩启德

总序二 ……………………………………………………………… 白春礼

总序三 ……………………………………………………………… 周　济

序 ………………………………………………………………… 盛志勇

导　言 …………………………………………………………………… 1

| 第一章 | 故乡与童年 …………………………………………………… 9

　　从莫干山到杨树浦 …………………………………………………… 9
　　家世 ………………………………………………………………… 14

| 第二章 | 学生时代 | 16 |

小学与中学 …………………………………… 16
大学时代 …………………………………… 22

| 第三章 | 专业选择 | 34 |

"选择"外科 …………………………………… 34
终身伴侣 …………………………………… 36
从红十字会第一医院到沪东医院 …………… 38
良师启迪 …………………………………… 43
抗美援朝医疗队 …………………………… 48

| 第四章 | 临床研究的开启 | 54 |

抗美援朝工作的延续 ………………………… 54
相关书籍的编写 ……………………………… 57
中国第一家急症外科医院 …………………… 58
迁往北京 …………………………………… 61

| 第五章 | 从追求卓越到服务基层 | 66 |

创伤、烧伤外科的建设 ……………………… 66
战争医疗队 …………………………………… 76
从朝鲜到农村医疗队 ………………………… 82
抗震救灾与三线建设 ………………………… 91

| 第六章 | 新的征程 | 98 |

从创伤外科中心到烧伤研究所 ……………… 98
医院的建设 …………………………………… 101

人才队伍的建设 ································· 107

第七章 | 主要学术贡献 ································· 111

　　烧伤休克期的治疗 ································· 111
　　低温异体皮库的建立 ······························· 115
　　脓毒症的研究 ····································· 119
　　烧伤病人的治疗新观念 ····························· 125
　　成果与贡献 ······································· 127

第八章 | 学术交流与学生培养 ························· 135

　　学术交流与学术合作 ······························· 135
　　学生培养 ··· 144
　　学生心目中的老师 ································· 154

结 语 ··· 157

附录一　盛志勇年表 ··································· 164

附录二　盛志勇主要论著目录 ··························· 196

附录三　正气从何而来 ································· 218

参考文献 ··· 235

后 记 ··· 238

图片目录

图 1-1　医院开业执照⋯⋯⋯⋯⋯⋯⋯⋯⋯⋯⋯⋯⋯⋯⋯⋯⋯⋯⋯⋯⋯⋯11
图 1-2　1938 年盛志勇全家福⋯⋯⋯⋯⋯⋯⋯⋯⋯⋯⋯⋯⋯⋯⋯⋯⋯⋯12
图 1-3　1954 年盛志勇全家福⋯⋯⋯⋯⋯⋯⋯⋯⋯⋯⋯⋯⋯⋯⋯⋯⋯⋯15
图 2-1　沪东公社的组织系统⋯⋯⋯⋯⋯⋯⋯⋯⋯⋯⋯⋯⋯⋯⋯⋯⋯⋯17
图 2-2　1939 年 12 月国立上海医学院行政机构图⋯⋯⋯⋯⋯⋯⋯⋯⋯26
图 2-3　白龙潭国立上海医学院校舍（一）⋯⋯⋯⋯⋯⋯⋯⋯⋯⋯⋯⋯28
图 2-4　白龙潭国立上海医学院校舍（二）⋯⋯⋯⋯⋯⋯⋯⋯⋯⋯⋯⋯28
图 2-5　歌乐山国立上海医学院校门⋯⋯⋯⋯⋯⋯⋯⋯⋯⋯⋯⋯⋯⋯⋯28
图 2-6　歌乐山国立上海医学院校舍⋯⋯⋯⋯⋯⋯⋯⋯⋯⋯⋯⋯⋯⋯⋯28
图 3-1　1943 年盛志勇与张韵秀的结婚照⋯⋯⋯⋯⋯⋯⋯⋯⋯⋯⋯⋯37
图 3-2　1948 年盛志勇出国前家人合影⋯⋯⋯⋯⋯⋯⋯⋯⋯⋯⋯⋯⋯39
图 3-3　改组后沪东医院组织结构图⋯⋯⋯⋯⋯⋯⋯⋯⋯⋯⋯⋯⋯⋯⋯42
图 3-4　1949 年初沪东医院全体职工合影⋯⋯⋯⋯⋯⋯⋯⋯⋯⋯⋯⋯42
图 3-5　盛志勇（1949 年）⋯⋯⋯⋯⋯⋯⋯⋯⋯⋯⋯⋯⋯⋯⋯⋯⋯⋯43
图 3-6　沈克非任中国代表团首席代表，出席 1946 年联合国
　　　　世界卫生组织筹备及成立大会⋯⋯⋯⋯⋯⋯⋯⋯⋯⋯⋯⋯⋯⋯45
图 3-7　1946 年联合国世界卫生组织欢迎中国代表团成员，沈克非⋯⋯45
图 3-8　1953 年军事医学科学院实验外科系全体成员及部分家属在
　　　　沈克非家中⋯⋯⋯⋯⋯⋯⋯⋯⋯⋯⋯⋯⋯⋯⋯⋯⋯⋯⋯⋯⋯47
图 3-9　1951 年 1 月 23 日在大光明影院欢送上海市抗美援朝
　　　　志愿医疗手术大队大会现场⋯⋯⋯⋯⋯⋯⋯⋯⋯⋯⋯⋯⋯⋯⋯48
图 3-10　授旗仪式⋯⋯⋯⋯⋯⋯⋯⋯⋯⋯⋯⋯⋯⋯⋯⋯⋯⋯⋯⋯⋯49
图 3-11　1951 年 1 月 25 日上海市抗美援朝医疗手术大队在人民公园
　　　　出发时的情景⋯⋯⋯⋯⋯⋯⋯⋯⋯⋯⋯⋯⋯⋯⋯⋯⋯⋯⋯⋯50

图 3-12	1951年抗美援朝医疗队在齐齐哈尔第二陆军医院中学习讨论的情景	52
图 4-1	上海急症外科医院开院典礼	59
图 5-1	1961年盛志勇调往301医院前与军事医学科学院的领导、同事合影	68
图 5-2	1963年2月西藏军区总医院欢送总卫科研组合影	81
图 5-3	盛志勇为郭凤莲的儿子看病	90
图 5-4	患先天性囊肿的患儿照片	91
图 5-5	解放军总医院防治队、铁道兵8709部队卫生队全体同志合影	94
图 6-1	盛志勇为动物实验科题词	102
图 6-2	兔子房	103
图 6-3	盛志勇，林洪远	106
图 6-4	304医院ICU病房的部分成员以及采集小组成员	106
图 7-1	1986年中华医学会烧伤外科学分会在天津市成立合影	130
图 7-2	《新编外科临床手册》第十章外科感染手稿	131
图 7-3	《现代创伤学》第二十一章第二节创伤后急性肾功能衰竭手稿	132
图 7-4	1996年2月盛志勇当选为中国工程院院士	133
图 7-5	1999年盛志勇获何梁何利基金科学技术进步奖	133
图 7-6	2010年6月盛志勇获第八届光华工程科技奖	134
图 8-1	军事医学代表团下飞机	135
图 8-2	盛志勇赴罗马尼亚时的住所	136
图 8-3	盛志勇与罗马尼亚某医院医生座谈	136
图 8-4	盛志勇在美国与波特兰一个医生家小孩的合影	138
图 8-5	盛志勇参观的美国明尼苏达州明尼阿波利斯一家医院照片	139
图 8-6	盛志勇参观美国明尼苏达州明尼阿波利斯一家医院，Dr John Twomooy为该医院的医生	139
图 8-7	1985年6月东京国际烧伤会议开幕式	141
图 8-8	1988年中日整形外科学术交流会开幕式，盛志勇	141
图 8-9	盛志勇，Dr.Basil.A.Pruitt	142
图 8-10	1992年新加坡第一届亚太烧伤会议，盛志勇正在做报告	142
图 8-11	第三届中美国际烧伤创伤会议部分与会者合影	143

图 8-12	1984 年盛志勇在 304 医院培养的第一个硕士研究生董元林毕业答辩与答辩委员会及导师等人的合影	145
图 8-13	全军第 18 届烧伤整形专业学术会议上盛志勇的发言稿	151
图附 1-1	1974 年大舅来上海,看到只有几个月大的立优高兴地把她举了起来	222
图附 1-2	大舅和幼年时的立优在上海我们家(常德公寓 50 室)的前阳台上	222
图附 1-3	1998 年大舅、大舅妈和小舅小舅妈到澳洲墨尔本参加立优的婚礼	223
图附 1-4	上个世纪 80 年代坐在大舅公肩膀上的王玉	224
图附 1-5	王玉(Alicia Wang)从澳洲 Monash 大学医学院毕业(2003)	224
图附 1-6	大舅牵着我家的 Rikko(狗的名字) 去散步(1998)	225
图附 1-7	大舅戴着耳机在我家后花园割草(1998)	226
图附 1-8	大舅在澳洲充分享受了大自然赋予的美。连鸟儿和袋鼠都成了他的好友(1998)	226
图附 1-9	沪东医院正面印象图	228
图附 1-10	俯视盛家老宅——莫干山 90 号	229
图附 1-11	大舅在盛家的老宅门前留念(2011)	229
图附 1-12	1998 年盛家姐妹兄弟团聚在墨尔本,在我家后院留影	230
图附 1-13	大舅扮圣诞老人给我爸、妈发新年礼品	230
图附 1-14	全家人聚在门口欢送我女儿女婿这对新婚夫妇去度蜜月	230
图附 1-15	大舅和大舅妈在澳大利亚黄金海岸充分享受阳光、沙滩、海浪带来的欣喜(1998)	231
图附 1-16	大舅书写的悼念诗稿(一)	232
图附 1-17	大舅书写的悼念诗稿(二)	233
图附 1-18	我和大舅、大舅妈共进晚餐	234

导 言

传主简介

盛志勇（1920—），我国著名烧伤外科专家，祖籍浙江省德清县。1920年生于上海市，小学到初中二年级上就读于沪东公社，初中二年级下直到高中毕业就读于沪江大学附属中学。1936年考入国立上海医学院。1942年医学本科毕业，旋即留上海红十字会第一医院工作。1947年赴美国得克萨斯州立大学医学院外科教研室进修做访问学者。1948年回国，先后在上海沪东医院、上海中山医院任外科主治医师。1950年参加抗美援朝医疗队赴齐齐哈尔第二陆军医院担任救治志愿军伤员的工作。1952年调解放军军事医学科学院实验外科系任副研究员，后又兼任上海急症外科医院普外科主任。1958年随军事医学科学院迁至北京。1961年调任解放军总医院创伤外科、烧伤外科主任。在解放军总医院工作了二十余载之后，于1981年调任解放军304医院副院长兼军医进修学院创伤外科中心主任，在304医院建立无菌动物实验室，为更严格而精准的研究提供实验动物，充实了图书馆，建立了烧伤研究所，广泛聘请人才，提高普外、骨科、病理科等人才水平。1984年在304医院成立了全军第一、全国第二个综合性ICU。他除了参加过朝鲜战争医疗队以外，还先后参加过中印边境自卫反击战医疗队以及中越自卫反击战的医疗巡视；另外他还参加过邢台大地震、唐山大地震以及成昆铁路医疗队的救治工作；其中，《唐山地震中大批伤员的医疗救护——某些创伤治疗的回顾》这篇文章，使盛志勇在第46届美国创伤学会FITTS讲座上被接纳为该学会的荣誉会员，成为唯一获此殊荣的中国学者；在"文化大革命"期间，他参加陕西安康医疗队以及山西医疗队，为中国最贫困地区的农民诊疗疾病。

烧伤外科是外科学中的一个重要分支。在中国，虽然烧伤外科从普通外科中分离出来成为独立的专科时间不过五十多年，但是在盛志勇等中国烧伤学界老一辈专家的共同努力下，中国的烧伤治疗水平、危重烧伤病人治愈率已达到国际领先水平。

作为一名医生，盛志勇拥有丰富的临床经验，他曾经为无数病人及伤员做过手术，用自己的双手挽救了患者的性命；他不仅做过普通外科、创伤外科的医生，还做过小儿外科医生。在20世纪50年代，他便以放射性复合烧伤的系统研究作为突破口，提出细菌内毒素是产生烧伤后脓毒症的重要原因。在烧伤治疗中，他倡导休克期复苏加用全血、休克期血流动力学监测指导输液量、CO_2张力计监测胃肠道血供应；证实了烧伤休克后肠道血供恢复滞后，应用山莨菪碱可以改善胃肠道供血、应用氧自由基清除剂可以减轻再灌流损伤；他在国内首先进行休克期大面积切痂；他还领导完成了低温储存皮肤的研究，建立了国内第一家液氮保存异体皮库并向全国推广经验，支援了全国25个省市一百多家医院上千例严重烧伤患者用皮。"烧伤的研究"和"皮肤的储存"分获国家科技进步奖一、二等奖。作为一名基础科研工作者，他兢兢业业，为我国的创伤、烧伤外科的发展做出了巨大的贡献，在国内率先利用肠道缺血的动物模型，观察到肠道内菌群异常到严重失调及免疫反应的动态变化。这项研究成果使他荣获国家科技进步奖二等奖。作为一名教师，他孜孜不倦，以身作则，对待学生既严格要求又循循善诱。他先后发表论文数百篇，曾多次获得中国人民解放军科学技术进步奖一等奖、二等奖以及三等奖。并于1996年被评为中国工程院院士，1999年获何梁何利奖，2010年获第八届光华工程科技奖。

他不仅仅是一位烧伤医学专家，更是一位全科医学专家，他很早就从事普外科的工作，但是他对内科、妇产科、儿科等专业也很精通；他不仅仅是一名出色的临床工作者，用自己的双手救活了大量的各类疾病的患者，他更是一名优秀的科研工作者，用自己的思想与实验相结合，完成了众多的基础研究工作并发表了数百篇的科研论文。一般而言，由于医生这个职业的特殊性，工作地点是比较稳定的，但是由于时代的特殊性又造就了盛志勇工作地点以及工作性质的复杂性，他从地方医院转到军队研究机构再到部队医院的这一段经历也是十分特别的。

采集情况及已有传记

2010年中国科协"老科学家学术成长资料采集工程"启动后，年近90岁的盛志勇院士被列入第一批采集名单，虽然军队与地方有一定的差异，但盛志勇院士所在的解放军总医院第一附属医院对此事十分重视，为采集小组提供了尽可能的方便与帮助。从2010年6月开始至2011年10月期间，采集小组成员与盛志勇院士先后见面约十余次，我们依据已有的一些材料准备好较为详细的访谈提纲，对盛志勇院士进行相应的口述访谈，其中有部分内容是盛志勇院士此前从未对外界讲述过的珍贵的回忆；包括盛志勇院士与沈克非教授在学术上的交流。在访谈过程中我们可以从盛志勇院士的言语中深刻体会到那种学生对老师的敬意以及老师对学生的影响。此外，我们也访谈了盛志勇院士的同事、朋友以及学生等。每一次的采集工作，我们在获取有关盛志勇院士信息的同时，也使我们深受教育。印象最深刻的一次是到ICU查房，从烧伤研究所的2楼走到304医院新盖好的大楼9楼，访者与盛志勇院士同行；访者知道盛志勇院士有走楼梯的习惯，从来都是如此。那天上午十点多，我们从他办公室一起走出来，他径直往楼梯走去，访者问："盛老，您每天都走楼梯上下班？"盛志勇院士回答："嗯，是的，我现在一般4楼以上坐电梯，4楼以下都是走，可以锻炼身体嘛！"盛志勇院士在走楼梯的时候，眼并不看台阶，他说这一段楼梯已经走太多回了。从烧伤研究所走到隔壁那栋新楼，中间隔一条马路，盛老虽谈不上健步如飞，却是步伐轻盈，访者都快跟不上他了。跟盛老一边走一边聊了几句："盛老，您走路的步伐真快！"盛志勇院士答道："已经不如以前了，以前更快，你看她走路多快！"他指的是秘书，专职军人出身。走到楼下，他继续跟访者说道："现在医院很多时候都不是为病人着想，你看这个楼，要是为病人着想就应该把那边作为病房，现在病房都朝西，有西晒，夏天多热啊！作为一个医院，身为一个医生，要为病人着想，这些都是一些细节，作为医院设计整座楼房的时候就应该想到的。盖楼之前我都不知道里面是这样设计的，盖好了我才知道……"体会盛志勇院士的一番苦心——如果此前他知道这样设计楼房，他一定会去反映不应该如此设计。访者当时就惊讶于盛志勇院士这种时时刻刻把病人放在第一位的思想，不仅仅是看病，而是从最基本的做起，怎么看病且不说，就连住院病房的朝向，盛志勇院士都能考虑得如此周到。当今医院的领导、设计者们有多少能像盛志勇院士一样，能做到如此之细致，时刻想着病人呢！

到了ICU，进门之前要套鞋套，盛志勇院士身体轻盈、手脚敏捷再次让访者惊讶。访者本要去帮他套鞋套，谁知道他坚决不用，自己靠在墙边，5秒钟把自己两个鞋套都套好了。进门之后，开始查房。每查到一个患者身边，管床医生都要认真地汇报病情，盛志勇院士都听得十分仔细，有些听不太清的地方，他都会再次确认，一一查看患者的伤口及其他状况。

除了访谈工作，我们也收集了大量与盛志勇院士有关的实物资料，包括各类珍贵的证书、奖章以及档案、书籍原件或复印件等。档案以及信函往来是我们采集小组收集的一个重点之一。由于盛志勇院士早期研究的一些内容属于保密工作，我们未能获得；但是我们获得了大量盛志勇院士后期研究的一些相关课题以及与其他单位相互合作共同研究的资料，这对我们了解盛志勇院士科研历程有很重要的作用。盛志勇院士与亲人、朋友尤其是像与黎鳌这样的烧伤外科专家之间的往来信件则可以更好地展示盛志勇院士这一辈烧伤外科学专家之间的相互交流以及他们之间深刻的友谊。

我们小组还获得一份十分珍贵的材料——盛志勇院士的秘书们给他记录下来的工作与生活的点点滴滴。她们为盛老保存下来一份相对完整的记事，虽然都是简略的记载，但是盛老十几年的主要工作与生活概况，尽在这份材料中。这份材料使我们对盛志勇院士老年的生活有了相对详细的了解，也让访者对老一辈专家学者由衷敬佩。

在中国科协组织老科学家学术成长采集工程项目以前，已经出版的盛志勇院士传记仅有《活着，因你而美丽》一书。该书的作者马泰泉在写作过程中花费了很多时间与精力，对盛志勇院士以及其他的同行等人进行了多次访谈，历时3年时间完成了盛老传记，传记内容采用较多的文学性质的写作方式，与历史人物传记写作方式不同，尤其是与盛老核实了其中的很多细节问题之后发现该书中的部分材料可能有失偏颇。不过该书作为目前唯一的一本涉及盛老的传记性材料，为我们采集小组前期的访谈提纲的准备提供了很丰富的材料和线索。其他的资料包括解放军总医院第一附属医院为盛老从医58周年编纂的《盛志勇院士从医五十八周年暨八十寿辰》和为盛老从医65周年编纂的《披肝沥胆赤子情》纪念画册。这两本画册中收集了很多珍贵的图片资料，为我们小组提供了十分重要的线索。我们依据画册中提供的线索，从盛老处获得了许多十分珍贵的老旧照片，为我们写研究报告提供了很好的素材，也为采集小组资料的收集增添了十分重要的实物资料，其中有些照片具有重要的史料价值。还有一些其他的出版物，比如《中国科学技术专家传略·临床医学卷3》中的盛志勇篇，中华医学会千名专家从医经验纪实《医家金鉴》外科学卷；另外还有一些重要的报纸、杂志如《人民日报》《光明日报》《解放日报》《健康报》《中华整形烧伤外科杂志》《人物春秋》以及还有一些相应的人物访谈如中央电视台的"大家"栏目，云南电视台的"生命与健康"栏目等涉及盛志勇院士的报道材料。这些相应的出版物或者视频资料，总的来说都不够全面，大部分的文章都是以赞颂盛志勇的成就居多，而且也大同小异，往往深入不够。

研究内容与框架

在现有的资料中，采集小组通过认真研读后发现，文章的篇幅都不长，而传记资料又很少，缺少有代表性的能详细而完整地反映盛志勇生平的著作。因此本传记主要是依据我们所掌握的材料来追溯盛志勇院士的学术成绩、学术贡献；通过大量详细而深入的访谈所得到的资料来完善盛志勇院士的学术成长背景，尽可能地将盛志勇院士的主要人生经历及学术生涯呈现给读者；依据一些历史细节，结合盛老给我们讲述的事例，增添本传记的可读性。

传记以盛志勇院士的家庭背景、学生时代、师承关系、学术成就、学科发展、国际交流、学生培养等方面的内容为基本素材，对这些素材进行整理，较全面地记述了盛志勇一生中发生的重大事件，系统地整理了盛志勇院士的学术成长过程。首先是追述了盛志勇的童年生活，其中重点介绍了其父亲盛清诚的医学贡献。盛志勇有一个出色的医生父亲以及一个严格的"医生"母亲，不论是从职业选择还是从其他方面，父母一直是对盛志勇的成长起着潜移默化的作用，因此，介绍盛志勇的家庭以及成长环境十分重要；其次，介绍了盛志勇的中学生活，其中涉及一些珍贵的史料，对于探讨沪江大学附属中学的历史以及沪江大学和沪东公社在中国教育、社工等方面的作用有一定价值，尤其是当时学校的培养学生模式对盛志勇的成长也起到十分重要的作用。第二章详细探讨了盛志勇的学生时代，尤其是大学生活的曲折经历及大学老师在盛志勇的学术成长过程中起的作用；第三到五章突出介绍了盛志勇从大学毕业以后在上海红十字会医院参加工作，后调入军事医学科学院再到解放军总医院（301医院）的工作经历，其中包括他丰富的人生经历以及在不同的研究领域的学术贡献和成就，多次战争医疗队、地震灾难医疗队、成昆铁路医疗队以及"文化大革命"期间的农村医疗队等。丰富的人生阅历造就了盛志勇院士在外科学方面有极其广阔的知识和经验，同时某些特定经历对他专业的方向又有着深刻的影响和意义。第六章主要介绍了盛志勇在80年代初进入304医院工作至今，对304医院的发展所做的贡献以及进行的一些学科发展措施等。第七章主要为盛志勇秘书提供的对盛志勇的学术贡献与主要成就的系统总结。第八章主要从国际与国内交流、学生培养以及学生对老师的评价等方面对盛志勇做了一个更全面的介绍。

通过采集与研究、写作，采集小组对传主学术成长经历特点有了如下的认识：盛志勇院士是一个人生阅历、实践经历极其丰富的医生，很少见到一位医生能够像盛志勇院士一样参加过如此多的医疗队，从战争到地震到铁路再到农村。作为一名地方医院出身的医生到部队之后，可以说盛志勇院士是一位典型的"永远跟着党走，组织上叫干啥就干啥，却又在研究上不断有创新，在科研领域永不落后于时代"的人。写盛志勇院士的学术传记，在了解盛老丰富多彩人生的同时，也在不断地丰富自己的阅历。

第一章
故乡与童年

从莫干山到杨树浦

　　盛志勇的祖籍是浙江省德清县（原武康县）的庾村。庾村处于莫干山山脚下，是通往莫干山的必经之路，交通便捷。莫干山位于德清县西部，原属武康县，为天目山的分支，挺拔峻峭，秀丽多姿。1894年，美国基督教浸礼会传教士佛礼甲游猎莫干山，看中此地，赞誉有加。此后，美英两国传教士相继上山游览。1898年，英国传教士伊文思在山上购置土地筑屋[①]。不久，莫干山成为众多外国传教士的避暑度假胜地。

　　1893年，盛志勇的父亲盛清诚（后改名盛才）出生于庾村的一个贫苦农民家庭。后来家搬到了三桥埠。三桥埠位于庾村十里外京杭国道（南京—杭州）岔路上。其中有一条道通往莫干山。盛清诚出生不到一年，生母就因病去世了。后来父亲续了弦，他就有了一位后母。虽然是后母，但

---

① http://www.dqzc.gov.cn/j_dqzx/dsj/dsj17.htm，德清大事记. 2011年7月2日。

是她对盛清诚很好，而且终生未育。当时莫干山有不少外国人来避暑，盛清诚的父母在三桥埠的避暑会当管理员，所以也可以讲点英语。三桥埠是很热闹的，外国人上莫干山经过那儿，常停留在他父亲管理的小店歇脚、喝水。有一天，小店来了位杭州来度假的外国牧师 Dr. Eubank，见盛清诚聪明伶俐，有意培养他。想不到这成了盛清诚的人生转折点。

1908—1911 年，盛清诚在杭州蕙兰中学接受了基本的教育，成绩优秀。牧师很看好他，要进一步资助他上大学。他想到家乡落后的医疗条件，决心当一名医生。于是选择去南京金陵大学医学院学医（1911—1917）。1917 年，盛清诚从医学院毕业后，曾任绍兴福康医院医师（1917—1918），继而回到德清县自己开业，起名"清诚医院"（1918—1919）。不久，上海沪东公社工业医院邀请他出任主任医师（1919—1924），考虑到上海的发展空间更大，于是他放弃了"清诚医院"，前往上海开始了他更有挑战性的行医生涯。

数年后，盛清诚与罗静安（1894—1961）结婚。罗静安是浙江湖州人，家在太湖边上。罗父因为抽鸦片成瘾，变卖自己的家产，甚至差点将罗静安也卖掉。后来，罗静安在教会的资助下，去宁波的甬江中学上学。中学毕业后，又顺利地考入金陵女子大学。她是金陵女子大学的第一届学生，读的是文科。不过，她只读了一年，据盛志勇回忆说，当时可能是因为自己的祖母想要她回来与父亲盛清诚结婚，所以她就回了德清，并再没有返回学校继续学业。

1919 年，盛清诚夫妇来到上海，家就安置在沪东公社所在的杨树浦地区。次年 7 月，盛清诚夫妇喜得了一个男孩——盛志勇。杨树浦是上海市东区的一个工厂区，有大量工人在工厂做工，也在附近居住。当时在杨树浦还有一家天主教医院，叫圣心医院，里面都是修女服务，所以中国工人不愿意去。当时，大部分公立医院、教会医院、私人医院都分布在市中心或富人区，工人们看一次病很不容易，不是医疗费太贵，就是太远、不方便。1924 年，沪东工业医院因故停办，很多人都感到可惜。盛清诚对当时当地的医疗情况比较了解，感到应当为更多的工人看病，于是他决定独立接办该医院。因为医院地点在杨树浦——上海的东面，所以盛清诚将其命名为沪东医院[①]。经申请，1924年6月上海市特别卫生局批准发给"医院开业执照"（见图1-1）。

1924年7月1日，盛清诚创建的沪东医院正式接诊。起初，沪东医院仅在杨树浦路留春里开设门诊，后因病人增多，业务很忙，试设了一张床位。一年后，

图1-1 医院开业执照（徐谨提供）

医院搬到杨树浦路眉州路西首，逐渐发展到15张床位。1934—1935年，盛清诚用所有的积蓄（4万元）买了地，并向银行借款，在眉州路34号开始建造医院大楼。医院房子是三层楼六开间，钢骨水泥结构。不久，因业务发展，空间不足，又在平顶上加了一层。为了便于医院工作，盛清诚又用每月在浙江实业银行储蓄25元，15年后所得的一万八千元在医院后面买进一幢三间二厢房作为医院的宿舍楼。

在一份盛清诚递交的"上海特别市卫生局私立医院注册申请书"中记载：当时医院设有大（367平方尺）小病房（91平方尺）16间，头等病床6张、二等病床6张、三等病床36张、免费病床4张，共有病床52张，其中免费病床占有8%的比例。1936年，地区卫生检查官检查了沪东医院，在检查报告中提到从1935年11月到1936年1月，三个月内沪东医院免费医治了167名特贫病人。而且，在整个沪东区，沪东医院还是唯一一个免费为急诊和警务事件（emergency & police cases）提供诊治的医院。医院1939年上半年医治了270例，而下半年增加到450例。1939年，医院的病床增加到100张，其中免费病床增加到10张，占10%。

盛清诚有很强的管理和经营医院的能力。他跟附近工厂的经理、厂长

---

① 杨浦区志——杨浦区大事记。http://www.shyp.gov.cn/html/website/yangpuquzhi/2005-11-15/detail_2261.html. 2011年9月12日。

签订合同，主要内容就是让工厂的工人到医院来看病，费用每个月由医院与工厂结算，其形式类似于后来施行的劳保医疗制度。所以当时沪东医院在杨树浦的发展不错。不过医院曾两次遭受战争的重创。第一次是1932年的"一·二八"事变，杨树浦虽然属于公共租界，但是杨树浦与虹口区是日本人的势力范围。打仗的时候，虽然医院的人员和部分物资撤了出来，但损失也相当惨重，仪器、设备损失了很多。盛清诚带着夫人和五个子女逃难到湖州，慌乱之中只带了打空气针的器具。因为大女儿盛敏珍患有肺结核，时有咯血。通过打空气针利用空气压缩肺部制止咯血是当时流行的肺结核治疗方式。

"一·二八"事变过去后，局势恢复了平静，医院搬回去重新开业。不幸的是，1937年"八·一三"事变使医院遭到第二次劫难。沪东医院当时也处于危机之中，日军占领者传盛清诚去司令部审问，提出要没收医院。为了和日本人抗争，盛清诚通过一位医院的客籍美国医生（有时来医院帮忙做手术）帮忙，向美国领事馆登记注册，挂了美国旗，总算保全了医院，抵制了日寇的骚扰，保全了院内所有病床、被褥、药物和X光机械等医疗设备。战争期间，他还想尽办法向国际红十字会申请了许多救济物资，如纱布、棉花、毛毯等，积极准备在长期抗战困境中医治伤病员。

1945年，日本投降前夕，战事加剧，杨树浦的众多工厂成为了轰炸的目标。医院在混乱中只能暂时缩小业务，大部分工作人员被遣散，只有少数人留守。当时大量伤员涌进了沪东医院，盛清诚调动了一

图1-2 1938年盛志勇全家福（前排左起：盛清诚、盛志信、罗静安；后排左起：盛志廉、盛敏珍、盛志勇；徐瑾提供。此照在"文化大革命"期间被撕坏，徐瑾对此照片做了修复，遗憾的是盛志杰的头像无法修复。）

切可以利用的物资、空间，发动了所有在院的职工，不管是医务人员还是勤杂工，甚至还有家属都全力为伤员服务。当时他的小女儿盛志信正值学校假期，她小小年纪也参与准备纱布、敷料、手术包等救助服务工作。

新中国成立后，沪东医院进入了一个新的发展时期。1951年华东区上海市私立医院调查表中显示，当时沪东医院有医师10人、药师1人、检验师2人、X光技师1人、护士17人、助产士3人、其他工作人员29人。共有病床100张（其中内科45、外科38、骨科11、妇产科6）。

1954年，全国卫生行政工作会议上，明确私立医院是社会福利事业，院长是独立脑力劳动者。

1956年年初，上海市工商业社会主义改造进入高潮。盛清诚清楚地认识到这是大势所趋，于是他决定将自己苦心经营、付出了毕生心血的沪东医院（包括房屋两幢，面积12932方尺（英尺）、药品、化验室、手术室设备、X光机（包括当时大部分私立医院还没有的无影灯）、理疗机、医学图书杂志等无偿捐赠给人民政府，改为公立医院。1956年改公前，医院有110张病床，占全区病床总数的11.4%，医疗对象除一般居民外，负担特约劳保的工厂21家，共9619人。在盛清诚的带动下，其他私立医院也纷纷把他们的医院交给国家。为表彰他在工商业社会主义改造中的贡献，盛清诚被任命继续担任公立沪东医院院长，并当选为政协委员及人民代表。他本人还参加了工会，担任了工会委员。

1958年，上海市杨浦区卫生人员登记表的底稿中，盛清诚在家庭经济情况一栏里，填写的内容是：新中国成立前依靠开设医院自行医务来维持生活。新中国成立后医院改公前，每月支取薪金1000折实单位及医院房屋租金1000折实单位。医院改公后，每月薪金567.50元。可见归公后盛清诚是没有其他收入、不拿取定息，靠薪金生活的医院管理人员。而在此之前，盛清诚因管理医院有方、业务发展迅速，收入是比较高的。1947年，盛志勇去美国留学的费用都是其父亲盛清诚资助的。

1966年"文化大革命"开始后，作为沪东医院院长的盛清诚难逃一劫。在10年浩劫中，上海是受害最严重的地区之一。盛清诚在批斗、劳动和病痛中走完了他生命的最后历程。盛家的大部分物品被医院的红卫兵拿走，银行存款也被冻结。盛清诚夫妇每月只能拿生活费50元人民币，来维持两位老人一个月的生活。此时的盛清诚已逾七旬，疾病缠身，但每天还要被迫去医院劳动。他总是每天天不亮就起身，为了在公交车的高峰前从静安寺赶到杨树浦。每天要向红卫兵、造反队或工宣队报到，然后劳动整整一天，晚上还要写检查。

经过几次运动以及管理单位的变迁，沪东医院已不复存在，原沪东医院的房子现在变成了一家中医医院。

家　　世

前已述及，盛清诚与罗静安结婚后，1919年从德清迁居上海。盛清诚每日打理医院事务，罗静安除在家相夫教子之外，也不时地在医院帮忙处置相关事务。虽然罗静安大学没有毕业，但是她的文化程度在那个时代属于比较高的。罗静安的英文很好，因此，医院在训练护士时，一些常用英文会话由她教授。也许受母亲的影响，盛志勇拥有学英语的天赋与才能，至今在访谈盛志勇院士的过程中，他的英语词汇还是不时地蹦出来。

罗静安虽然没有系统地学过医，但她也参与了医院的很多日常工作，甚至给产妇接生。那个时候人们还是习惯让女人去接生，杨树浦很多待产妇都习惯叫罗静安去接生。日积月累，罗静安的接生技术已小有名气，有时候还会在深更半夜的时候被叫去产妇家中接生，由于经常晚上接生疲惫，所以她经常昼夜颠倒休息。到医院分娩需要交纳一定的费用，有些比较贫穷的家庭就更愿意选择在家分娩，这样虽然需要支付少量的辛苦费，但是比医院的费用要少很多。因此罗静安常被人叫到家里去接生，几乎成了随叫随到的"接生婆"。若遇到家庭情况特别困难的，她就不收钱，很受当地老百姓的欢迎。

此外，罗静安是一个比较严格的人，对子女和员工的要求都很高。她喜爱干净整洁，有很多良好的习惯，比如当时家里虽有保姆，但是家人的内裤她坚持要自己洗；所有的衣服、物品等用完之后一定要整整齐齐放回原处。

盛清诚与罗静安共有子女五人。盛志勇在家中排行老二，姐姐盛敏珍毕业于沪江大学生物学系，后随其丈夫一起出国，移居澳大利亚。大弟盛志杰也是学医的，任教于第四军医大学解剖学教研室，后来不幸患肝癌去世。小弟弟盛志廉是学农的，主要研究动物优生，就职于哈尔滨的东北农学院，是国内动物养殖、优生方面的专家。小妹妹盛志信曾在上海黄浦区医院药房工作，后来移居到澳大利亚。

盛家的子孙后辈们如今大多分散在全国各地甚至移居海外，路途较远，相互之间走动不多。其家族中也不乏医学人才，比如外甥女徐瑾是著名的耳蜗植入研究专家，徐瑾的女儿在墨尔本任妇产科医生，徐瑾妹妹的女儿在澳大利亚担任放射科医生，侄女也就是盛志杰的大女儿现在银川一个拥有200个眼科床位的眼科医院当院长，孙子盛炜也在解放军301医院当心脏外科医生。

下图为盛氏家族早年的全家福。

图1-3　1954年盛志勇全家福［前排左起：盛家伦（盛志勇之子）、徐瑾（盛敏珍大女儿）、罗静安（抱着盛志勇的小女儿盛沛伦）、盛清诚、盛霭伦（前面坐的盛志廉的大女儿盛红伦）、徐珏（盛敏珍小女儿）；中排左起：盛敏珍（抱着盛志廉的儿子盛苏伦）、张韵秀（盛志勇妻子）、盛志信、何铭珏（盛志廉妻子）、张景元（盛志杰妻，手中抱着其大儿子盛建伦）；后排左起：盛志勇、盛志杰、盛志廉、徐沛才（盛敏珍丈夫）；盛志勇提供］

第二章
学生时代

小学与中学

沪江大学及有关附属机构

1900年,美国南北浸礼会会议决定在上海创办大学来扩大影响,并在上海郊区杨树浦购地兴建校舍,进行筹办。1906年,美国南浸信会的华中差会和美国北浸礼会的华东差会合作在上海北四川路开办了"浸会神学院",校长是南浸信会传教士万应远博士(Dr.R.T.Bryan)。1908年正式成立"浸会大学",由美国传教士柏高德任校长。1912年,神学院并于大学,由传教士魏馥兰继任校长;1915年,更名为"沪江大学"。

沪江大学的声誉来自于它的办学特色,其特色之一是它创办了中国第一家社区服务机构——"沪东公社"。1914年,沪江大学创办社会学系。刚开办的沪江大学社会学系只有一门社会学课程,由美国布朗大学毕业生、年轻的传教士葛学溥(Daniel H.Kulp II,1888—1980)主讲。1915年,社会学系改为社会科学系。是年，葛学溥在沪江大学校内组织了一个"沪江社会服务团"，开展救济贫苦的慈善工作，以及教育儿童读书、写字、做游戏等社会服务工作，希望藉此达到改正社会陋习的目的。1917年，葛学溥将社会服务范围进一步扩大，在校外设立了一个小区服务中心，英文名字为"The Yangtzepoo Social Center"，直译为"杨树浦社区中心"，葛学溥给它起了一个很优雅的中文名字——"沪东公社"。"沪东公社"最早建立时主要是对周围工厂的工人开设补习班。后来随着办学经验的积累和经费资助来源的扩大，从开办小学日校招收附近工厂工人的子弟到开设夜校辅导在职的工人[1]。其形式根据对象的不同而纷繁，学生的规模也不断扩大。如从学校方面来讲，支持设立沪东公社这个机构的目的，是为沪江大学社会学系提供实验的基地；同时又为教育、宗教、经济各学系提供实习的场所[2]。

起初，社址设在东效积，学生只有四十多人，葛学溥专理其事；同时将该社迁至杨树浦路基督教会旧址。那里地点适中，交通便利，更加符合"社区中心"的概念。

当时，沪东公社是沪江大学的一个重要组成部分，与附属中学等居同样的地位，故设有沪东公社执行委员会，以襄助社长。因为沪东公社发展社会教育事业，与社会衔接较紧密，因此又征求各机构、各工厂合作，以利其发展。当时，该社的组织系统略如图2-1所示。

从右图可见该社的教育对象以工人为主，旁及该地区的一般民众。至于儿

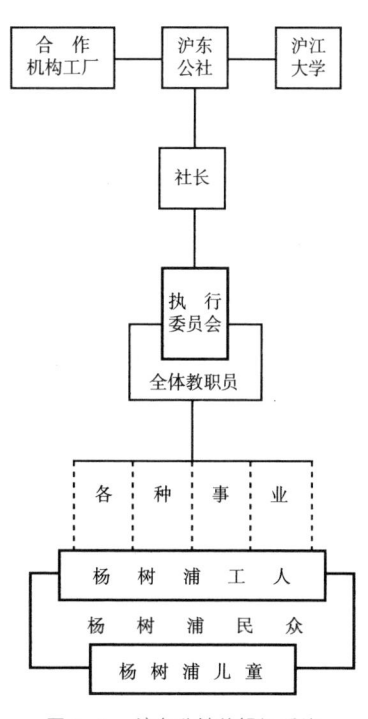

图2-1 沪东公社的组织系统

---

[1] 周淑利、彭秀良：沪江大学与沪东公社．兰台世界，2009（12），上半月。
[2] 马长林：基督教社会福音思想在中国的实践和演化——以沪江大学所办沪东公社为中心．上海文化研究．

第二章 学生时代

童则在公社内最初设有前期小学，1921年前后扩充为全日制小学，1925年又增设了初级中学（后改为专修科），及后来还增设了慈幼保健医病所和儿童公共浴室等。

沪江大学附属中学于1909年与大学同时开办。当时有49名学生进入三、四年级。附中最初没有独立的场地，中学学生与大学学生一同生活，附中的教师也在校园里与大学的教师生活在一起。附中的行政由大学校长兼管。

1915年，一所四年制的中学建立起来，大学决定为它建造独立的校舍。1920年和1922年在校园的南面先后建起了中学下院（思孟堂 Melrose Hall）和中学上院（思雷堂 Richmond Hall），建筑经费共12万元（合8.1万美元），分别由美国友人和美国南浸礼差会捐助。当时这两幢楼内所含房间为：礼堂1所（座位320个）、图书馆1所、试验室2所、大教室1间、教室11间、应接室1间、办事室2间、青年会俱乐部1间、童子军和学生自治会办事室各1间、教员休息室1间、教员卧室2间、学生卧室63间。此后选任了附中校长、教务长和其他职员。1924年在中学上院的西南面建了中学膳堂（Academy Dining Hall）。1935年10月在中学下院的东南面建成独立的中学礼堂（Academy Assembly Hall），起初上层为礼堂，下层为办公室及理科实验室，后中学礼堂改作大学音乐堂。中学上院、中学下院现分别为第一、第二办公楼，中学礼堂现为学校办公楼，中学膳堂已无存[1]。

小学时代

盛志勇的童年基本是在医院度过的。当然，这不是指他身体不好要住医院，而是因为其父母都在忙着医院的工作。因此，盛志勇从小就在医院的环境里成长，这也是他后来选择医学的一个最重要因素。

盛志勇上学很早，5岁开始就在沪东公社的小学日校上学。1925年沪

---

[1] 沪江大学历史建筑故事。http://iso.usst.edu.cn/s/13/t/67/01/de/info478.htm.2011-9-12。

东公社又添办了初级中学（后改为专修科），盛志勇在这所中学上到初中二年级。当时的学制与现在一样，小学六年，所教课程和现在也大致相同，主要有国文、数学、自然等。盛志勇在沪东公社上学时比较轻松，当时的老师对学生的管理也相对宽松。据盛志勇回忆，小时候放学后，基本上都是书包一放就去玩了，也没有什么作业。

由于盛志勇的父母平时都忙于医院的工作，父母与子女之间的交流不多。盛清诚与罗静安都是比较开放的人，对孩子也比较放心，培养孩子们自己的独立生活能力。在盛志勇只有10岁的时候，暑假期间，盛清诚就给他买了电车的月票（当时上海的有轨电车有月票），可以乘车去城里游玩。盛志勇常去城里的青年会，因为青年会里有游泳池，盛志勇可在那里游泳、玩耍。当时从杨树浦要搭乘有轨电车过白渡桥到外滩，到北京路路口下车，然后步行到位于四川路的青年会，这种较为复杂的行走路径对于只有十岁的孩子而言实在是一种锻炼。父母这种管理孩子的方式也造就了盛志勇十分独立的性格以及很强的自我管理能力。

中学时代

盛志勇从五岁到初一一直在沪东公社上学。从初二到高中毕业转到沪江大学附属中学——沪江中学上学。当时，沪江大学附属中学是需要住校的，从初中二年级开始盛志勇就开始住校，当时他只有12岁。学校管理非常严格，两个星期只有周末可以出去一次，盛志勇只有这时候才能回家。当时学校也有部分调皮好玩的孩子平时会跳墙出去，但是盛志勇从来不敢，因为家教很严，而且盛志勇的零花钱也很少，就算出去了没有钱也做不了什么事。据盛志勇回忆，两星期父母一般就给一块钱零花，因为吃住都在学校，一般没有什么额外的支出。

学习方面，盛志勇从小就不太喜欢背书和写作，因此国文考试一般都比较差。语文需要记忆和背诵的内容较多，而且考试通常要写作文，而这两项都不是盛志勇的强项。盛志勇总是说自己最大的缺点就是不会背书，也最怕背书。他曾给笔者举过一个例子：暑假的时候，他母亲总是要他背一些中国古代的文学作品，比如《古文观止》等。他所住弄堂的对面有一户人家比较穷，那户人家的男孩跟盛志勇年龄差不多，于是盛志勇的母亲让他们俩在一起学，相互促进。但每次背书盛志勇都很难背全，而那位男孩却能背出来。上中学时，盛志勇的国文成绩一般都只能达到刚好及格[①]。

虽然盛志勇不太喜欢学习语文，但却非常喜欢自然科学的课程，尤其是化学和地理。根据盛志勇所述，当时他们的化学老师是沪江大学化学系毕业的，沪江大学化学系水平很高。他们的化学老师非常优秀，经常带学生们做试验，比如教学生配制各种化学试剂，让学生们自己动手做实验，原本就对外面世界充满好奇心的青年学生们对各种化学实验的神奇反应更是感到莫名的喜欢。因此，在各式各样的新奇的化学反应的吸引之下盛志勇就更喜欢化学。他的化学是全班最好的，当时全国大部分院校都是五分制，1是最好，5是最差。平时的化学测验盛志勇总是考1分，甚至于到学期结束的时候他化学可以免考。地理老师讲课特别好，世界地理和中国地理都讲得头头是道。因此，盛志勇对地理也特别有兴趣。

除了自然科学成绩优异外，盛志勇的英语成绩也很好。这得益于沪江中学的外籍老师。沪江大学是美国人创办的，其附属中学的英语课程也由美国教师来教，此外，盛志勇的父亲曾经还在暑假里请过一名美籍华裔人给盛志勇和盛敏珍当家庭教师。因此，盛志勇的英语基础很好，为他后来在上海医学院打下了良好的语言基础。

盛志勇小时候比较顽皮。但是，他不像其他小孩一样喜欢大家在一起打打闹闹地顽皮，而是自己一个人玩耍。据说他小时候还闯过祸，拿着自己父亲剃胡子用的比较原始的剃刀来玩，结果一刀就把自己的手指头切了一个大口，鲜血直流。不过他的性格比较要强，因为是自己闯的祸，也没跟父母说，就这样不声不响，自己摁住，让它不出血，也没有用药，就这样就好了。至今他的左手食指上还有一个1厘米多长的疤痕。这是他的一

---

① 盛志勇访谈，2010年12月3日，北京。资料存于采集工程数据库。

个小秘密，是他记忆中比较深刻的回忆。盛志勇在上化学课期间，学到水电解之后会生成氧气和氢气，回到家里后，他就自己将所学知识做实验。由于当时他的物理知识还不是太充足，有关绝缘的内容还没有掌握，结果也差点出事。他拆下自己家中老留声机的漆色线来做实验。漆色线外层并没有向普通电线一样用绝缘胶皮包着，他用手试图直接将锡箔线接到灯泡的接头上，这一接通可不得了——触电了。好在电源接通后，他的动作比较迅速，电线被他甩掉了，不过手上还是被电线烧灼出一条深印。如此危险的事情，盛志勇并未与家人提起。勇于尝试、自己动手也许正是一个外科医生所需具备的一种品质。

运动健将

从小开始，盛志勇就十分喜欢运动。虽然没有人教他，但是他自己喜欢学，而且有天赋，一学就会。跳绳、踢毽子、单杠、双杠、吊环、乒乓球、网球、打排球、骑马、打猎、玩浪木、溜冰、荡秋千等可以称得上是样样都通。此外，他还好音乐（特别是男高音和古典音乐）、吹口琴、集邮，喜欢养蟋蟀、小白鼠。

据说盛志勇年轻时，当时的九人排球，不用扣球，由于个头不高，他就可以打三排。这些运动的习惯是从小就开始，学校有器材的就在学校练，后来到了工作岗位上也一样坚持。在红十字会第一医院当住院医师时，他还在运动会上取得过跳绳比赛冠军。后来到军事医学科学院工作时参加乒乓球比赛，荣获三级运动员称号。

由于长期坚持运动，如今年过九旬，盛志勇身体依旧十分健康，每天早上八点半就到办公室，而且每天都是自己走楼梯进出办公室。有一天采集小组成员和盛老一起下楼，他开玩笑说："现在交通太发达了，能走路的机会也不太多，所以每天走一走楼梯锻炼身体。"[1] 此外，年过九旬的他还经常出差奔波在全国各地，不是指导工作就是做一些讲座。盛老经常接

---

[1] 盛志勇访谈，2011年8月5日，北京。资料存于采集工程数据库。

受外界访谈，一坐就是一个上午或者一个下午，思路清晰，侃侃而谈，毫无倦意。这都是年轻时候锻炼身体所积累下来的健康资本。

大学时代

考入大学

1936年，年仅16岁的盛志勇考进国立上海医学院。当时考生近千人，录取者只有很少的一部分。由于盛志勇从小就受父母的影响，一直在医院的熏陶下成长，因此高考报名就报了上海医学院，没有报其他学校。那个时候不像现在是统考，各个大学都是自己招生考试。盛志勇当时有一个打算，因为上海医学院考试非常严，录取率很低，所以他想要是录取不了还可以去上沪江大学的化学系。因为他对化学比较有兴趣。据盛志勇回忆，当时能考取上医是因为上医的考试题目不是死记硬背的东西，都是很活的，需要思考的。当时考试的科目有化学、物理、数学、生物、中文、英文等。他给笔者举了个例子："有个题目说有个银子做的勺子，放在工厂区，过了几年之后颜色发生了变化，是什么原因，是什么化学变化，把其中的化学方程式写出来，就是这种题目，就不要死背，只要你懂这个问题。这个我当然知道了，因为工厂区有烟囱很多了，有硫，H_2S跟银会发生化学变化，那么我就能把化学方程式列出来。所以他们就是考这样的题目，所以我被录取了。"[1] 其实1936年盛志勇高中毕业时，与盛志勇一起报考上海医学院的还有盛志勇的姐姐盛敏珍[2]，只是当时盛敏珍没有考取上海医学院，后来就去了沪江大学生物系。

---

[1] 盛志勇访谈，2010年12月3日，北京。资料存于采集工程数据库。
[2] 盛敏珍比盛志勇大两岁，但是因为盛志勇上学比较早，所以姐弟俩同时高中毕业。

大学生活

1927年，南京国民政府成立，实行大学区制，将国立东南大学改办为第四中山大学，分设文、理、商、法、农、工、医等学院，其中医学院设在上海。大学名称经过多次更改，先是中山大学后更名为江苏大学，再后来是中央大学，1932年秋，教育部明令医学院为独立学院，以后，上海医学院与其母校中央大学一样成为国立院校之一，更名为"国立上海医学院"。

医学院与其他大学或学院有很大的不同，一般医学院都不能缺少实习医院。1928年，上海医学院与中国红十字会相约，借其海格路（现华山路）之总医院（即中国红十字会第一医院）为实习医院，但由于路途相隔遥远，往返耗时很长，于是有自筹实习医院（为纪念国父，定名为中山医院）的想法。1930年，颜福庆倡议创建上海医事中心，计划的核心是创建一家规模宏巨、设备齐全的国人医院，也是中山医院的雏形。在各方面的努力之下，进展颇为顺利。1931年1月17日，中山医院发起人会议在上海银行公会召开。实业部长、中央银行行长孔祥熙，立法院长孙科，沪上政、学、商、医各界名流王一亭、张公权、陈庶清、宋汉章、刘月如、屈文六、刘吉生、刁信德、刘鸿生、叶扶霄、史量才、林康侯、闻兰亭、颜福庆、余日章、徐新六、王晓籁、赵晋卿、黄瑞生、赵运文、陆伯鸿、庄得之、黄涌之、杨敦甫、张杏村共27人，联合签署了《筹建中山医院缘起》。推举成立了以孔祥熙为主任，孙科、刘瑞恒[①]为科副主任、史量才、王晓籁、王一亭为常务委员，颜福庆为总干事的中山医院筹备会。1932年，"一·二八"事变爆发，1月29日凌晨，日机从停泊在黄浦江上的"能登

[①] 刘瑞恒（1890-1961），天津市人。1903年考入北洋大学堂（今天津大学），1906年未毕业即送美留学，入哈佛大学读书。1909年获哈佛大学理学士学位后，专攻医学6年，1915年获哈佛大学医学博士，1915年返国任上海哈佛医学校教授，1918年被北平协和医学院聘为外科教授，1920-1921年赴美进修，专攻癌症外科。回国后，任北京协和医院第一任华人院长和中华医学会会长。1928年出任南京国民政府卫生部常务处长、部长，创立中央医院、中央卫生实验院，兼任两院院长，并任禁烟委员会委员长等职，还协助成立中央大学医学院。九一八事变后主持抗战卫生勤务工作。日本投降后，任善后救济总署卫生委员会主任委员等职。我国近代公共卫生事业创建者。

吕"号航空母舰上起飞轰炸闸北华界,宝山路584号商务印书馆及东方图书馆(当时中国最大的私人图书馆,藏书超过三十万册)均被炸毁。在猛烈的炮火攻击之下,医学院的图书馆、仪器等损失殆尽;校舍也被严重毁坏。在战事未停之前,他们只好暂时借用圣约翰大学为临时校舍;战事停后,在红十字会第一医院左侧集地两亩,建造两座四层楼校舍,历时4个月,于1932年10月正式迁入海格路新校舍,原处于吴淞的校舍,转让给同济大学,于是医学院和实习医院毗邻,各种工作比原来要方便很多。

1933年春,叶子衡先生以其私人坐落江湾镇的产业——叶园,捐建为医院,定名澄衷医院,专设肺病疗养部,实为上海医学院第二实习医院。

后在美国洛氏基金董事会的帮助、颜福庆的努力以及政府的支持下,终于使得国立上海医学院以及中山医院在枫林桥附近得以落成。当时分学院和医院两个部分,学院方面请隆昌建筑公司设计,第一步先造院舍及学生宿舍各一座。于1936年9月学校校舍全部落成,秋季开学时正式迁入新校舍上课。开学之初,学校刚盖好,学生宿舍也可以入住,但中山医院并没有完工。中山医院是1935年6月正式动工的,占地26644平方米,建筑面积13597平方米,当时还有名人史量才先生家属捐款建量才堂一幢,为护士学校之用,学校附设在中山医院内,量才堂与中山医院同时于1936年12月竣工。盛志勇入学时正好是上海医学院搬入新校址之时。因此,他们可谓是入住上海医学院枫林桥新校舍的第一批学生。当时一个宿舍住三人,与盛志勇同住一屋的另外两位同学叫苏应宽[①]、沈溪声。苏应宽后来成了妇产科医生,沈溪声后来入伍从军了。据盛志勇回忆:"沈溪声是周庄的一个地主家庭出身。但是入学后的第二年,也就是"八·一三"事变之后,他通过一个跟八路军有关系的外国人去延安了。他是通过武汉

[①] 苏应宽(1918-1998),广东省南海市人。1943年毕业于上海医学院。历任山东省立医院妇产科副主任兼医务科主任、妇产科主任、副院长;山东医学院副院长。并兼任第一、二、三、四届国务院学位委员会委员;国家计划生育委员会专家组成员;《中华妇产科杂志》第七届编委会副总编辑;《现代妇产科进展》、《中国实用妇科与产科杂志》、《实用妇产科杂志》、《国外医学妇产科学分册》编委。

共产党的办事处去延安的，去了延安之后，人家让他学医他不干，因为周庄被日本人侵略了，很多人都被杀害了，国仇家恨，他不愿当医生要去打仗。"①

在战火纷飞的年代，1937年8月13日，日军以租界和停泊在黄浦江中的日舰为基地，对上海发动了大规模进攻，"八·一三"事变爆发。上海中国驻军奋起抵抗，在上海和全国人民的支持下，开始了历时3个月之久的淞沪会战。中山医院先后改为"第六救护医院"和"国际第一医院"，在"八·一三"事变后的3个月内共收治伤兵2万余人，并且同红十字会第一医院组成国立上海医学院第一、第二两个救护队，赴无锡、南京救治伤员。迫于战事影响，刚迁入新校舍不久的医学院也被迫再次迁入海格路红十字会医院左侧的临时院舍内。盛志勇年轻时便在这样艰难的环境之下学习医学专业。由于家住上海，盛志勇相对是幸运的，至少战争没有阻碍他的学业进展，而对他的有些同学则不然。石美鑫②本来也是和盛志勇同一级，即1936年入学的。石美鑫家住福州，1937年暑假回家，因为"八·一三"事变爆发，沪闽间航运一度中断，他在福州回不了上海，而在家休学一年，所以后来他比盛志勇晚一届毕业。1938年2月，上海医学院的颜福庆院长应国民政府电召，赴汉口任卫生署长。颜福庆将上海医学院交朱恒璧③代理。随着战争进一步扩大，上海失守后，1939年6月，国立上海医学院做出内迁安排：一部分教职员暨三、四、五年级全部学生及六年级的部分学生，携带医用仪器、图书等，于暑假起分三批陆续内迁抵达昆明，在昆明郊区白龙潭设校（简称"滇院"）④。盛志勇回忆，后来

---

① 盛志勇访谈，2010年12月3日，北京。资料存于采集工程数据库。
② 石美鑫（1918-），福建省福州市。1943年毕业于国立上海医学院医学系，复旦大学附属中山医院外科学教授。与盛志勇为同一医疗队队员。曾经与盛志勇为同班同学，后来暑假回家因"八·一三"事变未能回沪而耽搁一年，而比盛志勇晚一年毕业。
③ 朱恒璧（1890-1987），江苏省阜宁县人。药理学家，1916年毕业于上海哈佛医学院。1918年、1923年两度留学美国。1931年参与创建中华医学会，任总干事。曾任湘雅医学院、协和医学院教师，上海医学院教授、代理院长、院长，浙江医学院、浙江医科大学教授、药学系主任等职务。
④ 《新方志·上海市·上海医科大学志》第一编领导体制与行政管理机构第一章领导体制。

学校从白龙潭再搬到北门街，离西南联大很近，暂以教会医院惠滇医院[①]为实习医院。院务由朱恒璧负责，教务工作由应元岳教授担任，另由吴绍青担任秘书长一职。一、二年级和药科学生仍留在上海上课，读完二年级再安排内迁。留在上海的由红十字会第一医院院长乐文照[②]负责。图2-2为1939年12月国立上海医学院行政机构图。

根据国立上海医学院1942届的一位学生回忆[③]：

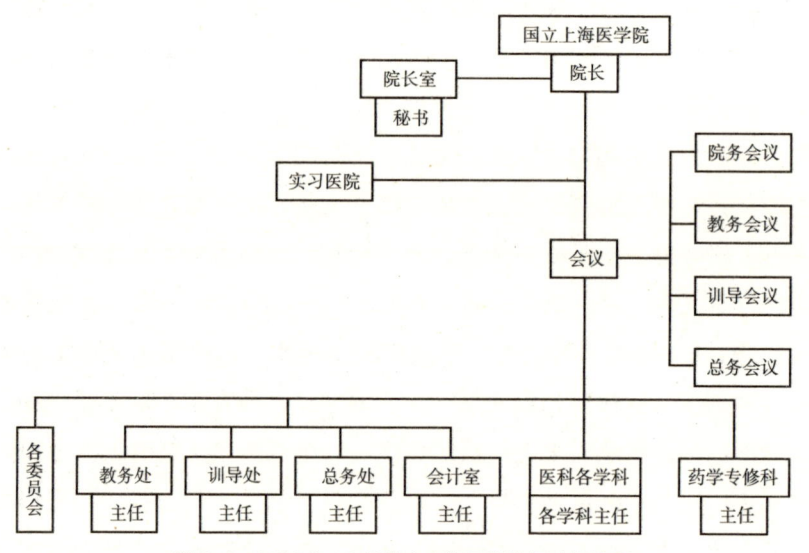

图2-2　1939年12月国立上海医学院行政机构图

---

① 1915年12月15日昆明圣公会成立后，在万钟街教堂后开设诊所施行治疗，这个诊所即为惠滇医院前身。1916年惠滇医院正式挂牌开业。同时，在石桥铺购置土地大盖洋房，修建外籍医生宿舍；在惠滇医院后面修建惠滇医院住院部。惠滇医院住院部于1922年（也有说1924年）落成。当时昆明圣公会由英籍教士兰斯德主持教会工作，英籍教士兼医生李惠来主持医务工作。1927年，惠滇医院改由香港圣公会直接管辖，诊会英籍教会医生华德生夫妇到昆明担任院长和医生。1938年，该院在西郊车家壁设立分院。1950年，中国人民解放军陆军第四十三医院奉命接管了惠滇医院。部队迁走后，惠滇医院原址由昆明市卫生局新建今"昆明市儿童医院"。

② 乐文照（1896-1979），浙江省宁波市人。1914年入上海哈佛医学校学医，两年后校方选送美国哈佛大学医学院继续学业，获医学博士学位，1921年回国，受聘于北京协和医院。次年，在上海设诊行医，并执教于上海圣约翰大学医学部。1927年，他发起并参与筹建第四中山大学医学院（上海医学院前身），任教授、代理院长，颜福庆为院长。乐文照执掌院务，兼任中国红十字会第一医院副院长、内科主任。

③ http://blog.sina.com.cn/s/blog_487cd1cc010002eq.html. 忆国立上海医学院中共第一届党支部和群众工作。2001年11月1日。作者系1942届校友，解放军军事医学科学院五所研究员。

1938年10月广州、武汉相继失守，11月中共江苏省委发表《告上海同胞书》指出：抗战第一阶段敌人力量已大大消耗，将进入相持的第二阶段。敌人兵力不足，将把军事进攻转为政治进攻为主。12月，国民党副总裁汪精卫公开投敌后，国内形势逆转。国民党当局积极推行反共政策。1939年掀起第一次反共高潮，把矛头指向爱国进步人士与青年学生。在上海，日伪加紧谋夺未及迁走的高校。到1939年形势骤变，敌人申言国立大学须到南京汉奸政府登记。当时医学院代理院长朱恒璧先生因鉴于内地医药人才之急需，倡议将医科一部分迁至昆明，朱恒璧代院长因争取内迁成功，于1939年上半年一个纪念周全校集会上，正式宣布，上医迁往大后方。他严肃发言："日寇侵华其野心在灭亡中国，国立大学是振兴中华的希望，与日本侵略者水火不相容。因此在日本刀光下，决不可能有国立上海医学院存在的任何幻想，不认清这一点是极端有害的。总之我院决不能与敌伪发生任何形式的接触！本院决定暑期继续上课，于秋季内迁大后方。要求同学们作好准备，到时由吴绍青教授带队统一行动。"会后朱恒璧与应元岳教授先到内地勘察内迁校址。1939年6月，学校上医前期教学由张鋆教授主持，临床教学由乐文照教授负责。

1939年9月，吴绍青[①]教授率领上医三年级以上同学，43届、42届、41届的全部，及40届的部分，与一些老师与职员，从黄浦江乘轮船经香港到越南海防登陆，改乘滇越铁路入滇，10月上旬把大家平安带到昆明。

盛志勇作为42届学生也于1939年随着整个上海医学院大队人马搬到昆明的。1940年10月，滇院开始迁往重庆，选定重庆市郊歌乐山为新院

---

① 吴绍青（1895-1980），安徽省巢湖市人。我国著名肺病学家，医学教育家，中国结核病防治奠基人之一。1921年毕业于湖南湘雅医学院获博士学位。1929年赴美国哈弗医学院研究白血病，后因患肺结核，亲身体会到当时肺结核的发病率高，又缺医少药，遂改攻肺科。1932年会国后，在南昌医院任肺科主任。后于1944年再度赴美国哥伦比亚大学学习，1946年回国。曾担任《中华肺结核杂志》和《中国防痨》杂志副总编和顾问，中国防痨协会上海分会主任委员和顾问，中华医学会常务理事、顾问等职务。

图 2-3 白龙潭国立上海医学院校舍（一） 　　图 2-4 白龙潭国立上海医学院校舍（二）

图 2-5 歌乐山国立上海医学院校门 　　图 2-6 歌乐山国立上海医学院校舍

址（简称"渝院"）。1941年1月，滇院迁往重庆工作完毕，国民政府教育部正式任命朱恒璧为国立上海医学院院长。

1939年内迁到昆明时，盛志勇与其他老师和同学一起乘船从上海行至越南，然后从越南坐窄轨车到达昆明。据盛志勇回忆：

> 当时一路是十分辛苦的，从海防到昆明是个米轨铁路，车厢也没有什么所谓的卧铺，而且火车一路走走停停，有一次我们在一个车站停了很久，那个时候学生也不会去住旅馆，就睡在火车里头，但是因为都是座位没有床，睡不了那么多人，后来我们有几个同学找了旁边停着的一个货车，里面空间比较大，所以就睡在那个货车里头去了，早上醒来一看，货车已经开了，不知道自己被拉到什么地方去了，后来好不容易他们才找回来。一路上就是这样到的昆明。

早期的国立上海医学院先设医科，毕业年限为六年，前五年为课程学习时间，后一年为见习时间。1936年后，经教育部批准，添加药学专修科，四年毕业，前三年为课程学习时间，后一年为见习时间。医科教学程序，可分先修、基本和临床三期。一般第一年为先修时期，国文、英文、数学、物理、化学、生物、救护、毒气等学科均极为注重，第二、三年为基本训练时期，学科有解剖学、细菌学、生理学、病理学、药理学、生物化学、寄生虫学等，均应次第学习；最后三年为临床时期，临床教学又分为临诊与临床两类，临床学科设于实习医院，分内科、外科、妇科、产科、耳鼻喉科、眼科、神经病科、爱克司光科（X线）、卫生学科及其他各专科，四五年级学生须在门诊处随教员分科临诊，并在病房学习临床医学；六年级学生则为见习医员，临症临床，分期在各科见习，见习期满，经各科主任教授认为成绩及格，呈交论文一篇，需要经论文审查委员会认可后，才能毕业。药科教学程序亦分为先修、基本和见习三期，一年级与医科相仿，同为先修时期；二、三年级时，学科有药剂学、生药学、生理学、细菌学、药化学、毒物学、生物化学、理论化学、药物鉴定、药物经济学及调剂学等，是为基本学识之培养；第四年分派至各医院药剂部或药房实习，实习期满，经各科主任认为成绩及格才能毕业。

不过后来由于战事，学校搬到昆明和重庆以后，在学制的设置方面学校相应做了一定的调整，比如1944年8月，学校开办了医学专修科，招收初中毕业生，学制为6年。1945年7月，学校又开办了高级医学检验职业班，招收初中毕业生，修业3年。

当时国立上海医学院的成绩考核办法主要如下：

1.学院采用学年制，不用学分制，各学科概属必修，分年配列，不得选习，所列学分系表示该科在全部学程中占之成分，做计算成绩之标准。

2.每周一小时之讲解，或两小时之实验室实习，或三小时临诊实习，为一学分。

3.各学科成绩考查，以考试、实习报告、各该学生之勤惰及其行为定之。

4.考试分平时考试，学期考试，毕业考试。平时考试由教员自行酌定，至少每月举行一次，但每周时间过少之学科，得酌减之，学期考试于每学期终由注册课规定日期时间公布行之，毕业考试于第五学年终，组织毕业试验委员会举行之。未经核准请假不参与考试者，无论因何事故，不得补考，凡不准补考之学生，在该考试所包括期间之成绩做零分计算。

5. 平时成绩以平时考试实习报告等计算之。学期成绩以平时考试及期末考试成绩平均计算得之，平时成绩占 2/3，期末考试成绩占 1/3，其学科性质特殊者，平时成绩得做 1/2 计算，其时间过少不举行平时考试者，即以期末考试成绩为学期成绩。

6. 学期总平均成绩，以各科学期成绩乘以其学分数相加，再以该学期学分总数除之而得。

7. 各学科成绩仅占一学期者，即以该科之学期成绩为准，其达数学期者，将该科各学期成绩按其个学期所占学分数之多寡平均计算之。

8. 毕业总平均成绩，以各学科成绩按其学分数比例核算得之。

9. 各学科成绩以 65 分为及格。

10. 凡不及格学科之学分，占该学年总学分之 20% 以下者补考，20% 以上 50% 以下者留级，50% 以上者退学，一年级生在第一学期终，其总学分有 50% 不及格者，即令退学。

11. 各学科之成绩不及 50 分者不得补考。

12. 补考之最高分数不得超过 65 分。

13. 补考一次仍不及格者，视学科之性质分别复习或留级，复习一次仍不及格者留级。

14. 留级一年仍不及格者退学。

15. 补考限于每学年终了后两星期内行之，但复习学科之补考，得于每学年开始前两星期之内行之。

16. 凡一学期能授毕之学科，如不及格，得由教员于下学期开学时补考之，如下学期再有其他学科不及格时，则此项补考，虽已及格，但在全学年不及格总学分计算时，仍须划入不及格范围。

学生成绩居全校之首者给予免费，每年一人，凡在毕业年之学生，其历年成绩总平在全年级最优及论文优秀最优者，均给予金质奖章。

由于医学院的功课与课外工作繁重，在学生们根本无暇顾及一些装饰或者娱乐，平时习题、笔记、报告、测试、作业、月考、大考各种工作繁多。同学之间为联络感情起见，有学生自治会及基督教团契组织，前者全体同学参加，后者自由参加。基督教团契除每周邀请名人讲道以外，有定期的集会，讨论有关政治、经济等题目，有时也会有聚餐等，但是大体来说，医学院的功课、生活实在是很繁重。因此，只要进入学院学习者，均需要有强健的体力和刻苦的习惯，并有刚毅不拔的学习决心，才能克服困苦，完成学业。

在上大学期间，各种学习安排很紧凑，正如前文所述的国立上海医学院的学生因为各种课程繁重，所以基本上没有什么课外活动时间。盛志勇也是如此，一年级的时候国文、英文、数学、物理、化学、生物、定性化学、定量化学、理论化学等基础学科，都要学，第二、三年解剖学、细菌学、生理学、病理学、药理学、生物化学、寄生虫学等课程，每个星期差不多是48小时上课与实验，就是说星期一上午8:00到周六下午5:00，除了周日其他基本没有休息时间。到了大学第四年，盛志勇随着学校内迁到昆明，与其他同学一起在昆明学习，当时基础课程已基本结束，所以所学主要为一些临床课程。在昆明时，有些临床课程需要到临床医院见习，见习医院主要是惠滇医院。当时需要上临床课程的同学经常往返于医院与学校之间。如果遇到日军飞机来空袭的时候，同学们就出城，因为学校离城市北门很近，一出去就是农村，同学们经常躺在农田里面，待空袭结束后再回来。

1940年暑假，盛志勇从昆明返回上海探亲，后因战争海路阻断未能回昆明继续后两年的学业，而是在上海圣约翰医学院完成了后两年的学习，并在红十字会第一医院见习。当时与盛志勇一起滞留在上海的还有段荫琦、朱剑华等六位同学。当年暑假，盛志勇和同学段荫琦觉得放假呆在昆明很没劲，于是决定一起回上海家中，等开学再回去。待到开学时，他们两人一起乘船返校，等船过了台湾海峡才得知，日军已经控制了越南的海防口岸。因此，越南就去不了了，而当时一定要经过越南才能到达昆明。因此船就退回上海了。退回上海之后他们意识到自己回不去昆明了，担心无法完成学业。于是他们就向医学院提出申请，是否可以在上海继续第五、六年的学业，当时主要是一些临床课程比如皮肤科、精神神经科等课程还未结束,其他基本课程都已结束。由于当时上海医学院还有部分教师留在上海,那时候正好圣约翰医学院请留守上海的教授去给他们讲课。因此,盛志勇等人就跟随教授们一起去圣约翰医学院上课。同时,他们在红十字会第一医院见习,跟随医生到病房去查房,课程结束之后他们便在医院实习。

1942年夏天,盛志勇顺利从上海医学院毕业。当时上海医学院已经从昆明搬到重庆了,还有几个同班同学毕业后从重庆回到上海,与盛志勇等人一起在红十字会第一医院做住院医生。

主要课程的授课教师

在盛志勇的记忆中,有几位印象特别深刻的授课老师,教解剖学的是张鋆[①],张鋆是我国解剖学的权威,后来是协和医学院的解剖学教授。药理学是张毅[②],他后来做过大连医学院院长,还担任过大连市副市长。妇产科是孙克基[③]以及唐淑之[④]给他们上课,唐淑之后来是北京友谊医院

[①] 张鋆(1891-1977),浙江省温州市人。中国解剖家,医学教育家。曾任河北大学医学部、湖南湘雅医学院、上海医学院教授等。建国后,历任中国协和医学院、首都医科大学、中国医学院实验医学研究所教授、系主任、所长,中国医学院副院长,当选为中国解剖学会理事长、中华医学会理事。

[②] 张毅(1902-1980),湖南省长沙市人。药理学家,医学教育家。1932年毕业于上海医学院,1935年留学英国,先后入伦敦大学、爱丁堡大学学习,获医学和哲学博士双学位。1938年回国,任上海医学院药理科教授。1949年任大连大学医学院教授、药理学科主任。1950年先后任大连医学院教务长、副院长,兼旅大市副市长,遵义医学院药理教研室主任、副院长、卫生部医学科学委员会委员,中国药学会副理事长,中国生理科学会理事,民盟第三届中央委员、贵州省委副主任委员、中国药理学会名誉主任委员。

[③] 孙克基(1892-1968),湖南省湘潭市人。1918年美国霍布金斯大学文学系毕业后,转入医学院攻读医科。1922年获医学博士学位。毕业后留校担任助教及住院医师,常随著名妇产科教授威廉姆斯出国讲学。1926年回国,先后在湖南湘雅医学院、武昌同仁医院、上海医学院妇产科教授及上海红十字会总医院工作。1935年创办上海妇孺医院(境内首家专科医院),任院长。曾任上海市卫生局妇产科总顾问及上海市医院联合会主任委员等职。

[④] 唐淑之(1907-1999),广东省珠海市人。1934年毕业于国立上海医科大学。抗日战争时期,曾与丈夫王霖生一起参加过红十字会战地救护队。1946年,唐淑之辞去上海疗养医院妇产科主任医师的职务,开设"唐淑之诊所"。新中国成立后,唐淑之长期担任北京友谊医院妇产科主任、教授之职,其高超的医术、高尚的医德为后人所称道。

的妇产科主任。当时孙克基在上海就是妇产科的一把手，对学生要求非常严。盛志勇在红十字会第一医院做实习医生的时候，曾当过他的手术助手，无意当中把手在身上碰了一下，当时穿着手术衣，手套上有血。他就马上批评盛志勇的这个做法，因为手套上有血，血把衣服弄湿了，手术衣里面的衣服没有消毒，细菌就可能出来了，这违反了手术的规则。孙克基在美国留学的时候，当时美国出版的一本《妇产科学》教科书里还有他的名字，里面涉及他做的一些工作。孙克基是一位非常有学问的人，对学生要求非常严格。只要有一点错误，他就会严厉地指出并批评。内科学教授是应元岳[①]，他的学问很好，讲课很有条理。他往往是把病和症状都给学生分析好几条，讲课的时候很清楚，所以给学生的印象很深，往往能够很好地与临床结合起来。外科老师是邵幼善，他是红十字会第一医院高年资的主治医生，虽然当时他没有当外科主任，但是相当于主任，那个时候没有外科主任，他是年资最高的，手术做得非常好，在上海很有名。邵幼善教授也是盛志勇进入外科工作的主要负责人，如果不是邵教授，盛志勇估计就去从事内科了，也许现在烧伤外科就少了一名院士，而中国医学界也许就多了一名卓越的内科医生。

在盛志勇的眼中，上医所有的教授在原则问题上要求都非常严格，哪怕有一点点违反规程的事都不行。盛志勇就是这样在一群专业知识极其丰富的老一辈医药学家的指导下学习成长起来的。

[①] 应元岳（1896—1991），浙江省宁波市人。1921年毕业于湖南湘雅医学院，获美国康乃狄克州医学院医学博士学位。1924年，赴美国霍布金斯大学医学院研究内科学。翌年转赴英国伦敦热带医学和卫生学学院攻读热带病学。1926年回国后任浙江绍兴福康医院内科医师。1927年在国内首次发现并诊断肺吸虫病。1928年应第四中央大学医学院（上海医学院前身）之邀，任热带病学、寄生虫学、实验诊断学副教授，1932年任内科学教授。1933年在印度加尔各答英国皇家热带病研究院进修，被授予热带病学博士学位及金质奖章，为我国获得此奖章的第一人。后继续在上海医学院任教，并兼任中国红十字会第一医院、中山医院院长。1939年上海医学院内迁，应氏率迁校先遣队入滇，在昆明白龙潭办学。1941年又随校转迁重庆继续任教，并任中国红十字总会医院内科主任等职。

第三章
专业选择

"选择"外科

学完所有的基础与临床课程之后，本科最后一年，盛志勇在红十字会第一医院担任实习医生。当时医院有严格的实习规定，实行24小时负责制，必须住在医院，每周有半天休息，每两周休息一个星期天，由住院总医师排出休息表，实习期间不准结婚。实习医生每人分管若干病床，要全面向住院总医师、教授报告病人的病情并按照医嘱做处理。在实习期间，实习医生要亲自负责接收病人，并亲自给他们做检查、处理直到病人出院或者死亡。实习过程中不仅要对病人的病情进行系统的观察与治疗，还要通过教授查房不断地接受新知识、新经验和医学上的新发展，一年的实习医生结束后就要定科，选择内科还是外科，在盛志勇的心中有定论，但是到了真正选择的时候除了自己的想法以外，还有其他的因素可能会改变结果。

做完实习医生的工作后盛志勇想从事内科工作，因为实习期间他跟随红十字会第一医院的内科教授乐文照。乐文照当时是医院副院长兼任心脏内科主任。当时医院有相互之间进行科室大查房从而增进学习与交流的传统，北京协和医院的心脏科主任董承琅[①]教授，有时候会来上海红十字会第一医院一起进行内科查房，当时作为实习医生的盛志勇跟他们查房时觉得他们学问很高，因为一说起某些疾病，他们就会做很详细的分析，让实习医生们对此羡慕不已。因此，在实习医生结束时，盛志勇觉得自己应该做内科，而且他想内科将来还可以做一些研究工作。于是他就报了内科，当时内科只要5个人，只能在多名实习医生中录取5个住院医生，结果盛志勇被录取了。当得知自己被录取的时候，盛志勇非常开心。但当时外科的最高主治医叫邵幼善，曾经在大学期间给盛志勇上过课，他是"一把刀"，外科做得特别漂亮。邵幼善也看中了盛志勇，他要盛志勇做外科，盛志勇表示自己已经被内科录取了。结果邵幼善亲自过问并向医院申请进行人事调整，盛志勇就这样机缘巧合地做了外科。可以说当年不是盛志勇选择了外科，而是外科"选择"了他。

当时外科医生不像现在的医生专科化很严重，而是各个外科病房都要轮转，大外科的每个科都轮转半年左右，比如普外、骨科、泌尿外科等都要去轮转，医生知识范围也比较广，不像现在这样一毕业就到一个专科，只是关注自己专科的部分，在为病人诊疗的过程中遇到其他科室问题时不会处理，同时很难从整体上来把握病人的治疗。虽然当时的一些医疗救护措施不如现在这样先进，但是当时的医生从整体上把握疾病的发生发展过程相对更完整些。

红十字会第一医院的住院医生一般要到五年以上才有资格申请晋升为住院总医师，盛志勇之前一任住院总医师是毕业以后第六年才当的，后来因为人少断档了，所以在盛志勇他们当住院医生第四年的时候就要选择住院总医师。这一年有两个备选的对象，一个是盛志勇，另一个是比他高两班的王姓同学。由于盛志勇在担任住院医生的那几年工作表现很好，当

---

① 董承琅（1899-1992），浙江省鄞县人。心血管内科学家，1918年毕业于上海沪江大学理学系，1924年毕业于美国密歇根大学医学院，获医学博士学位，后又三度赴美国学习，1941年回国。曾任北京协和医院副教授、心脏病科主任，上海医学院名誉教授。

时医院选择了他来担任住院总医师,所以他在1945年就当上住院总医师。担任住院总医师之后,整个医院的大外科都要负责,包括胸外科、脑外科、泌尿外科、骨科、普外科都要管,除了要了解每一个重病人的情况,还要对住院医生的病历书写、病程记录进行检查,以及最后病历的归档都要进行把关,每个病历最后的诊断都要自己书写并签字、总负责。主治医师随时都有可能给住院总医师打电话询问病人的情况,如果住院总医师对病人的情况不熟悉而答不出来就要挨批。此外住院总还要带一般的住院医师查房,所以每一位医生担任住院总医师以后工作都是十分紧张的,而这又是当时医生成长与晋升的一个十分必要的阶段。

终 身 伴 侣

盛志勇的夫人张韵秀出生于一个资本家家族,不过这个家族是一个"分裂式"的封建旧式家庭,就如现在的一些电视剧里所上演的一样。张韵秀是她父亲的第二位夫人生的,在她一岁左右,父亲就去世了。由于父亲英年早逝,留下的财产又都被大哥卷跑了,所以她的生活比较拮据。幸好比她大的有五个同父异母的哥哥,虽然大哥不成器,还有其他哥哥可以帮助她。她的第五位哥哥最出色,曾经是上海的银行家,张韵秀早期上学都是由这位哥哥资助的。由于家境原因,年幼的张韵秀十分懂事,学习也很努力,中学毕业后,她选择了报考上海红十字会医院的护校。当年,她是以全校第一的成绩考进护校的。在护校学习期间,她十分努力,毕业考试时仍是全校第一。盛志勇与张韵秀相识于1940年,当年盛志勇正因战事滞留于上海,并且在红十字会第一医院见习,所以两人相识。毕业后,盛志勇留在红十字会第一医院当住院医生,而张韵秀在医院的放射科担任护理兼技术员的工作。

1943年10月9日，盛志勇与张韵秀结为伉俪，当时盛志勇的家境很好，他们在上海举行了比较隆重的西式婚礼。婚后不久，他们有了第一个爱情的结晶，大女儿盛霭伦。张韵秀一方面要工作，另一方面要照顾孩子，料理家务，而盛志勇则在医院忙于工作，从住院医到住院总。后来盛志勇出国时他们已经有两个孩子，张韵秀为了照顾孩子，只好将工作辞去，全心全意在家照顾孩子，直到盛志勇回来。盛志勇回国后，她又在上海医学院的儿科医院担任护士。

　　1958年军事医学科学院从上海搬到北京，第一年，张韵秀因为工作的原因继续留在上海，他们过着两地分居的生活。在这种要做出选择与放弃的时候，女性伟大的一面总是无暇地展现出来，她遵从丈夫的选择，跟随盛志勇举家搬到北京。刚到北京时，张韵秀因为人生地不熟，工作也未能得到解决。后来在计苏华等人的帮助下，在儿童医院一起做麻疹疫苗的项目。为了盛志勇的事业，张韵秀在自己的事业上放弃了很多，一直在背后默默地支持着自己的丈夫。医生尤其是

图3-1　1943年盛志勇与张韵秀的结婚照

外科医生，总是面临着很多外科急诊的情况，经常值夜班不说，更是有半夜被叫起去做急诊手术的情况。尤其是在盛志勇调到解放军总医院之后，不仅仅是半夜被叫起，还经常因为上级的任务，半夜提起行李箱到一些突发事故现场进行救治工作等，而在这样的时候，张韵秀一如既往地默默支持着。直到现在，两位老人都已经过鲐背之年，但是他们依旧还像年轻时那样生活，盛志勇依旧每天上班，不时出差参加一些会议，只是不像年轻时那样奔波。

从红十字会第一医院到沪东医院

1947年，是中国国共内战正激烈进行的时期。盛志勇的一个同学在University of Texas Medical Branch① 工作，这所医学院坐落在得州的一个岛屿城市Galveston（加尔维斯顿）。这位同学介绍盛志勇去他们医院工作，正好盛志勇也想去美国多学习一些知识，增长见识。沈克非正巧又与他们那个医院的外科主任医师辛格顿（Singleton）认识，他是美国一位杰出的外科医生，于是沈克非给盛志勇写了推荐信。

当时红十字会第一医院还有一位外科主治医生在国外进修，沈克非希望盛志勇等他回来之后再走，这样医院的工作不会受到太大的影响。所以盛志勇一直等到1947年9月才走。当时出国手续不算麻烦但是也不简单，办护照时盛志勇还找了时任教育部医学教育委员会常务委员兼秘书、同时兼任国立上海医学院及国立中央大学医学院公共卫生科主任的戴天右② 签字，后来拿到护照后再去上海的美国领事馆办理签证手续。当时的签证程序与现在不一样，侧重点也有所不同。当时签证比较注意的是有没有沙眼、肺结核之类的传染性疾病。这其中还有一个小插曲：盛志勇在去签证之前两三个月得了肺炎，签证时需要拍胸部X片，拍出来的影像上还有点阴影，结果签证官差点没让盛志勇通过。不过盛志勇凭借自己流利的英语与签证官进行了详细的交流，告诉签证官自己是个医生，之前得过肺炎。

---

① The University of Texas Medical Branch at Galveston 美国得克萨斯大学加尔维斯顿医学分校，学校成立于1891年，是美国西南部历史最悠久的医学院。医学分校由生物医学科学研究所、健康科学相关学科学院、护理学院和医学院组成。

② 戴天右（1904-2002），又名戴天佑、戴孚民，福建南靖人。1933年毕业于国立上海医学院。1935年到南京卫生实验处卫生教育系工作。1937年被选送到美国哈佛大学公共卫生学院进修，获公共卫生硕士学位。1938年回国后继续在卫生实验处卫生教育系工作。1943-1949年，任教育部医学教育委员会常务委员兼秘书，同时兼任国立上海医学院及国立中央大学医学院公共卫生科主任。1949年1月调到国立上海医学院任公共卫生学教授，兼附属澄衷疗养院院长。1950年，奉调任华东军政委员会卫生部保健处及医教处。1954年调回上海第一医学院，历任保健组织教研组、卫生总论教研组主任，卫生系副主任，上海第一医学院教务长。

签证官一听是个医生，对医学知识肯定是比较懂的，也就没有再追究阴影是否就是肺炎的结果，就让盛志勇通过了。

盛志勇此去美国的费用全部都是自费，当时这也是一笔不小的费用。如果仅靠刚工作几年的盛志勇及其夫人积攒是不太可能的，一切费用都是父亲盛清诚赞助的。图3-2为盛志勇上船时家人与他告别时的情景。当时乘船去美国，三等舱比较便宜，但是三等舱是在船最底下的，而且是双层、双人铺。对于当时只有27岁的盛志勇而言，一是年轻二是为了替父亲省钱，所以选择了坐三等舱。当时船从中国出发，途经日本再到美国。当船经过日本的时候，刚好遇到台风，虽然船与台风擦肩而过，没有导致重大的事故发生，但是船颠簸得很厉害，很多人晕船，甚至人因为晕船起不来，幸运的是盛志勇没有晕船。台风过后到了吃饭时间，平时要排长队等候吃饭的情形已经不在，取而代之的只有稀稀拉拉十余人在船上的餐厅吃饭。

图3-2　1948年盛志勇出国前家人合影［盛镭伦（前左）、盛家伦（前右）、盛敏珍（后左）、徐瑾（后右）］

船开了16天才到目的地，途中在日本东京停了一下，然后就是到檀香山（Honolulu）停了一次，再到旧金山。令盛志勇印象最深刻的是，当船从金门大桥下穿过时，他感觉大桥无比雄伟，不胜羡慕。到旧金山下船之后，盛志勇提着两个大箱子，一个人坐火车，从旧金山到了休斯敦，到休斯敦之后坐了一个多小时的公共汽车到加尔维斯顿，等盛志勇到达时已经是夜里十二点了。不过还好，他的同学在车站接他。第一次出国门，而且是半夜三更到的异国他乡，这种深刻的记忆让盛志勇永生难忘。

去之前，沈克非介绍盛志勇去到研究室的老主任辛格顿那里进修，到了美国之后才知道老主任已经在不久前去世了。所以盛志勇跟随另一名指导老师 Poth 教授学习。这位教授专业涉猎很广，大学读的专业是化学，毕业后做药理学，药理学做到助教，后来再念医学，从医学院出来后做外科学。Poth 教授在经过化学、药理等专业的训练之后再进行医学的学习，有着十分扎实的医学基础知识。因此，盛志勇在跟随这位教授做研究工作期间，学到了非常丰富的知识。

在美国的时候，盛志勇了解国内形势有一个很重要的渠道，就是通过计苏华[①]。当时比盛志勇高一级的计苏华在芝加哥大学毕林氏医院进修，是共产党员，在美国的时候曾发动很多学生向美国总统写信反对美国借钱给国民党打内战。虽然盛志勇没有参与写信，但是却知道这回事而且还参与了签名。盛志勇说起这段历史时，总是笑笑，说自己当时的觉悟没有那么高。但是受他们的影响，盛志勇还买了一本英文的《共产党宣言》看过，他说自己当时看了也没完全看懂，这书也不能带回来。也许盛志勇对共产党的了解还是从这里开始的。

一切按照之前说定的条件，盛志勇在医院进修，吃住免费。但是因为盛志勇是中国人，没有美国的开业证书，不能单独负责病人，更不能对他们进行治疗。不过盛志勇可以参加他们的查房，因为有很好的语言基础，参与查房没有任何沟通障碍；也可以参加他们的讨论报告，还可以去手术室看他们做手术。除了这些基本的医院学习进修以外，做实验进行实验外科的学习与研究是盛志勇当时最为主要的工作。

Poth 教授对很赏识盛志勇的才干，在盛志勇去了之后没几个月就让他

---

① 计苏华（1917-1976），江苏省苏州市人。1935 年就读于上海医学院，1938 年 9 月在学习期间加入中国共产党，任上海医学院党支部书记。1941 年毕业于上海医学院。1942 年至 1945 年任上海医学院附属医院外科住院医师。1946 年任上海中山医院外科总住院医师。1947 年至 1949 年在美国芝加哥大学毕林氏医院进修。1949 年回国后到山东济南省立医院任医务主任和山东医学院外科教授兼教务长。1952 年调卫生部北京医院任副院长，1961 年任卫生部保健局副局长兼北京医院副院长。

给美国的学生讲课，这在当时比较少见，在现在也不常见。盛志勇主要为学生讲一些外科的基本知识，比如消毒、灭菌等。除了讲课以外，剩下的主要工作是做实验，当时盛志勇在实验室主要做胃肠道外科方面的研究，一方面盛志勇自己十分努力，各种实验都做得十分仔细与深入；另一方面语言没有障碍，可以与 Poth 教授以及实验室的其他同仁进行详细的交流与探讨。在离开美国前，Poth 教授挽留了盛志勇三次，希望他能够留在美国工作，盛志勇都拒绝了。一方面因为盛志勇舍不得自己在上海的家人和医院的同事，另一方面，他想留在美国也没有什么意思，不能做临床，只能做科研，而且当时美国的种族歧视还是很厉害的。盛志勇说："在美国的时候，我看他们厕所有白人厕所，有色人种厕所，我就问他们了，我是有色人种，黄种，我应该到哪个厕所。他们意思是说，我们都是战胜国，你算白人。教堂也分开，白人教堂，黑人教堂，我就问他上帝有没有黑人上帝，白人上帝，他们答不出来了。坐公共汽车黑人坐后头，白人坐前面如果前面位置不够了，白人上来，黑人自动退到后头去，否则就罚钱。火车车厢，可能有黑人车厢，所以我坐的车厢里头没看到黑人。"考虑到以上种种情况，盛志勇毅然决定回国。当时他得知解放军已经到了长江北岸了，他买了 1948 年 12 月底的一张回国船票。就在他刚要走的那天，美国西海岸的码头工人罢工，所有的船都不能开。当时盛志勇很着急，他找到一个轮船公司说，只要船一开他就要回中国，不论大船还是小船。此前，他买的是一张大船的船票，后来终于有一天人家告诉他罢工结束有船了，不过是一条小船。当时的盛志勇已经归心似箭，没有丝毫顾虑就坐上那条小船于 1948 年的 12 月 31 日回到了上海。

当时由于国内的形势比较乱，国民党到处抓人，医院的情况也不容乐观。盛志勇在家人及同事的建议下，未回到红十字会第一医院工作，而是在其父亲的沪东医院工作。沪东医院在当时算是上海比较有名的私立医院，收费很低，还经常为贫困患者免费治疗，虽然医院为私立，实有公立医院的性质。在上海解放前一个月，盛清诚乘医院成立 25 周年之际，毅然决然将医院实行改组，组织董事部，傅若愚先生为医院董事长，盛清诚为院长。1949 年，医院改组之后的组织结构如图 3-3，医院当时拥有医护

本院组织系统表

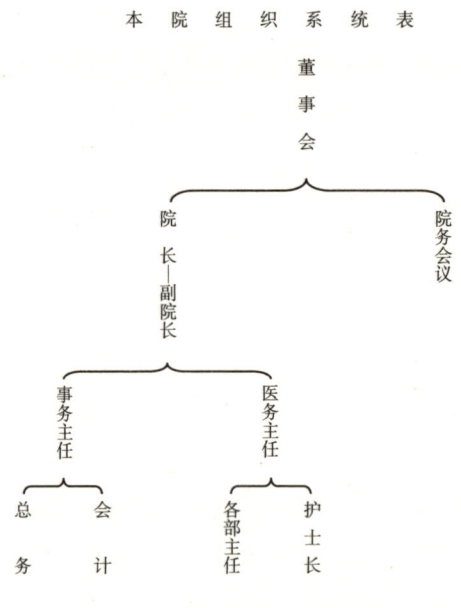

董事会
├── 院务会议
└── 院长—副院长
    ├── 事务主任
    │   ├── 总务
    │   └── 会计
    └── 医务主任
        ├── 各部主任
        └── 护士长

图3-3　改组后沪东医院组织结构图

人员超过50位，图3-4为1949年初沪东医院全体职工合影。

在医院成立25周年庆典时，医院出版了一本25周年纪念册。医院董事长傅若愚先生写医院院庆特别序时，对盛志勇赞赏有加，并对医院今后的前景与发展寄予很大的希望。他的原话如下：

"……自盛志勇医师加入后，阵容益形坚强。志勇世兄即盛院长之哲嗣，毕业国立上海医学院后，复负笈赴美深造有年，去秋学成归国，加入任医务主任。彼少年

图3-4　1949年初沪东医院全体职工合影［盛清诚（前排右七），罗静安（前排左七），盛志勇（前排右五）］

英俊，学有专长，人易干练；将来袭其克绍，负责有人，沪东医院之前图，诚光明哉。"①

盛志勇当时不仅任沪东医院的医务主任，分管各科主任及全院的护士，统领医院的医务工作，还要从事外科医生的一般性工作，同时还与外科主任董道铸医生一起兼任医院产妇科主任从事妇产科的一些手术等。图3-5为院庆纪念特刊上刊登的盛志勇的照片。

图3-5 盛志勇（1949年）

良师启迪

在盛志勇从医的道路上，有几位重要的医学前辈、大师对盛志勇起着十分重要的作用。他们中有的改变了盛志勇的职业方向，有的对盛志勇医学知识、技能的成长提供了莫大的帮助。谈及自己的过去，谈及自己的老师时，尤其是讲到沈克非教授时，盛老总是对当时事情记忆犹新，向我们娓娓道来，仿佛把我们带回了那个年代。

结识沈克非[2]

盛志勇在刚进上海医学院学习时就听说了沈克非的名字。但是由于战

---

① 沪东医院院庆特刊序. 傅若愚. 沪东医院创立二十五周年纪念特刊. 1949.7.1。
② 沈克非（1898-1972），浙江省嵊县人。外科学家和医学教育家。1916年考取清华大学庚子赔款预备生，1919年公费赴美国留学，1919年就读于美国西余大学文理学院和芝加哥大学。1920年考入美国俄亥俄州西余大学医学院。1926年回国在协和医院担任外科助理住院医师、外科住院总等职务。曾担任过中央卫生署副署长、中山医院外科主任、医院院长、中国人民解放军军事医学科学院副院长兼实验外科系主任、上海第一医学院副院长等职务，还参加过抗美援朝医疗队，赴沈阳筹建中心血库等。

第三章 专业选择

争的原因，他在医学学习生涯里错过了与沈克非的相遇。同样是因为战争，他又与这位大名鼎鼎的教授一起走过了一段战火洗礼的岁月，并共同创造了医学的辉煌。

沈克非在1926年回国后，先后在北京协和医学院担任外科助理住院医师1年，外科住院总医师2年。1929年他应邀赴芜湖戈矶山医院任外科主任。1930年，原北京协和医院院长、外科教授，时任中央卫生署署长的刘瑞恒邀请沈克非去南京，一起筹建一所中国人自己办的现代化综合性医院——国立中央医院。沈克非在这所医院从事教学科临床科研工作，从外科主任被提升为副院长、院长，后来还兼任该校教育长。1937年5月，沈克非与夫人陈翠贞应国际联盟卫生部之邀赴欧洲考察各国卫生机构，为期一年。在巴黎时获悉卢沟桥事变，国内战火爆发，国难当头，他们立即启程回国，回国后全力投入救死扶伤工作。1937年11月底，中央医院奉命西迁，当时国内局势极其紧张，交通工具也十分不便，他们分水、陆两路撤离南京。后因医务人员都要求继续投入抗日救亡运动，不希望直接去四川，经力争上级同意后中央医院迁至湖南长沙。后又因武汉沦陷，战时南移，他们被迫再次西迁，撤至贵阳，重新将医院建立起来。1939年5月，重庆遭受敌机空袭引起大火，伤亡严重，上级要求他立即把中央医院部分人员和设备移至重庆成立分院。

在长沙、贵阳时，中央医院分别与湘雅医学院、贵阳医学院互助合作，到了1941年，先迁到重庆的中央医院与后内迁到重庆的上海医学院继续互助合作，中央医院成为3个医学院的临床教学和实习基地，医学院的教师则参加医院的临床工作。沈克非与上海医学院的不解之缘也由此开始，沈克非身兼3个医学院的外科名誉教授，除了繁重的临床医疗和行政工作外，还要参加外科教学工作，经常奔波于长沙、贵阳和重庆三地之间。

1941年4月，沈克非被任命为中央卫生署副署长，当时他并不愿意脱离专业去接受这份差使；但是为了抗战，他同意接受委任，并得到卫生署长允诺，一旦抗战胜利，即辞职从事临床教学工作。他辞去了湘雅和贵阳两个医学院的兼职，但是仍坚持在重庆的上海医学院从事临床教学工作。他把卫生署的办公时间安排在前半周，把歌乐山上海医学院的临床教学时间安排在后半周。每周星期四上午八时，他准时进行总查房和诊治病人，星期五进行外科手术，星期六则为四、五年级学生讲授外科学和局部解剖学，直至抗战胜利。

1941年，身为五年级医学生的盛志勇本来可以和沈克非在课堂相遇。但是因为战争，1940年盛志勇未能回到昆明，错过了在上学期间在重庆与沈克非见面的机会。

1945年抗日战争胜利后，上海医学院于1946年从重庆迁回上海。1946年3月，沈克非去秘鲁利马出席第五届国际外科学

图3-6　沈克非（左一）任中国代表团首席代表，出席1946年联合国世界卫生组织筹备及成立大会

图3-7　1946年联合国世界卫生组织欢迎中国代表团成员，沈克非（前排右一）

会议，继而去美国考察并率团出席在纽约举行的联合国世界卫生组织筹备和成立会议，历时5周，他在通过世界卫生组织条例的大会上代表中国签字。

9月回国后，沈克非到南京辞去卫生署副署长的职务，到上海专任上海第一医学院外科主任、教授和医院院长。盛志勇第一次与沈克非见面是1946年在红十字会第一医院。当时盛志勇已经被提升为外科主治医生，已经能够独立做一些普外科的手术了，不过这段师生缘分来得还不算太晚。

第三章　专业选择

沈老师的教导铭记在心

在沈克非来之前，盛志勇已经对这位大名鼎鼎的医生有所了解。每次回忆起与沈克非有关的内容时，盛志勇脸上依旧流露出敬仰、缅怀之情。

沈克非教授不仅学识丰富，外科学上有很深的造诣，而且各种行政组织能力也很强。他工作极其严谨，对自己要求也很严格，作风正派，为人耿直，一般有什么话都会直说。

沈克非在担任上海第一医学院外科主任时，会定期大查房，这是年轻外科医生最喜欢参加的，也是令所有医生们最战战兢兢的时刻。医生们是既怕他又喜欢他。沈教授查房的时候一般是第一排站见习医生，第二排站实习医生，然后是住院医师、住院总医师、主治医师和主任医师。查房的前一天，医生们都要把自己所管的病人的病情熟记于心，要不然第二天，因为第二天查房的时候沈教授会提问，而且是从第一排开始，回答不出来的依次往后问。如果提问时答不上来，他一般都会当众批评。同时，他也会根据病情提出许多问题，逻辑性非常强。他教育年轻医生应该根据病情思考各方面的问题，也激励年轻医生要好学上进，多阅读有关的参考书。做手术时，他总是力求手术要规范、细致、轻柔。在盛志勇的记忆里，有过那么一次经历，让他一辈子都铭记于心。

沈克非教授是一个很认真的人，有时候会在盛志勇做手术的时候，不声不响地站在后头看。有一天，盛志勇主刀为一位病人施行胃次全切除术，沈教授就站在后面看，当时盛志勇并不知道。施行手术的全体医务人员都准备妥当，走上手术台，大家也都配合得十分默契，手术也很成功。但是术后，沈克非将盛志勇叫去，并很严肃地向盛志勇提出，在将胃切除后实行血管结扎，盛志勇没有用盐水纱布将结扎后的血管盖上，这是不严谨的。沈克非曾再三强调手术当中所有的暴露器官必须用盐水纱布覆盖，予以保护，勿使干燥。他这种一丝不苟的精神，让盛志勇一辈子都牢记于心。

沈克非十分支持年轻医生到国外去学习，并且每年他都会推荐一些人到国外。1947年，沈克非为盛志勇写了推荐信，推荐盛志勇去得克萨斯州立医学院的外科主任医师那里去学习。盛志勇赶在上海解放的前夕回到中国，回国后在沪东医院工作。到1950年，上海的形势已经比较好，其他医院的运转状况也恢复正常了，沈克非当时任中山医院的院长兼外科主任。有一天，他打电话问盛志勇是否愿意去中山医院工作，这是一个令人兴奋的消息。虽然沪东医院是自己父亲所建立起来的医院，但是考虑到在医学领域更好地发展，在父亲的支持下，盛志勇毅然决然到中山医院工作。到中山医院之后，盛志勇担任外科主治医师，同时沈克非要他在学校里面讲局部解剖学和手术外科学，主要教四年级学生。盛志勇班上的学生现在有好几个当选为院士，比如秦伯益[①]院士。盛志勇在中山医院实际工作的时间并不长，因为当年朝鲜战争爆发，盛志勇于1951年初参加抗美援朝医疗队，从医疗队回来之后不久就调走了。

除了沈克非对盛志勇工作上的影响，其实他们之间还有另一层关系，就是盛志勇的夫人张韵秀曾经在沈克非的夫人陈翠贞的儿科医院担任护理部主任。沈克非夫妇都医术精湛，对年轻的医生医术上要求严格，同时对他们的生活也十分关心。他们夫妇俩经常会邀请一些年轻的医生到家

图3-8 1953年军事医学科学院实验外科系全体成员及部分家属在沈克非家中［沈克非（三排右三），陈翠贞（三排四），盛志勇（二排左三），张韵秀（后排右一）］

---

① 秦伯益（1932-），江苏省无锡市人。1949年高中没有毕业就先考入上海东南医学院，再于1950年转考入上海第一医学院。药理学家。早期从事国防工业毒物的毒理及防治研究。长期从事神经精神系统新药评价工作。曾任国务院学位评定委员会学科评议组成员、中国医学基金会副会长、总后卫生部医学科学技术委员会常务委员、中国药理学会副理事长、国家科技进步奖评审委员会委员兼医药组副组长、国家发明奖评审委员会医药组组长等职务。

里聚会，探讨一些医学问题或生活问题。图3-8为1953年，军事医学科学院实验外科系全体人员及部分家属在沈克非、陈翠贞夫妇家中。

1958年军事医学科学院迁到北京。由于种种原因，沈克非未能一同前往北京，而是回到上海第一医学院担任副院长。由于工作地点的变动，后来盛志勇与沈克非的联系相应减少。"文化大革命"期间，沈克非教授也与其他的一些医务人员一样未能幸免，遭受了各种诬陷迫害，后不幸身患癌症，于1972年10月9日去世，终年74岁。

可以说沈克非对盛志勇有知遇之恩。沈克非以其丰富的学术思想、精湛的医疗技术、严谨的治学作风，对盛志勇的影响很深。

抗美援朝医疗队

加入医疗队

1950年朝鲜战争爆发，当时中国掀起了抗美援朝运动。在中国人民志愿军赴朝作战的同时，各地纷纷组建入朝支援医疗队、防疫队、手术队等。1950年12月15日，上海医务界成立了上海市医务工作者抗美援朝委员会，发表《致全市医务工作者书》，号召医务工作者支援前线，抗美援朝，保家卫国。

1951年1月23日下午，上海市医务界在上海市政府的大礼堂举行欢送会，欢送上海市抗美援朝志愿医疗手术大队，参加

图3-9 1951年1月23日在大光明影院欢送上海市抗美援朝志愿医疗手术大队大会现场

手术医疗队的全体队员以及各界欢送代表两千余人出席大会，会上时任上海市医务工作者抗美援朝委员会主席、上海市抗美援朝手术医疗队的总指挥颜福庆发表了讲话。颜福庆的讲话给盛志勇留下了深刻的印象①。在会上，黄家驷②作为总队长代表讲话，还举行了隆重的授旗仪式。

图3-10 授旗仪式

1951年1月25日下午，首批上海抗美援朝志愿医疗手术队321人，在总队长黄家驷的带领下分3个医疗手术大队赴长春、齐齐哈尔、通化展开工作③，第一大队主要是同济医院、中美医院的医护人员；第二个大队主要是上海医学院医疗队，就是盛志勇他们这一批人，主要由华山医院、中山医院的医生、护士还有技术员等人组成；还有第三大队主要是上海市卫生局所属的医院组成。盛志勇作为第二医疗手术大队的队员，赴齐齐哈尔第二陆军医院参加救治志愿军伤员的工作。第二医疗手术大队由黄家驷

---

① 盛志勇访谈，2010年12月13日，北京。资料存于采集工程数据库。

② 黄家驷（1906-1984），江西省上饶市人。胸外科学家、医学教育家。1933年协和医学院毕业，获医学博士学位。时为第一批上海市抗美援朝手术医疗队总队长兼第二大队队长。

③ 医学专家颜福庆、沈克非、钱惪、黄家驷及上海市卫生局副局长李穆生等率先报名，全市3821名医务工作者志愿报名，随后成立了上海市抗美援朝手术医疗队。（2011/5/5 上海市地方志办公室网站 http://www.shtong.gov.cn/node2/node2245/node67643/node67648/node67688/node67781/userobject1ai65012.html）根据1951年1月24日和25日文汇报第一版报道，在1951年1月23日，在上海市政府大礼堂举行盛大欢送会，会上颜福庆、潘汉年、黄家驷等人分别讲话，号召医务界积极投入抗美援朝、救死扶伤的工作。1月25日，上海市各公私立医院的医务工作者为欢送医疗队出发，当天下午一律暂停门诊（急诊与病房照常）以全部参加欢送性的大游行。

带队。① 黄家驷既是整个医疗队的大队长，也是第二个医疗手术大队的队长，钱悳②为第二个医疗手术大队的副队长，盛志勇所在的小分队为第二大队第四中队的会诊队，其中的队员有：黄家驷（兼队长）、钱悳、林春业③、朱益栋、吴学愚④、陈道瑜、石美鑫、裘麟⑤、盛志勇、陈瑞旬、郭芝香、袁莲渠、麦素心⑥。会诊队中主要是一些高年资的医生，也有一些护士，有内科医生也有外科的。

整个医疗队成员都是从上海坐火车出发的，火车在兖州火车站停过，在沈阳还呆了几天，后来才到齐齐哈尔。当时会诊队去的是沈阳军区第二陆军医院，后来沈克非也去了这家医院工作。沈克非去了以后，在这个地方设立

图3-11 1951年1月25日上海市抗美援朝医疗手术大队在人民公园出发时的情景，盛志勇（手持相机者），石美鑫（盛志勇左一），钱悳（黄家驷右一），黄家驷（庄汉澜右一），庄汉澜（右一）

---

① 据盛志勇回忆，他们这个医疗队，本来应该由沈克非带队去的，但是当时刚好到冬天了，东北天气很冷，沈的年纪比较大，所以要黄家驷带队去。那时候沈克非也就50多岁，但是当时与现在不一样，那时候50岁就觉得比较老了。沈克非是七八月份才去的。他是第二批医疗队的总队长，也是医疗顾问团的团长。

② 钱悳（1906-2006），江苏省江阴市人。传染病学专家。1932年中央大学医学院第二届毕业生，获医学博士学位。当时与盛志勇为同一队队员。

③ 林春业（？-1992），广东省汕头市人。1936年毕业于国立上海医学院医学系，普外科专家，历任上海第一医学院副教授、教授，重庆医学院教授、图书馆馆长、附属第一医院主任医师。与盛志勇为同一医疗队队员。

④ 吴学愚（1915-2000），浙江省湖州市人。1939年毕业于国立上海医学院医学系，耳鼻咽喉科专家，博士生导师，原卫生部医学科学委员会耳鼻咽喉科专业委员会委员，中华医学会理事，第二届至第五届全国耳鼻咽喉科学会委员、副主任委员、名誉顾问，原上海医科大学眼耳鼻喉科医院院长。时为耳鼻咽喉科主治医师，与盛志勇为同一医疗队队员。

⑤ 裘麟（1919-2003），山东省青岛市人。1946年毕业于国立上海医学院医学系，时为中山医院骨科医生，与盛志勇为同一医疗队队员。

⑥ 佚名.上海市志愿医疗手术总队全体名单.文汇报，1951-1-24（1）.

了一个医校，也就是第一军医大学最早的雏形，就是现在的南方医科大学①的前身，从齐齐哈尔开始，迁到长春，又迁到长沙，最后到广州。

医疗队到沈阳军区第二陆军医院后，主要的工作是对伤员进行后期的救治管理。由于在前线已经对抗美援朝的一些伤员进行了一些初步处理，而且可能到了通化又进行进一步的处理，所以到齐齐哈尔之后的伤员以中后期治疗为主。当时有一种战伤后遗症叫灼性神经痛，就是神经损伤以后，虽然神经这个地方好了，但是会有神经疼痛，而且是十分厉害的放射性肢体疼痛。盛志勇在第二陆军医院就做了好几例这样的手术。神经损伤以后，由于交感神经的原因而引起疼痛，依据这个原理，盛志勇就把伤员交感神经节的胸2、胸3部分去掉，成功防止疼痛。

此外，还有一些其他的伤病，比如由于美国部队用的是燃烧弹、汽油弹，一般粘在身上下不来，战士往往第一个动作是用手去拍掉，因此手会受伤，以烧伤为主。所以送到齐齐哈尔的还有部分烧伤伤员，而且以小面积烧伤的伤员为主，因为大面积烧伤的伤员在前线可能就已经牺牲了。到医院后医生们主要对伤员进行一些初步整形、伤面处理等，而伤后几天，腹部手术数量很少，因为腹部伤一般都是急症，若能康复在前线一般就已经处理好了。

新型止血剂的研制——淀粉海绵，为战伤填补空白

外科学的发展与外科手术的进展有很大的关系，而外科手术的进展则与止血方法的改进以及各种止血剂的应用有重大关系。外科止血方法有很多种，但是针对一些广泛性出血或者有凝血功能障碍的患者而言，止血剂

---

① 《中国军事医学史》详细记载第一军医大学的历史沿革：东北军区军医学校（1951年，齐齐哈尔）、第十一军医中学（1952年，齐齐哈尔）、第十一军医学校（1954年，齐齐哈尔）、齐齐哈尔医学院（1958年交地方）、齐齐哈尔医学院（1962年划归军队）、军医学院（1966年，齐齐哈尔）、军医学院（1969年，长沙）、军医学院（1970年，广州），1970年并入广州军区卫生学校（1969，广东广州），1974年归回广州军区，第一军大学（1975年，广东广州），后经过一些变更，2004年8月正式移交广东省，校名改为"南方医科大学"。（详细参见《中国军事医学史》一书书后附件"中国人民解放军医学院—医科大学—军学院—军医大学沿革"）。

图 3-12　1951 年抗美援朝医疗队在齐齐哈尔第二陆军医院中学习讨论的情景（左 2 起：裘麟，石美鑫、黄家驷、盛志勇、林春业，吴学愚）

的使用显得尤为重要。抗美援朝战争中，国内组织了大量的医疗手术队赴鸭绿江边救治伤员，在前方医疗队紧张救治伤员的同时，也有大量经过初步处理或者一些普通伤员被运往后方医疗队。而当时战伤止血的明胶海绵发生危机，各医疗队告急。情况很快反映到中央军委和国家卫生部，但是全国其他医院也紧缺明胶海绵止血剂。时任中山医院院长的沈克非教授召集史玉泉、陈化东、盛志勇、石美鑫等人进行研究和探讨。他们这些研究人员对国外的止血剂研究进行了一些探讨，总结了一些国外的研究进展：1943 年 Frantz 发现了氧化植物纤维的止血性能，1944 年 Bailey 和 Ingraham 发现了纤维蛋白棉与凝血酵素合用时的优良止血性能，Correll、Wise 等人发明了胶蛋白棉，但是国内在制造上述几种止血剂方面尚有问题，于是探求一种制造较便利的止血剂的方法确实成了当务之急。他们受 1949 年 11 月 Rosenfeld 报告的淀粉海绵止血性能的启发，对淀粉海绵的止血效能进行了进一步的实验和临床研究，主要采用市售的容易购得的淀粉采用先用蒸馏水配成 15% 的混悬液，然后加热到糊状，再进行冷却、冰冻、解冻、切割等步骤之后，用 75% 的酒精浸泡备用或者用曝晒、焙烘、干燥剂以及酒精或醚冲洗法使之干燥便于保存，使用前再用酒精浸泡或蒸汽消毒后再使用。他们通过研究得出以下结论：淀粉海绵是一种优良而有效的止血剂；任何植物淀粉均可制成海绵体；15%的菱粉（马铃薯粉）海绵最合乎理想，并最便于使用；在国内其他止血剂缺乏之时，淀粉海绵是值得介绍并加以推广的；淀粉海绵的应用暂未发现重大的反应；除用于止血外，淀粉海绵尚可能用以填充组织中所存在着的死腔。

这一研究对于手术止血很有意义，不过由于当时的淀粉海绵止血剂并不是那么完善，因此这项研究还在继续。后来因为工作的调动，沈克非、盛志勇等人调到军事医学科学院，但是他们对淀粉海绵的研究并未终止。

第四章
临床研究的开启(1952—1961)

抗美援朝工作的延续

淀粉海绵止血剂的研究

朝鲜战争时,美军在朝鲜战场使用毒气和细菌武器,并公然挥舞核大棒对新中国进行威胁。针对这一严峻形势,1951年6月16日,中央军委作出"迅速成立军事医学科学院"的重大决定。同年8月1日,中国人民解放军军事医学科学院在上海巴斯德研究所的基础上建立,它是继中国科学院之后,新中国建立的第二个科学院。华东军区的华东军区卫生部部长宫乃泉担任首任院长,沈克非从中山医院调往军事医学科学院担任副院长。成立之初,院长、副院长等人为军事医学科学院的研究方向与人员设置殚精竭虑,从各单位招揽了大批医药学人才,其中就包括盛志勇,可以说他是沈克非的"嫡系部队"。当然,其他很多著名的来自不同专业的医药学家也纷纷先后加入了军事医学科学院这个队伍,如药理学家周廷冲与微生物学家黄翠芬夫妇,生理学家蔡翘等。1952年4月,盛志勇调往军事医学科学院。在沈克非的指导下,结合盛志勇在美国进修的实验外科专业,他们共同组建了实验外科系,沈克非推荐盛志勇出任实验外科系副研究员,后来他们共同创建了我国第一个实验外科基地和野战外科实验基地,并且开设了实验外科学课程。当时,沈克非主张:"实验外科是为临床外科服务的,是为了解决外科临床上发现的许多问题而进行工作的。临床必须依靠理论研究来提高,理论研究必须面向临床,因此我们指定研究课题必须要密切结合临床。"

虽然工作单位进行了调整,但是很多工作并没有因此而分割。由于之前淀粉海绵止血剂的制作过程还存在一定的问题,调往军事医学科学院之后,沈克非、盛志勇、王文正对之前的研究进行了补充,尤其是对整个淀粉海绵止血剂制造的步骤以及消毒进行了详细的研究,使得全国各地都能依照他们的方法进行制造,不至于发生不能将淀粉制成海绵体或消毒不周等情况。他们对各种不同的淀粉进行了比较详细的探讨,包括每种淀粉加热变成糊状的最佳温度、最适时间都有了相应的比较;在干燥方法上也有很大的改进,原先的一些办法虽然比较经济方便,但是由于在夏天的时候不便于保存,因此改用乙醇分级脱水法进行干燥;此外,他们还对消毒方法进行了详细的探讨。由于在干燥的淀粉海绵内,仍有大量的革兰氏阳性杆菌或具有芽孢杆菌存在,因此在消毒方面则需要极其严格的要求。通过研究,他们认为高压蒸汽消毒法是最好的,但是同样存在一定的问题,因为高压蒸汽消毒的要求很高,在一些小城市中不容易具备,而且必须强调在消毒之前淀粉海绵不能含有水分。1953年以后,他们几个人再次对淀粉海绵止血剂的制造进行了研究,主要是寻求用化学方法对其进行杀菌以及灭菌从而克服高压蒸汽灭菌的一些难题。他们进行了一系列的实验与对照,最终发现用6%的盐酸溶液浸泡15小时后,可以使淀粉达到安全的消毒灭菌,而且用此方法处理的淀粉液在支撑海绵后,其质地与未用灭菌法制成的海绵相同,而比经过高压蒸汽灭菌的海绵弹性和吸水量大,并且易于保存,质地也不会改变,经过此法灭菌的海绵可以用50%—70%的酒精保存,不用经过干燥程序,省去了高压蒸汽灭菌所需的设备,相对而言易于推广。

当然淀粉海绵止血也是适应时代的需要，一方面是因为各种新型的止血剂还未被发现，另一方面是止血剂的价格昂贵。这种原材料低廉，保存方法不太难，易于制作的止血剂在当时的特定环境中有着它特有的价值与意义。

除了对淀粉海绵进行研究以外，由于当时朝鲜战争还未结束，沈克非在沈阳建立了大型血库，但是如何将血运送到前线是一个难题。因此他在思索办法的同时，也要求在上海实验外科系的人员研究如何将全血安全地运输到前线的问题。盛志勇等人就在军事医学科学院研究怎么把血送出去，主要是研制防震、保温的运输箱。在朝鲜战争结束以后，战伤存留下来很多问题，比如烧伤和整形问题，还有神经损伤的问题等，沈克非召集了很多专家，比如以前的整形医院院长还有301医院的骨科主任陈景云，还有一些胸外科的，到朝阳那边建立了一所医院，处理战后的后遗症。

《抗美援朝战伤处理文集》的编写

临床医学是一门经验科学，好的医生总是善于总结经验。临床救治工作的不断发展也需要不断地总结。在各地医疗队奔赴前线或者前线的后方进行了大量战伤救治之后的一年，也就是1952年，东北军区后勤卫生部为了将各志愿医疗队和专家们的工作经验以及各种心得收集起来，通过第二次志愿医疗队队长会议、中华外科学会和东北军区后勤卫生部技术指导委员会的关系，向第一批医疗队的同志进行征稿。《抗美援朝战伤处理文集》这本书汇集了不同外科领域的众多专家包括沈克非、黄家驷、吴阶平、裘法祖等的经验与心得体会，其中盛志勇写的主要是急性腹膜炎的治疗。由于这一文集中的大部分撰稿人都是在前线的后方工作，盛志勇也是如此，因此在撰写急性腹膜炎的治疗时，他所依据的都是自己所见的一些病例以及自己的治疗经验。从手术治疗与非手术治疗以及残余脓疡的处理三个方面加以探讨，手术治疗从术前准备、病损部位的处理、腹腔异物清除与灌洗、腹腔内磺胺类药物的应用，引流、创口的缝合以及术后的处理等各个步骤都叙述的十分详细。整部《抗美援朝战伤处理文集》就是一本十分宝贵的战伤处理指南。

相关书籍的编写

第一部腹部外科手术图解

当时国内没有十分完整的手术图谱，而手术图谱对于许多年轻医生尤其是外科医生而言又是必需的。1953年年底，人民卫生出版社提出编写外科手术图解的计划，他们征求沈克非的意见，沈克非觉得是十分有益的事情。于是当人民卫生出版社提出由他来负责编写这本图解的时候，他欣然接受。这样一份"美差"当然少不了他的"得意门生"——盛志勇，于是沈克非与盛志勇一起合编了一本《腹部外科手术图解》。由于沈克非和盛志勇对画图都不甚熟悉，在中央卫生部医学模型制造厂许士骐、高百川厂长的支持和协助下，由该厂的张兆丰同志描绘书中的图画。张兆丰本人并非学医出身，所以在画图时并不那么直观。为此，盛志勇带他去参观手术，让他对人体的腹部脏器的结构有了更直观与深刻的理解。在参观手术之后张兆丰用自己的绘画知识再结合相关的模型画相应的器官及各种神经、血管的走向，这样画出来的图再经盛志勇和沈克非这两位专家的评点与修订之后，一本有图有内容的《腹部外科手术图解》就显得比较完善了。历经两年多的时间，这本书于1956年2月第一次印刷，同年该书印刷了三次，共近两万册。据盛志勇回忆，这本书也是新中国成立之后的第一本腹部外科手术图解方面的书籍。1963年，由于外科学在中国有了长足的进展，为了适应新的发展及医生们的需要，沈克非决定修订该书并再版。由于当时盛志勇已经调往北京，沈克非邀请上海第一医院外科学副教授冯友贤一起完成修订，在原有章节的基础上增添了一些新章节以及相应的新手术和新方法等。后再经上海第一医院其他科室外科医生的协助与审阅，该书的第二版于1966年发行，当年发行七万余册。

军事医学科学院的基础研究与临床工作，为盛志勇后来的科研方向以及临床技能奠定了极为重要的基础。尤其是在沈克非这样一位知识渊博、治学严谨、对青年医生既严格要求有谆谆教导的著名外科专家的门下，他的精神更是对盛志勇产生了潜移默化的影响。

中国第一家急症外科医院

急症外科医院的工作

盛志勇认为，决定当时急症外科医院急需建立的主要因素是沈克非考虑到创伤研究不能仅仅停留在实验室水平，而是要与临床相结合。因此沈克非与第二军医大学的校长吴之理商议，建立一个能与实验外科相结合的医院，开展相应的临床工作，并为战伤的治疗培养医疗人员。在新中国成立初期，中国的经济、政治以及其他的很多方面都向苏联学习。根据当时的报道[1]来看，这种急症外科医院的建立也有可能受到苏联的影响。因为在苏联的莫斯科、列宁格勒等大城市里，有一种专门救治急症外科病人的医院，这种医院对于突发性的急症外科病人，一般都可以是他们在短短的几分钟内或者说是尽可能短的时间内得到救治。因此，1955年10月，军事医学科学院与第二军医大学联手创办，在上海市汉口路515号购买了一个旅馆并进行改造，创建上海急症外科医院。这是我国第一所专门救治临床各类创伤和其他外科急症的新型医院。1956年4月28日，上海急症外科医院举行开院典礼，4月30号医院开始接收病人。这所医院专门治

---

[1] 急症外科医院即将开院[N]. 新民晚报。

图4-1　上海急症外科医院开院典礼［盛志勇（后排左一），沈克非（前排左八）］（图片来源：第二军医大学博物馆）

疗外伤（如交通事故、工业损伤）和外科急症（如急性阑尾炎、急性胆囊炎、胃穿孔、脾破裂等）。

当时急症外科医院收治各种外科急症患者，比如骨科、脊髓损伤等，这类患者主要由第二军医大学的屠开元教授负责。屠开元教授是当时急症外科医院的院长。而其他的患者比如急腹症、一般外伤包括脾、肝、肾破裂，阑尾炎、胆囊炎、肠梗阻等则主要由盛志勇负责，盛志勇为普通外科主任。整个医院共有病床200个，盛志勇负责其中的100个床位，除了骨科以外的外科急症都要负责管理。仅在开院的第一年时间里，急症外科医院做的阑尾切除病例就有八百多例，胆囊切除六十多人。当时其他的医院开展这些急症手术一般比急症外科医院都要少。急症外科医院在医院的设置、医疗程序等方面都体现着"一切为了伤病员"的原则，医院的医生除了承担着治病救人的工作，还承担着培养专科医生的责任。虽然当时医院的工作已经十分繁重，但盛志勇还要负责给第二军医大学的学生授课，担任第二军医大学局部解剖学和手术外科学教研室主任。

急症外科医院的医生们正在积极紧张地抢救着病人，各项工作有条不紊，不过医院的发展并非医生们努力就能很好地运转，总是有很多外界的影响因素。1957年后,随着反右运动的不断扩大,尤其是1957年春夏以后在全国范围内开展了群众性的政治运动,采取了大鸣、大放、大字报、大辩论的形式,许多知识分子受到不同程度冲击,急症外科医院的很多医生也未能幸免。有一天,盛志勇接到一个通知,军事医学科学院叫他立即回院里参加会议和学习,他当时还以为是有什么突发战事需要回去执行任务。在部队单位,上级的指示一般都要执行,即使不知道是什么事情。而且这种突然"袭击",作为从地方到部队的人员需要慢慢适应。盛志勇回去之后一看,并没有什么战事发生,而是叫他回去参加反右斗争学习班,由于军事医科学院并非一线的生产企业,他们可以停止工作来开展运动,而且被点名人员必须参加。因此,盛志勇不得不从医院回到军事医学科学院参加院里举行的一些运动。当时的盛志勇对眼前所发生的一切都感到很疑惑,亲眼看到自己身边的一些科研人员因为表达不同意见被当作"右派言论"受到打击和批判。据盛志勇自己叙述:"像我这种人,很容易打成右派。一个不是工农出身,一个是知识分子,小专家嘛,那一下子就是右派嘛。每天还要上班去,到了军事医学科学院一看没人,哪里去了也不知道。他们叫开会就开会,叫学习就学习。有些会议像我这种人参加不了,因为我这种相当于右派之列的。但是由于我也没讲过什么特别的言论,所以至少没被打成右派。"[1]

1958年,盛志勇随军事医学科学院一同迁往北京。而在那场反右运动中,第二军医大学校长兼急症外科医院院长的吴之理教授成为被批判的主要人物之一,而且校长职务也被撤销,换成了一位老红军。由于对医学发展方向以及前景的看法不同,这位老红军认为急症外科医院没有单独存在的必要。因此,1958年9月1日,解放军总参谋部、总后勤部联合通知,第二军医大学急症外科医院命名为第二军医大学第二附属医院,自此,医院由专科医院扩建为综合性教学医院。1959年9月,医院迁至黄浦区凤阳路415号,对外院名改为上海同济医院。1966年9月,对外院名改为上海长征医院,后来又经过一些变迁。

---

[1] 盛志勇访谈,2010年12月13日,北京。资料存于采集工程数据库。

迁往北京

良好的工作与学习风气

在军事医学科学院实验外科系工作的成员形成了一个很好的传统，那就是都十分刻苦、上进。他们每周会举行读书报告会，这个会议一般都是固定的一天晚上举行，一次一个人讲，有时候两个人讲，讲什么题目都会提前告知大家。报告会大部分时间都是由盛志勇来主持，但是沈克非都会回来参加。所有的成员轮流地主讲一些最近读的书或杂志，包括英语的、俄语的等等。讲的内容一般都是与课题有关系的，但是针对性并不是特别强，因为还包括一些外科学基础、外科学新进展等。通过读书报告这样的训练，年轻的医生要自己看文章，互相之间提问题，并且有时候做些评价。这种科研训练的方式一方面扩展了他们的知识面，另一方面提高了他们的外语水平，这对当时的年轻医师成长帮助很大。由于医生们的英语水平参差不齐，因此他们一般都是用中文讲，有些可能中英文混着说。刚开始的时候，有些外语不太好的年轻医生总是战战兢兢，担心自己没有完全读懂或者讲错；无论是沈克非还是盛志勇，虽然对年轻的医生都严格要求，但在读书报告会上一般都很少批评大家，而更多的是鼓励。他们总是鼓励外语好的医生可以讲得更好，而对外语相对不好的，他们则鼓励他们慢慢适应，多查字典，不懂的可以多向其他人请教。

其实当时为了促进年轻医生学习外语的积极性，盛志勇还组织他们翻译国外的研究进展，自己帮他们修改，然后发表在军事医学简报上。这样有时候还有一些稿费可以发给年轻的医生。不过年轻医生们都十分自觉，一般情况下，他们都是自己不懂先查字典，然后问外语水平比自己更好的，最后才会送给盛志勇。刚开始他们是做一些翻译工作，后来随着他们的英语水平逐渐提高，他们就开始相应地写一些研究领域的综述等。

急症外科医院的很多人员同时在军事医学科学院实验外科系承担基础研究工作。在基础研究中不断发掘，在临床实践中不断炼造，那些年轻的医生，后来许多都成了著名的外科学专家，比如王正国[①]院士、黄文华教授、赵雄飞教授、积华德教授等。不论他们走到哪里，到什么单位，最终从事什么专业的工作，他们的医学研究都是十分优秀的。

赴京工作

1955年12月12日，考虑到国防建设的战略意义和中国原子武器、生物武器、化学武器医学防护研究的现实需求，总后勤部部长黄克诚大将给周恩来总理写信提出建议并获准，于1958年5月将军事医学科学院从黄浦江畔北迁燕山脚下，从师级单位升为军级单位。迁入北京后，原有的14个系整合改编为7个研究所。

初到北京时，盛志勇的家人还未一起来。因此，第一年他与其他医生一起住在宿舍。刚到北京的时候，要参加义务劳动，比如挖河泥等；而且，当时中国人民解放军海军总医院的房子正在建设，要求军事医学科学院的工作人员都要去帮忙一起参加建设。参加这种体力活，对于从小生在相对富裕的医生家庭的盛志勇来说，实在是稀罕事，毕竟以前从来没有做过。据王正国院士回忆："那种环境大家都不太适应，但是每个人都在坚持。要去干活的时候，他自己说：'我回家找了半天，我没有一件（衣服）是布的，全是呢子的衣服，怎么办？'他没办法，那时候人家可能没有呢子的衣服，他的全是，所以劳动好像没有合适的衣服。但是当时我记得好多人，六七个人还是八个人晚上在炕上睡觉，连我们年轻人都腰酸背痛，他肯定是不行的。不能叫他曾经养尊处优，那是因为过去他的家庭环境不一样，但是他能坚持，从事这些工作和大家都一样做。"[②] 不说对他这样

[①] 王正国（1935-），福建省漳州市人。中国工程院院士，第三军医大学野战外科研究所研究员，博士生导师。是中国冲击伤、创伤弹道学、交通医学研究的主要创始人之一。撰写了《冲击伤》《核爆炸冲击伤》等专著，为冲击伤研究奠定了基础；其后在中国科学院力学所的协助下，他创造性地研制出国际领先的系列生物激波管，获国家科技进步一等奖。

[②] 王正国访谈，2011年9月16日，石家庄。资料存于采集工程数据库。

从来没有做过的，就是对于曾经从事过这类劳动而后当了几年医生的工作人员来说，挑一天泥土下来，一定会腰酸背痛。但是盛志勇却从不说一句累，就算是现在回忆起那段岁月，他也是笑笑说："当时的生活是很艰苦的。"他的那一副一边笑一边摇头摆手的动作，总是包含着无数的情感在里头。他有着很强的忍耐力和意志力。

当时研究的侧重点已经有所改变，尤其关注防治原子武器损伤、防治化学武器损伤以及防治生物武器损伤（ABC：Atomic、Biologic、Chemical）这三个方面。因此盛志勇的研究方向也有所转移，他们来到北京以后的主要工作就是做原子弹爆炸以后的复合伤、即核放射伤合并烧伤方面的研究。主要是解决放射复合烧伤抢救工作，动员了很多人来做，而且条件也很艰苦。他们主要做狗的实验，主要过程为让狗接受放射以及烧伤，然后观察它的病情如何，开展什么治疗方法效果较好，当时也有相关的研究记录及结果，但是那个时候所有的研究结果是不准写文章发表的，有一条规定：军事医学科学院所有研究的结果不能发表，因为在当时所有的这些研究都属于绝密。

20世纪60年代中期，军事医学科学院实验外科系搬至重庆，外科系的大部分人员也一起到重庆去，比如王正国、朱佩芳、黄文华等。王正国是1956年从沈阳中国医科大学军医系毕业之后分配到军事医学科学院实验外科系工作的，在实验外科系工作时，一直都在盛志勇的指导下工作。70年代中后期，由于整个国家方针以及政策的需要，军事医学科学院某些领导觉得可以不要实验外科，他们只要将"ABC"做好就行了，实验外科系的命运悬于一线。当时身在301医院的盛志勇听到这个消息，就写信请示卫生部，他建议如果军事医学科学院要取消实验外科系，最好搬到上海去。他提出了搬到上海去的几个因素：第一，他觉得上海的科学空气比较浓厚，学术活动比较多，对研究工作有利。第二，上海协作精神好，科研过程中缺少什么材料需要做的时候，到哪个工厂，当时工厂都可以让你去做。而这些当时在北京不行，他刚来北京的时候碰过钉子，工厂的人根本说不通，不让他做。那个时候国际上已经有硅橡胶，因为硅橡胶对组织的刺激很低，可以做静脉的输液管。在外科有些病人输液常常需要在静脉里头插个管输几天，但是因为橡胶对人体的刺激很严重，很容易发生静脉炎，他考虑硅橡胶对人体的刺激要小一点，发生静脉炎的可能性也会小一些。因此他就去找橡胶厂，请他们做，当时是军代表来接待他的，刚开始谈得蛮好，最后他们提出请盛志勇给他们模具。但是盛志勇并没有模具，他认为模具应该工厂里面专门有人做，只要告诉他们形状大小以及样式就好，结果就因为模具问题最终也没有做成硅橡胶的输液管。第三，因为急诊外科医院的声誉还在，老百姓都知道急诊外科医院。所以说，到上海对外科研究肯定是有利的。但是后来由于第二军医大学不想要实验外科系，第三军医大学的副校长当时在北京刚好听说这件事，他们很想要。1978年1月，经总后勤部党委批准，将第三军医大学第三附属医院与之合并，现称为第三军医大学附属大坪医院（野战外科研究所）。

特殊的任务

1959年国庆前夕的一天上午，盛志勇突然接到一个通知，说是有一个患者上级指定要他治疗，他不清楚什么人物这么"神秘"。直到去了他才知道，原来是越南社会主义共和国副总理黎清毅受伤了。他在国庆之前秘密访问中国，到十周年国庆那天需要宣布越南副总理访问中国，但是不幸他发生了一个小车祸——小腿骨折。由于要上天安门，所以不能打石膏，因为一旦出现了石膏，被外界看见会产生不良影响。因此，指定盛志勇参与治疗，希望他能够想出最好的办法解决这个难题。俗话说："伤筋动骨一百天"，所谓伤筋动骨一百天其含意是机体受到外伤，引起骨折伤筋，经过一百天的治疗休养可痊愈。这话是有一定的道理的，因为骨折愈合是一个连续不断的过程，一般来说可分为三期。第一期称为血肿机化期。骨折后6—8小时内血肿开始形成凝血块，毛细血管增生，各种纤维细胞侵入，血肿发生机化，肉芽组织变为纤维结缔组织，使骨折断端初步连接在一起，这一时期约在骨折后2—3周完成。第二期称为原始骨痂形成期。骨折断端的纤维结缔组织，经过软骨细胞的增生、变性、钙化而骨化，这是软骨内骨化，这一时期一般需要4—8周。第三期称为骨痂改造期。原始骨痂进行改造，成骨细胞增生，新生骨小梁也逐步增加，并逐渐排列成规则致密的骨小梁，使骨折断端形成骨性连接，这一时期需要8—12周。这样从骨折开始到骨性连接一般需要三个月左右的时间。当然具体情况还要具体分析，但是不管怎么说，在国庆之前黎清毅副总理的骨折不可能康复。关键问题就是国庆当天无论如何不能让黎清毅副总理拄着拐杖上天安门城楼，尤其当时天安门城楼上还不像现在有电梯可以上去，当时只能走楼梯。在有限的时间内要解决这个大难题，只好发动大家的智慧一起来解决。在经过一般性处理的同时，盛志勇想到了一个办法，就是去找定做假肢的工厂，定做一个靴子，上面编上钢条，起固定作用，这就等于打了石膏一样，但是这又比石膏要好一些，至少穿上裤子之后从外面什么也看不出来。于是他就将这个想法付诸于实践，解决了不打石膏上天安门的这个难题。

这一年的10月1日，黎清毅副总理穿着这双特制的靴子登上了天安门城楼，由于盛志勇并非受邀之列，只能在城楼下面等着。这双特制的靴子完成了它的历史使命，他的设计者盛志勇也收到来自越南副总理的致谢。黎清毅回国之时，周恩来总理指示需要派人护送他回去，经过层层命令下发之后，盛志勇成为护送者，据盛志勇回忆，当时他坐飞机送黎清毅副总理回去，出了南宁以后，马上就有三架战斗机保护一直到河内。到了河内之后受到越方的热情招待，并且受邀去参观了当地的几个医院。回来的时候碰巧遇上杨得志上将从越南回国，因此他同杨得志上将一起乘专机回来。后来黎清毅副总理给周恩来总理发报对中国医生表示感谢，并祝愿中越友谊万古长青。

第五章
从追求卓越到服务基层

创伤、烧伤外科的建设

初到解放军总医院

中国人民解放军总医院前身是中国协和医学院第二临床学院，1953年10月，总后方勤务部卫生部决定将"中国协和医学院第二临床学院"改为"军委直属机关医院"。1954年7月，总后方勤务部卫生部将"军委直属机关医院"改为"中国人民解放军第三〇一医院"。1957年6月，国防部批示"中国人民解放军第三〇一医院"番号撤销，改称为"中国人民解放军总医院"（本报告统一简称为301医院）。这是全军规模最大，集医疗、保健、教学、科研于一体的综合性医院。承担着全军各大军区、军兵种疑难病的诊治以及国家及军委领导人的医疗保健工作。1961年4月，盛志勇从军事医学科学院调往301医院，他至今都不清楚是为什么被调走，只知道当时干部科的科长把他叫去看了一下调动的命令，说是组织上的决定。服从组织的决定，是不容置疑的。而根据王正国、朱佩芳的回忆："那时的'大气候'决定着我们这些人的命运，那时有句口号叫'一切服从需要'——所谓服从需要就是一种政治上的不信任，一种排斥、一种打击、一种分化与分解。把盛志勇教授调到301医院，看上去好像是高升了，是重用，其实是一种政治上的不信任。把沈克非教授留在上海，也是一种不信任，因为他曾经在国民党时期当过重庆国民政府中央卫生署副署长……"[①] 说到沈克非未随军事医学科学迁往北京，在访谈一位教授时，他说："很可能是在反右运动时期，总是开会，而且必须发言的情况下，有一次沈克非在不得不说的情况下说了一句有关自己工作的话：'我解放以后工作很好，很顺利，跟党员干部合作也很好，但是有一点我总觉得跟党员干部还不能做朋友。'这句话在当时就被认为是右派言论，只是当时的军事医学科学院的领导觉得把他划为右派不是太好，因为他是很好的专家，所以算是右派言论而不是右派分子。也许就是因为那一点，所以当军事医学科学院搬到北京，他不能来。"[②] 工作的调动总会有不同的原因，只是不同的历史时期，人们的命运各不相同，虽然很多时候会身不由己，但最终的人生之路，如果不是极为特殊的大环境，命运的决定权还是会在自己的手中。图5-1为盛志勇调往解放军总医院之前，军事医学科学院一所的领导和同事欢送他的照片。

盛志勇调往解放军总医院以后，担任创伤外科系主任。这个系与急症外科医院的外科系差不多，主要包括烧伤、脑外伤、胸、腹部损伤等除了骨科以外的其他外科病人。解放军总医院的烧伤病房早在1958年全国各地烧伤病人增多、各医院都成立烧伤病房时在普通外科已经建立。当时盛志勇就管理着创伤外科系的两个病房，后来有相当长一段时间，小儿外科病房也归他管，因此可以说大事小事、各种病症他都要管。当

---

① 王正国访谈，2011年9月16日，石家庄。资料存于采集工程数据库。
② 盛志勇访谈，2010年12月13日，北京。存地同上。

图 5-1　1961 年盛志勇调往 301 医院前与军事医学科学院的领导、同事合影［冯志远（左一），张怀亮（左二），盛志勇（右二），商鉴（右一）］

时在一起工作的医生中有两位是神经外科的，其中一个名叫张纪①，由于盛志勇考虑到神经外科的医生都是经过专门训练的，如果只是单纯的处理一些脑外伤，将来会被荒废掉所学的真本领；于是他们有意地收治一些神经外科的病人，比如有脑瘤、脑血管畸形等病人。直到 1969 年 9 月，解放军总医院军医进修学院接受培训十几名阿尔巴尼亚军医的任务，段国升教授从沈阳军区总医院调往北京负责对阿方一位神经外科军医的培训工作。培训结束后，段教授被留在了解放军总医院②。1971 年解放军总医

---

①　张纪（1932-），毕业于北京大学医学系。长期从事神经外科临床、教学与科研工作，对颅脑及脊髓各种肿瘤、血管病与颅脑损伤等疾病的诊断与治疗有深入的研究。对神经外科显微手术、颅底外科及脑胶质瘤的处理及治疗有较深入的研究，获军队科技进步奖、国家科技进步奖等 20 余项。曾被授予中青年有突出贡献的专家，享受政府特殊津贴。系北京市第七届政协委员。

②　史元：新中国神经外科的奠基者之一——段国升教授［J］．中国脑血管病杂志，2005（10）：433-436．

院正式成立神经外科，段教授担任主任，此时神经外科才从创伤外科系中分离出去。

每当谈起烧伤外科的发展，盛志勇就会从烧伤外科的起源从头侃侃道来。烧伤其实是创伤的一种，而中国古代医学对烧伤的治疗已经拥有悠久的历史。在周代，中国就已经有治疗烧伤的记载，认识到了火毒攻内。在东晋葛洪的《肘后备急方》中描述烧伤不单是皮肤伤，而且还影响到身体内部，所以要活血祛瘀。但是中国医学由于封建思想的束缚，在解剖学、生理学、病理学等方面的发展停滞不前，所以几千年来基本上没什么发展。

国外对烧伤救治的研究也起步较晚，19世纪初Hald Sneve创先应用盐水救治烧伤；1930年美国Rialto剧院发生大火，Frank P.Underhill分析烧伤水皮包液，发现其成分类似血浆，倡导用血浆与盐水治疗烧伤。1942年美国波士顿夜总会发生大火，烧伤了几百人，哈佛医学院开始进行深入研究。Francis Moore以每小时尿量为输液靶点，提出首个输液计算公式，凡面积超过20%的，一律按照体重10%补给胶体，外加生理需要的水分和电解质。1945年，美国在日本广岛、长崎投下原子弹后，形成了大量烧伤病人，烧伤成为战时主要战伤。美国于20世纪40年代末成立了美军专门研究烧伤的基地。1952年Evans提出了一个输液计算公式，规定了补液量、速度及补液的种类。Evans公式提出在烧伤后第一个24小时，每1%面积每千克体重补充胶体及电解质溶液各1mL，但面积超过50%者仍按50%计算，这个公式被称为伊文氏公式。而国内一直到40年代初盛志勇从上海医学院毕业的时候，烧伤还主要是在普通外科领域进行治疗。

中国烧伤外科的发展

中华人民共和国成立初期，由于美军在朝鲜战场上使用凝固汽油弹等武器，使得中国在朝鲜战场上的很多士兵被烧伤，正是大量的烧伤士兵使得我国在朝鲜战场或者后方的医生们开创了对烧伤早期抢救和后期整形的工作，并且取得了一定的经验。1958年，由于全民大炼钢运动，烧伤病人骤然增多，为外科医生积累了大量的烧伤治疗的经验，北京积水潭医院、解放军总医院、上海瑞金医院、第二军医大学长海医院、重庆第三军医大学西南医院、西安第四军医大学西京医院率先成立烧伤专科，由此在我国创建了独立的烧伤学科。同年5月，上海广慈医院（今上海交通大学医学院附属瑞金医院）成功救治了烧伤总面积89%、Ⅲ度23%的钢铁工人邱财康，开创了烧伤治疗的新纪元，震惊了世界。在此之前，国内尚未有治愈烧伤面积超过80%的报道，国外则有文献宣称"烧伤总面积超过80%无法治愈"。那些年频频发生烧伤事故，全国各省市普遍加强对烧伤病人的救治工作，许多省、市、自治区包括边远地区也建立有一定设备的烧伤病房，抢救成功并总结出在不同条件下运用西医、中医或者中西医结合方法救治各种严重烧伤的救治经验，大大推进了我国烧伤外科学的发展。1959年，各医院在上海召开现场经验交流会，参会医生交流了大面积烧伤的治疗体会，增进了大家对烧伤治疗的进一步了解。当年总后勤部洪学智部长在电话会议中要求"全军都要研究烧伤"，军内有了救治烧伤的分片协作组，并且在上海举行了第一届军队协作组会议。

其实，在抗美援朝战争中，因为美军使用大量的凝固汽油弹，我军的烧伤病人比较多，军队就开始注重烧伤的治疗的研究，而且还成立了专门的烧伤研究小组，设立烧伤治疗单元以及烧伤病房等。此后军队开展了多次烧伤协作会议以促进交流。如1960年在第三军医大学召开第二届军队烧伤协作组会议；1961年在第二军医大学召开第三届军队烧伤协作组会议；1962年在第三军医大学召开第四届军队烧伤协作组会议，并成立全军烧伤专业组，三军大为组长单位，副组长为二军大、一五九医院。1963年，上海瑞金医院开始应用大张异皮等距离嵌植小片自体皮的混合移植。北京积水潭医院首次对电烧伤采取早期切痂立即用皮瓣修复的方法，获得成功。1964年在大连召开第五届军队烧伤专业组会议，同时召开北京烧伤协作组护理专业组会议。1966年，上海瑞金医院创始了大面积烧伤早期切痂后利用整张异皮开洞嵌入小片自体皮的手术方法，并治愈了一例烧伤总面积98%、Ⅲ度90%的病人，使我国的大面积Ⅲ度烧伤的治疗水平向前跨进了一大步。通过这种方法的迅速推广，结合选用头皮做自体皮源重复取皮，磺胺嘧啶银创面用药防治感染等措施及全身治疗的进步，治愈率明显提高。1967年，北京积水潭医院首次在国内开展了削痂疗法。1969年，第四军医大学开始应用猪皮移植。之后，北京积水潭医院又提出严重全身侵袭性感染合并中毒性休克时切除病灶植皮，成功救治三名大面积烧伤。到70年代初，国内已初步形成一套全身治疗与局部创面处理相结合，切痂与脱痂相结合，自体植皮与异体植皮相结合的我国特有的救治大面积深度烧伤病人的治疗方法。

1971年，仅在北京积水潭医院、北医第一附属医院、解放军总医院、上海瑞金医院、长海医院即治愈了10名烧伤总面积90%、Ⅲ度占70%以上的严重烧伤病人，在罗马尼亚国际会议上报告引起强烈反响，受到国外的重视，被认为是我国救治大面积三度烧伤病人的较好方法。此手术方法后被外国同行誉为"中国法"，使大面积烧伤患者救治成功率明显提高。1972年，盛志勇、朱兆明等人开始着手建立液氮储存异体皮皮库。瑞金医院应用猪皮替代异体皮混合移植获得满意效果。"文化大革命"期间，烧伤外科的学术交流被中断了一段时间，但是烧伤外科的研究并没有完全被打断。1974年，第六届全军烧伤会议在驻马店召开。到1977年，仅北京、上海两地用此方法已成功抢救了6名Ⅲ度烧伤面积超过90%的伤员。1978年，北京积水潭医院首次采用自体血管游离移植治疗上肢高压电烧伤合并桡动脉损伤获得成功，第三军医大学则率先在国内开展吸入性损伤的系统研究，盛志勇等开始缺血再灌注氧自由基损伤的研究等，国内地方与军队各有研究侧重点又相互交流，使得我国的烧伤研究水平处于国际领先水平。

1978年，在锦州召开了第七届全军烧伤、整形学术会议。会上，成立了全军烧伤、整形专业组，组长为黎鳌[①]，副组长盛志勇、方之杨、汪良

[①] 黎鳌（1917-1999），湖南省浏阳市人。中国烧伤医学的开拓者和奠基人，中国工程院院士，第三军医大学原副校长。先后发表科研论文400余篇，主编专著近20部。

能[1]、周一平[2]。在此次会议上,盛志勇报告了大面积烧伤休克期切痂植皮的治疗及取得的效果。1980年,第八届全军烧伤整形学术会议在重庆召开,盛志勇除了与郭振荣一起提供了《良好的供皮区——头皮临床及组织学观察》一文外,还单独写了一篇题为《烧伤复合机械性创伤的处理》的文章供会议交流。之后,差不多每隔两年召开一次全军烧伤会议,这种学术交流大大促进了我国烧伤外科尤其是军队烧伤外科的研究进展。在军队医学院校及研究单位进行研究的同时,各个地方医院对烧伤的研究也在不断深入。从20世纪70年代末80年代初开始,中国烧伤学界与国际的交流日渐增多,比如1979年史济湘[3]、杨之骏[4]、汪昌业[5]、孙永华[6]四人首次应国际创伤学会主席Boswick邀请赴美访问、讲学,这是中国第一个烧伤医学代表团赴美参加国际会议并报告中国烧伤治疗的经验。会上他

---

[1] 汪良能(1916-1989),安徽省芜湖市人。烧伤整形外科学专家,二级教授。1942年毕业于国立中央大学医学院,毕业后留校担任医疗教学工作。1949赴美国留学,先后任纽约澳白尼大学医学院助教、新泽西州海滨医院外科住院总医师。1954年回国,历任第四军医大学附属医院整形烧伤科主任、教授,总后勤部卫生部医学科技委员会委员,中华医学会整形外科学会副主任委员等职务。

[2] 周一平(1938-),毕业于武汉医学院医疗系。现任南方医科大学南方医院医院大外科主任、教授、主任医师、博士生导师。享受国务院特殊津贴专家。兼任解放军烧伤整形专业委员会副主任委员、广东省烧伤外科学会副主任、中南地区烧伤协作组组长、国际烧伤外科学会(ISBI)会员、中华烧伤杂志常务编委、广东医学杂志编委等学术职务。

[3] 史济湘(1921-2007),浙江省余姚市人,外科学烧伤专家,中国烧伤外科奠基者之一。1947年毕业于上海震旦大学医学系。1958年成功参与组织抢救邱财康。1961年起结合国情建立烧伤专科,建设现代烧伤病房和发展大面积深度烧伤治疗技术,推动了中国烧伤治疗的总体水平。

[4] 杨之骏(1930-),上海市人。外科学烧伤专家,1954年毕业于上海第二医学院。历任上海第二医学院教授、瑞金医院灼伤科第二主任、卫生部医学科学委员会委员。1958年成功参与组织抢救邱财康。1960年后与史济湘等一起开展异体与自体皮肤混合移植的研究,并用此法于1966年成功地抢救了烧伤面积为98%、其中三度烧伤面积为90%的病人。主编有《烧伤治疗》等。

[5] 汪昌业(1931-1990),浙江省嘉兴市人,我国烧伤专业的开拓者之一。1955年毕业于北京医学院,毕业后工作于北京市第五医院,1956年调入北京积水潭医院工作。历任北京积水潭医院创伤骨科副主任、烧伤科主任、主任医师,北京医学院兼职教授、中华医学会北京烧伤分会首届主任委员、中华医学会烧伤外科分会第一届和第二届委员会委员;中华外科杂志、中华整形外科杂志等杂志编委。

[6] 孙永华(1933-),河北省沧州市人。北京积水潭医院烧伤科主任医师、教授,我国著名的烧伤外科专家。曾担任中华医学会理事,北京医学会理事,北京医学会烧伤分会主任委员、中华烧伤外科学会主任委员,中国生理学会危重病分会理事等职务。

们报告了中国Ⅲ度烧伤面积≥90%的严重烧伤患者采用中国的自异体皮混合移植的方法抢救成功的技术等，获得了与会者的高度赞扬，使国外烧伤学界对我国烧伤医学的发展与成就有了一定的了解，同时也大大地促进了国内与国际烧伤学界的交流。1981年，在上海召开了首届国际烧伤学术讨论会，1985年在重庆召开首届中美烧伤创伤国际会议，以后各种各样的国际会议与交流都在不断增多。

1997年，黎鳌院士将我国烧伤外科的发展划分为：1958年开始，到60年代末，是创建和累集知识与经验的阶段；大致自60年代末，到70年代末，是我国烧伤治疗经验普及、水平稳定和进一步提高阶段；自70年代末至当时，是烧伤的基础理论研究阶段。后来盛志勇、郭振荣等进一步将烧伤外科发展的三个阶段进行了细化：

1958年至60年代末，为烧伤起步阶段。在这期间，重庆、上海、北京、西安的六家医院成立了烧伤专科，烧伤队伍初步形成，逐渐积累了治疗经验。1958年上海瑞金医院成功地救治了烧伤总面积89%、Ⅲ度占23%的钢铁工人邱财康，跨越了当时国际上认为烧伤面积超过80%便不可治愈的鸿沟，这一奇迹极大地鼓舞了国人，震惊了世界。

70年代至80年代初为经验普及阶段，通过进修、会诊、会议交流、专题讲座、杂志报道和学习班等形式，将各大单位的真知灼见迅速普及开来，许多基层医院也建立了烧伤科，全国的救治网络初步形成，整体救治水平不断提高。1971年仅在北京、上海五家医院即治愈了10名烧伤总面积超过90%，同时Ⅲ度70%以上的烧伤病人，参加了在罗马尼亚举行的国际会议，受到世人称赞，标志中国的大面积烧伤治疗水平一举达到国际领先水平。

1984年至今，是烧伤专业大发展阶段，体现临床救治与基础研究，共同跨越了一个新的历史时期，临床经验成熟，形成了中国特色，救治理论与实践广泛普及，全国水平普遍提高。烧伤休克、感染、吸入性损伤、氧自由基、大面积早期切痂、异体（种）皮加自体皮（嵌皮、微粒）植皮、异体皮肤储存、生长因子、汗腺的再植研究等方面的研究与应用均达到了国际先进水平；人才梯队逐步形成，专业队伍不断壮大，经济效益与社会效益同步增长，救治水平继续稳步上升，保持国际领先。

301医院烧伤外科的发展

在刚到301医院的时候,盛志勇开展了很多有关火器伤的研究工作,当时主要侧重于临床工作,因此对各种火器伤的诊断、治疗进行了很完整的总结和研究,对四肢战伤、腹部脏器损伤的处理进行了很好的整理。在科研方面,由于盛志勇一直重视科研与临床的结合,他之所以想做内科医生,是因为内科能够一边做临床一边科研;虽然后来他从事了外科,但是一样重视科研。虽然盛志勇到301医院就担任创伤外科系主任,但是由于"文化大革命"的冲击,很多工作都未能得以开展,大部分的工作是在"文化大革命"进入尾声之后才得以开展的。

一个学科的发展除了靠个人的力量以外更需要靠一个团队的力量,前文已经提及从盛志勇调入301医院开始便对火器伤进行了相应的研究,301医院当时的烧伤外科主任是盛志勇,副主任是朱兆明[①]。朱兆明1948年考入北平燕京大学医预系,1951年进入北京协和医学院,1956年毕业后任北京协和医院外科住院医师,后被分配到解放军总医院从事外科工作。从1958年解放军总医院开始有烧伤病房的时候他便开始了烧伤外科的工作。除了朱兆明以外,还有郭振荣,1962年毕业于北京医学院,毕业后分配到解放军总医院骨科,刚到骨科上班没多久,医院抽调他到创伤、烧伤科帮忙;结果一帮就成了一辈子的专业,后来他就一直在盛志勇的身边工作,成了他的得力助手也是后来烧伤外科的得力干将。

植皮是大面积深度烧伤救治成功的一个关键环节,不仅可以有效控制创面感染,减少系统性炎性反应,预防毒血症及多器官功能衰竭等症状的发生,而且可以减少后期瘢痕增生,使手、足、四肢、颈部及颜面等关节部位获得较好的功能和形态。但在临床上,大面积深度烧伤病人自身可供植皮的部位很少,必须依赖大量的异体皮覆盖创面。1972年开始,盛志

[①] 朱兆明(1931-),江苏省常州人,1948年考入燕京大学医预系,1951年进入北京协和医学院,1956年毕业后任北京协和医院外科住院医师,后被分配到解放军总医院,历任外科住院医师、烧伤科住院医师、主治医师、副主任医师、主任医师、科主任、专家顾问。曾任中华烧伤学会全国委员会委员,中华烧伤学会北京分会主任委员等。

勇、朱兆明等人开始着手建立液氮储存异体皮皮库。在此以前，郭振荣在盛志勇的指导下已经开始做一些烧伤植皮实验，包括各种动物的皮肤，比如猪皮、鸡皮、蛙皮、兔子皮等，但是发现还是人的皮植皮效果好。但是人皮的获取十分困难，能够保存的时间不长。临床上常常遇到有皮的时候没有伤员，有了烧伤病人急需植皮的时候却又找不到皮源的情况。20世纪70年代初，盛志勇就提出建立皮库的设想，把平时搜集到的异体皮保存起来，需要时拿出来使用。一个偶然的机会，他从一份文献中看到国外用液氮储存牛精子的报道，又打听到北京北郊农场利用人工授精发展养牛业的消息，那里有一套专门储存牛精子的设施。他想牛的精子能储存成活，皮肤也应该可以储存成活。于是，他与朱兆明教授一起，在极为简陋的条件下，靠一张办公桌，两只杜瓦瓶起家，在皮肤储存领域开始了探索和实验研究。

盛志勇和朱兆明等人冒着严寒酷暑到北京北郊农场学习人工储存精液的经验，但是直接将皮肤放置−196℃的液氮中会直接冻坏，因此他们到中国科学院低温研究所请教怎样在低温环境下保持皮肤组织的活力，尽可能减轻对组织细胞的损伤。后来，他们使用二甲基亚砜（DMSO）对皮肤进行处理，之后再进行保存。当时液氮的获得也比较困难，不过好在当时解放军总医院抢救了几个首都钢铁厂的烧伤工人，而液氮在钢铁厂比较容易获得，因此他们和首钢联系液氮的供应，结果首钢给他们提供免费的液氮。对于皮肤的取材、消毒、加工、降温、复温，抗冻液的筛选配制，不同温度下冷冻对组织和细胞的直接影响和损伤等皮肤储存的每一个环节，每一道工序都要进行几十次甚至上百次的实验。失败了他们不气馁，从头再来，先后攻克了储皮装置研究、皮肤活力测定、抗冻液配制、皮肤消毒方法以及在不同温度下降温、复温控制等道道技术难关。从理论上说，皮肤储存的温度越低，其活力保持的时间越长。因为温度越低，细胞组织的代谢、氧的消耗越低，污染的细菌也不易繁殖。液氮的温度是−196℃，在这种环境之下，细胞的代谢几乎等于零，细胞、生物组织处于所谓"生命悬持状态"，在理论上可以无限期地储存。但低温储存皮肤的关键环节是如何防止在降温和复温过程中低温对细胞组织的损伤。

后来他们继续做了大量试验发现，以每分钟 1—3℃的降温速度，将皮片温度下降到 -70℃到 -80℃左右，在此温度平衡 8—12 个小时后，立即放入液氮容器内储存，复温后皮肤活力可维持 50%—60%，他们把这种降温方法称为慢速冷冻法。他们分别建立了 4℃、-20℃ 和 -80℃低温冰箱皮肤保存法以及液氮储皮方法，建成了当时全国第一家低温异体皮库。

当然，他们还开展了其他的工作，比如脓毒症的研究。盛志勇发现烧伤的病人有时候症状十分严重，但是血培养总是阴性。当时并不知道脓毒症的概念，盛志勇就想可能是细菌产生的内毒素导致的，可没有办法进行测定，于是盛志勇向协和的细菌学老教授请教，那位老教授也怀疑可能是内毒素的作用。于是盛志勇就查找文献发现国外有对内毒素定性测定的办法，但是定量测定的办法还没有，于是他就依据文献上的方法自己进行实验设计并证实了自己的怀疑。

盛志勇及其团队参与的更多的烧伤外科的工作都是在工作调动之后到 304 医院开展的。可以总结为之前的很多工作主要为铺垫工作，众多的研究工作及重大的研究成果是在 304 医院进行的。

战争医疗队

战争永远离不开医疗，历史上的无数次战争都是如此。战争在需要医疗的同时也在不断地促进着医学的发展。在战场医疗领域盛志勇有着十分特殊的经历，他不仅亲眼目睹过抗日战争、解放战争等，而且后来又在中华人民共和国成立以后，亲自参加过抗美援朝医疗队、中印边境自卫反击战和中越边境反击战医疗队。他虽然不像在战场前线的卫生员一样跟着部队行动，但是却作为后方医生见证了共和国成立以来几次重大的局部战争，并亲自处理过诸多的、不同类型的伤员，对战伤有许多独特的见解，为我国战伤外科的发展做出了重要贡献。

中印边境自卫反击战医疗队

背景

1962年,中印边境燃起战火。为了保障前线部队伤员得到好的医疗救治,总后卫生部派出一个专家组医疗队前往边境进行医疗支援。当时医疗队由301医院和军事医学科学院组织的各科医生组成,比如普外科、骨科、麻醉科等。医疗队由盛志勇负责带领,队员有吴之康[①]等十余人。

出发

20世纪60年代进西藏,没有铁路,公路也名不副实,就是将路稍微平一平,边上放上一堆堆的石头块,两端石头之间可以开车就称其为公路。当时就是在这样的"公路"上行驶了几天之后,盛志勇一行人到了格尔木。格尔木作为"进藏码头",是必经之地。到了格尔木以后改坐飞机进藏,但是飞机不是民用而是军用飞机。军用飞机没有座位,只有铝制的凳子,只要一站起来就"啪"地自动收起。当时这架军用飞机没有高压舱,飞机里面跟外面的压力是一样的,所以飞机一上到昆仑山上空的时候,医疗队的好几个人都得了紫绀。当时飞机上没有什么设备,机组人员怕他们呕吐,就把一个铅桶放在中间。而那个军用飞机太旧,大概也就是在昆仑山上头的时候,飞机门"啪"的开了,幸好那时候机舱里头没有压力,否则要是像现在的民用飞机门开了的话,人都要被压出去了。这一事故将所有人吓得够呛,当时在昆仑山上几千米的高空,谁也不敢过去关门,结果一个飞行员一手拉着跳伞的杆一手去关门,可是将门关好后刚转过身,门又开了,就这样反复两次才最终关好,这个情况将所有的人都吓着了,不过还好有惊无险。当时乘坐这架飞机十分惊险,现在看来犹如拍高空特技电影。

盛志勇他们去的时候拉萨还没有机场,飞机从格尔木出发后只能停在当雄。当雄的平均海拔是4200米,飞机在当雄机场停下后,盛志勇发现

[①] 吴之康(1922-1998),江苏省苏州市人。矫形外科专家、脊柱外科创始人之一。1949年毕业于北京大学医学院,后进入北京协和医院外科工作,1952年开始从事骨科专业。1954年到1979年调至中国人民解放军总医院任骨科主治医师、副主任、副教授,1981年回北京协和医院骨科。

飞机上的高度表显示的高度是4300米，还以为高度表坏了，心想怎么飞机停了还是4300米。后来才知道原来那里的海拔就是4300米。

到达

高原反应，即高原病，指未经适应训练的人迅速进入3000米以上高原地区，由于大气压中氧分压降低，机体对低氧环境耐受性降低，难以适应而造成缺氧，由此引发一系列的高原不适应症。虽然盛志勇他们是医生，但是没有经过特别的训练，因此高原反应并没有因为他们是医生而给予他们特别的优待。他们一下飞机，全都走不动，高原反应非常厉害，当时不像现在可以提前喝一些红景天茶水或者带着氧气罩等来全副武装自己预防高原反应，他们除了自己简单的行李以外什么都没带。虽然高原反应让每位医务人员都很难受，但是他们还必须从当雄到拉萨去，于是他们只好硬着头皮克服种种反应往前走。当时的交通极不发达，从当雄到拉萨没有固定的公共汽车，于是他们只好去找便车将他们带过去。结果他们运气很好，碰上了一辆卡车要把新华书店的书运到拉萨去。于是他们就坐着卡车赶往拉萨。不过这种卡车后面用来装货，没有座位，于是他们就把书堆起来，坐在书上。当时的青藏公路虽然已经通车，但是由于50年代建的标准较低，再加上穿行在青藏高原，沿线的气候条件也很恶劣，地质条件也很差，车在路上左右颠簸，其实根本就坐不稳，屁股下面的书一颠簸就滑下来。汽车到了羊八井时抛锚了，羊八井离拉萨还有八十多公里。司机们在修车的时候，盛志勇等人就下车等着。当时路边正好有军营，他们看见军营里面有战士在打篮球，鉴于自身的高原反应状态，盛志勇对那些战士们的体能状态真是既羡慕又佩服！

经过几个小时的折腾，车终于修好了，到拉萨的时候已经是半夜12点了。当时所有人就住在西藏军区招待所的二楼，吃饭在一楼。高原反应将盛志勇等人的饥饿感都掩盖了，虽然他们一整天都没吃东西，但也没怎么觉得饿。等他们把行李都放好意识到自己一整天没吃东西时，他们谁也不愿再下楼吃饭。因为大家费了很大劲才把行李搬上二楼，怕下楼之后就没力气再上楼了。在海拔如此高的地方，他们没有经过任何提前的训练，一天没吃饭还要搬行李爬楼，可想而知是多么艰难。

西藏名胜古迹众多，盛志勇等人住的军区招待所，就建在布达拉宫对面，由于到达时是半夜，大家谁都没有注意具体位置。第二天早上，拉开窗帘一看，这座依山而建、气势雄伟，具有鲜明的藏式风格的艺术殿堂就展现在他们的眼前。此时，他们除了用漂亮极了来形容眼前所见到的一切，觉得其他任何词语都苍白无力。不过，他们来拉萨是执行任务的，风景再美也无法扰乱他们的责任心。

执行任务

从他们接到命令从北京到格尔木、格尔木再到拉萨，花了好几天的时间。等他们到达时，边境的主要战争已经停止，中方的自卫反击作战取得胜利。战争停了，就不再需要医务人员到前线去。但是盛志勇觉得总后交给他们这个任务，就算战争停了还是应该到前线去看看。虽然紧急的伤员处理可能没有，但是有一些伤员的后期处理也十分重要，也许自己去了还可以提出一些指导意见。所以盛志勇和另外一个同行，跟随西藏军区后勤部部长一起到前线去看了看。当时的西藏军区后勤部部长是个"老西藏"，对前线情况比较了解。在去前线之前，他们知道印度兵虽然打了败仗，被俘虏的很多，但同时也被打散了，还有一些逃跑的散兵。出发前，军区部队的人员认为前线还很不安全，所以还给他们几个去往前线的人配备了武器。由于手枪容易走火，不安全，所以就给他们每人一把卡宾枪。

他们就这样背着卡宾枪翻过喜马拉雅山。公路一塌糊涂，一边是悬崖，另一边就是峭壁，车就在一条窄窄的公路上开。有的地方上头水流下来，因为高原温度低，流下来后就结冰了，开车十分危险，路边不时地可以看见翻倒的大炮等。当时盛志勇就想，还是晚上坐车好，看不见路上的一片狼藉，白天太可怕了，心惊胆战。不过还好，他们乘坐的车安全到达。有些路途可以乘车而有些路无法通车必须步行。下车之后，盛志勇和他的那位同行两人都有高原反应，走路速度总是跟不上军区后勤部长，晚上走到了司令部的空投场，空投场的领导干部请他们吃饭。其实也不是真的饭，吃的主要是罐头，另外还要喝酒，酒是从印度兵那缴获来的朗姆酒。用的是从印度兵那缴获来的饭盒。他们的饭盒有一个把子，以前中国的饭盒没有把，所以第一次看到带把的饭盒盛志勇觉得很新奇。这种饭盒底部较宽，类似于现在超市里卖的不锈钢饭盒。他们把酒倒进饭盒里，看似一点点，由于底部面积大，实际上不少。不习惯高原的人在海拔高的地方喝了酒以后高原反应会更强烈，感觉会非常不舒服，尤其是缺氧更严重。他们喝完酒回到帐篷里因为憋气十分难受，但是由于地处海拔好几千米，帐篷外温度极低，也不能去帐篷外。后来实在憋得不行，盛志勇想了个办法，他把帐篷门打开一点，脑袋钻到外头，这样过了几个小时，酒劲过去了，慢慢就好了。有了这次高原喝酒经历之后，盛志勇自己做了一条总结：第一次去高原地带，有高原反应的人一定不能喝酒。

盛志勇一行翻过喜马拉雅山高峰的南麓到了达旺，发现那里的伤员大部分都好了，但是有些患者还处于治疗中。盛志勇发现有一个死亡病例，前线的医务人员处理得不对。那个伤员是臀部受伤，子弹从臀部打进去，前线医生只是将伤口作为简单的臀部伤处理。处理完后的第三天，伤员伤口处发现有大便流出来。发生这种现象说明已经发生了直肠瘘或肛门瘘，枪伤不是简单的臀部受伤，很有可能已经伤到直肠了。由于前线一些年轻的军医经验不足，也没有进行进一步的检查，所以误诊了。因此，强调若是臀部的穿透伤必须要手指头伸进肛门去做个指诊检查确认，但是由于前线医生当时没有这个概念。直到大便出来以后他们才想到直肠可能受伤，但再处理的时候又处理错了，他们做了一个人工肛门，以为只要大便引流出来就好了，但是他们忽略了一点，在直肠与骶前筋膜之间有一个疏松的结缔组织腔隙，其下方有盆膈封闭，上方与腹膜后隙相延续，有些积血、渗液容易在这些间隙聚集。结果那个病人因为这个腔隙的感染形成脓毒症死亡。因为肛门被打伤后，肛门周围的密闭室腔里面形成了脓肿，没有进行引流，结果感染越来越严重。为了这个病例，盛志勇在达旺给前线的军医们讲了一课，主要是讲遇到这种病人要怎么处理：臀部伤肛门必须要做检查，手指检查有没有直肠伤；如果不检查是否发生直肠瘘，后面形成脓腔后就会有生命危险；治疗时不但要造口，内部也应该引流，把尾骨切除，进行引流。

最后他们从达旺回到西藏军区总医院，一路上看见许多被中国部队抓来的俘虏。

图 5-2　1963 年 2 月西藏军区总医院欢送总卫科研组合影［吴之康（二排左二）、盛志勇（二排左四）］

在西藏呆了半年左右，盛志勇已经适应了那边的高原反应，走路、吃饭都还可以。因为高原地带氧气稀薄，回北京时，他的血色素达到 23 克。盛志勇认为当时最苦的是去慰问的文工团，刚从内地到西藏，还没适应呢，连走路都不行就要唱、跳，太辛苦了，高原反应严重得不得了。图 5-2 是盛志勇等人离开西藏之前西藏军区总医院的领导和医务人员为他们开欢送会时的照片。

中越边境反击战的医疗巡视

1979 年中越边境自卫反击战开始后，总后领导派盛志勇去广西所有接受伤员的医院，巡视他们的战伤处理问题。总后卫生勤务研究室派了一个叫祝世源的同志和他一起去。在广西的所有军医院他们都要去检查工作，由于他们并不是很熟悉具体的医院，所以巡视的时候那边军区卫生部部长也跟他们一起去，一般每个医院都去巡视几天。盛志勇主要是针对发现的问题，对医院的医务人员进行相关知识的讲解与授课。广西所有的军医院盛志勇都去看过，包括麻栗坡下的一个医院。这所医院一般不会被敌

第五章　从追求卓越到服务基层　　81

方炮弹击中，因为它在山坡底下。当时不准盛志勇出睦南关，只能在广西境内，麻栗坡是盛志勇到的战线最前沿。除了广西，盛志勇还到了雷州半岛，湛江附近的一个海军基地。他主要的任务不是去治疗，而是巡视，发现问题，然后再做一些指导。另一个任务就是给军区医院做报告，在不同的医院根据看到的情况不同做不同主题的报告，比如说腹部伤、胸部伤应该怎么处理等。回来以后给总后勤部写了相应的总结报告。

从朝鲜到农村医疗队

1966年"文化大革命"开始，军队也不例外，只是相比某些单位，301医院的情势相对好一点。当年中国有位驻朝鲜大使馆的工作人员被烧伤了，而地方医院由于搞"文化大革命"，派不出医生来，所以到301医院请医生去治疗。结果，盛志勇因为此任务第一次到朝鲜去抢救病人。

到了朝鲜以后，他发现患者的烧伤面积比较大，具体烧伤面积数值他已经不记得了。当时朝鲜当地医院的条件比较落后，医疗设施等都比较差，就连青霉素的数量都很少，其他的抗生素更不用说，针对那么严重的烧伤患者不使用抗生素进行抗菌治疗的话，很容易发生感染。巧妇难为无米之炊，在药物不够、条件很差的环境下，在进行了一些最基本的烧伤处理之后，唯一的办法就是将患者带回国内救治。当时就直接从朝鲜坐火车先到丹东，为了尽快使患者得到治疗，就在丹东的陆军医院给他换了药，然后再带到北京进行治疗，后来患者痊愈了，不过留下了当时医疗水平无法消除的疤痕。

1969年9月，时任总后勤部部长的邱会作[①]以"调防"为名，下达

[①] 邱会作（1914-2002），江西省兴国人。1928年参加革命，1929年参加红军。参加了中央苏区一至五次反"围剿"和二万五千里长征。建国后曾任中共中央政治局委员、解放军副总参谋长、总后勤部长等职务，1955年被授予中将军衔。1971年九一三事件后被开除党籍、撤销职务和判刑，2002年逝世。

了所谓"林副统帅 1 号令",将三所军医大学进行推磨式的大搬迁:西安的第四军医大学奉命迁往重庆第三军医大学[①](即原第七军医大学)校址;但是空军医学系仍留在西安,归属由上海迁来西安的第二军医大学;第三军医大学则从重庆迁往上海。这可以说是一个巨大的玩笑。折腾一圈后,这几所军医学校长期形成的教学基地、重点科室、仪器设施、专业特点几乎丧失殆尽。当时很多部队单位干部、知识分子和群众搞"以邱划线"、重新站队,先后以"支左"、降职、下放、劳改、复员、开除党籍军籍等手段打压迫害了一批人员。

301 医院最先受到批判的就是陈景云教授,因为他是骨科的权威,骨科还有一名从同济医学院毕业的主治医师被批斗后自杀了。医院类似悲惨的事件层出不穷。由于盛志勇 1947 年去美国进修过,因此在"清理阶级队伍"的时候,他被定为"特嫌"。有一天,他被专案组叫去办公室,要他马上将办公室的东西搬出去,将办公室腾出来,然后他的办公室作为专案组的办公室。他们就是在办公室审问他,要他交代。由于盛志勇的历史很简单,就一直安稳的做学生,上海医学院毕业之后在红十字会医院工作,然后去美国得克萨斯州立大学医学院进修,接着回国在沪东医院上班,再到中山医院上班,后又被调到军事医学科学院再到现在的解放军总医院,一直以来都是组织上的调动。上学、上班期间,没有参加过任何组织,除了 1962 年在 301 医院加入的中国共产党。但是每次造反派都说他写得不行,需要重写,但是不管如何,没有的事情无法捏造。因此,盛志勇就被进进出出,每天要求写检查、交代历史,折腾了几个月,好在只是每天进进出出可以回家,并不是"常驻"。直到有一天晚上,逼他到夜里两点,他还是写不出来,能写的东西只有自己清白的历史。终于在这一天,造反派让他签了字,后来审查结果出来了,而且以后也没有再叫他。可以说他是一个幸运的人。

---

① 第三军医大学是 1954 年由原六、七医大合并而成的。六医大的前身是第四野战军医科学校和南昌医学院(前国立中正医学院);七医大的前身是太岳军区卫生学校(后发展成为第二野战军医科大学)。合校后定名为第七军医大学,1969 年迁往上海,1975 年迁回重庆,军委命名为第三军医大学。

陕西安康医疗队

1969年秋天，盛志勇有一个机会到农村去。有心离开这样一个压抑的环境、不想终止自己的医疗专业的盛志勇积极报名参加。很快，他接上级革命委员会号令，赴陕西安康医疗队。当时分派给他和其他几个医疗队员的任务是：负责周边几个县的医务巡诊，培训农村赤脚医生等。安康县位于陕西省最南部，北靠秦岭，南倚巴山，汉江由西向东横贯其中。盛志勇主要负责的是安康县的农村，主要在山区里，从农村到县城要过一条汉江，坐船极为不便。虽然说是到安康，但是当时各地尤其是农村缺医少药处处可见，因此周围的几个县城也经常要他去做手术。当时的盛志勇年近五十，虽不可和二三十岁的小伙子相比，但是他身体一直很好，在北京也经受了各种锻炼，因此，在乡下的时候，一天有时能走上七八十里山路，还背着手术包。每到一个地方，无论是生活条件还是医疗条件都十分差。农闲的时候，一天吃两顿饭，一般是早上吃过后到下午三四点钟再吃一顿，晚上的那顿就免了。而吃的东西则是有什么就将就着什么，遇到有蚕豆就吃蚕豆，有时候则是土豆或者玉米，玉米还是先磨成粉然后做成羹，大家都喝羹。一般喝上两大碗就觉得饱了，但是对于每天都要走路还要给人看病甚至做手术的盛志勇而言，两大碗羹所能支撑的时间实在有限，因此每天都饥肠辘辘。当时还有一些无形的规定，不许买一颗糖吃，饿着就饿着，不许吃其他东西。有一次，安康县的武装部有一个任务叫盛志勇去。那天在武装部把盛志勇高兴坏了，因为终于可以让他吃饱了，一顿吃了八两面条。医疗方面，条件则是一样的差，没有消毒科室的地方就指导他们用蒸笼消毒，有时候夜里遇到急诊手术，就用手电筒照着，没有手术台，只好将门板卸下来放在桌子上甚至在地上做。在下乡一年左右的时间里，盛志勇为山区百姓成功做了200多例手术。有些病例、有些手术让盛志勇终生难忘。如果不是亲自到达那个偏远的大巴山里，他永远不知道当时还有那么贫穷与落后的地方；也永远不敢想象有些人有着多么愚昧的思想；更无法见识到一些在当时的城市里不可能遇上的罕见病例。

有一名女性患者，才三十几岁，已经尿失禁九年有余，子宫外翻加膀胱瘘。病情是在她生孩子的时候，因为难产（是否真的属于难产已经无法判断），接生婆用秤钩勾，一个还未出生的孩子怎禁得住可能生满锈渍的尖钩，不仅如此，在孩子被勾出来的同时连同这位产妇的子宫被翻出来，甚至连膀胱都被牵拉出来，被拉破了。结果子宫上出现了两个洞，膀胱已失禁，输尿管里面的尿液也一直往外流。九年来她就一直过着这样的生活，从来没有穿过干的裤子，晚上睡觉的时候就在炕上挖了一个洞，让尿液从那个洞里面流出去以免将炕弄湿。针对这样的复杂病情，他第一次感觉无从下手，于是他向北京的妇产科医生打电话询问，结果人家都没有遇到过此类情况，他感觉很无助。在没有更好的指导意见和治疗方法时，他只能依据自己的知识去思考，最后，他在当地的一个不能再简陋的环境下——一个小学校，将课桌拼起来当手术台，幸好那里有个小水电站，晚上发电，用电灯照着，没有专门的麻醉医生，一切都靠自己动手，去的队员除了盛志勇以外也只有一个外科医生，他们给这位妇女进行了硬膜外麻醉，手术整整进行了12个小时，从开始发电到第二天早上天亮，终于完成了这个罕见的手术。盛志勇为我们叙述这个手术的主要过程："把子宫切除了，把直肠远端切断以后缝合做个口袋，把输尿管连接上去，使其形成一个人造膀胱，肛门括约肌保留，形成可以控制的排尿口。那么大便怎么办呢？把直肠拉下来，在直肠后侧通过同一个括约肌底下把它拉出来做了个肛门。所以这个括约肌又管小便，又管大便，是这样做出来的。应该说这个手术书本上没有，什么地方也没有，没见过。只有农村有这种情况。"只有偏远农村会出现这样的情况，这是盛志勇的感慨；也是当时农村医疗资源匮乏的一个真实的写照。另一个患者，是一个炊事员，甲状腺肿得很大，需要做手术，当时他坚决要求，无法推辞。由于没电，就用手电筒照着，而且当时的助手除了那个医疗队没有其他外科医生，只能由护士当助手，配合也不甚好，手术过程中出血了，而且电筒照的也不太亮，盛志勇心里面更着急，费了半天劲才将血止住，好在最后有惊无险，顺利完成了手术。还有一位女性患者，由于长期的胃溃疡（也可能是胃癌，因为没有病理无法确诊）引起的严重的幽门梗阻必须做胃切除术，而针对这样一个大手术常规都要备血，这样的手术如果不备血一般医生都不敢做。虽然患者的家人都愿意抽血备着，但是他们的血型都与患者不符，后来知道患者是B型，盛志勇自己也是B型，于是就抽了200毫升的血，抽完血之后便开始给患者做手术。

除了治疗病例以外，在陕西安康医疗队进行巡回医疗时，还有一段小插曲：1970年盛志勇的外甥女徐瑾也在陕西一个偏远的小县城医院里的放射科工作。无论走到哪里，亲情是永远无法割舍的。在年长的人都无法理解的政治、革命运动中，年轻人在遭受同样的命运时也许更困惑。有一天，盛志勇在百忙之余抽空从山区坐车到县城再到西安转车到达徐瑾所在的那个小县城，真正看望外甥女的时间很短暂，可是这种亲人、长辈又是医学同行榜样的角色，在那样特殊的环境之下，就算不涉及医学知识与鼓励，哪怕只是简单的看望，也带给年轻的外甥女无穷的力量。

陕西安康医疗队——这是一段不可磨灭的经历，以至于到了九十多岁，盛志勇对当时治疗过的病例还历历在目。这也是一段十分珍贵的经历，这一段经历给了盛志勇更多的思考与实践，使他本已优秀的手术技能更加精湛。不过令盛志勇十分惋惜的是，第二年秋天，因为上级的召唤，盛志勇未能跟随医疗队一起去延安参观。在盛志勇的眼中，虽然年轻时未能像某些爱国青年那样奔赴延安，但是延安革命圣地，是十分神圣也是他内心向往的地方，他非常想去。不过，十分遗憾的是，他在陕西呆了一年，好不容易有一次机会去却也未能去成，也许这就是缘分未到。

新医门诊

盛志勇接到上级叫他赶快回北京的命令后，他没有问为什么、有什么事，只是自己猜测可能是单位发生了什么紧急事件。对已经经历了各种不同变迁的盛志勇而言，一切都是听从组织的，组织上叫他干什么他就做什么，永远跟着组织走。回到北京后，他见到医院的院长靳来川[①]。他问叫他回来是否上级有什么紧急任务要他去做，结果得到的答案是："没什么，人还没有到齐，你先休息休息再说。"仅此而已，于是他就等着。

等了几天才接到通知：因为当时的部长邱会作听到毛主席的516指示后有自己新的想法，认为医学不用读那么久，而在缺医少药的中国，要缩短医生的培养周期，于是就要进行教改，想出了一个一年制医学的教改。做出这样的决策需要相应的设备设施，其中最重要的就是针对一年制医学教材的编写。外科教材的编写上级则要求要找一个有到过战场参加过救治工作，又到过农村的医生；因为盛志勇之前参加过抗美援朝而且又去了安康医疗队，所以进行选择之后就叫他回来执行此任务了。任务下达后约四五天开始执行，指定的外科医务人员们被组织到第一军医大学进行一年制医学院外科讲义的编写，当时编教材也要依据当时的政治背景来写，要求在写讲义时不能讲外因，因为毛主席曾经说过外因是变化的条件，内因是变化的根据，外因通过内因而起作用，因此写讲义时只能写内因。盛志勇觉得这样的教材也太难写了，因为好多疾病尤其是一些寄生虫引起的外科疾病都是外因造成的。比如说血吸虫病，尾蚴从皮肤进入人体后经过发育成成虫造成肝脏损伤、然后可能发展成血吸虫性肝硬化，这种情况下如果不讲血吸虫尾蚴进入人体这个外因的话，这个疾病是不可能讲清楚的。盛志勇就在纳闷，这怎么能用内因解释？终于在创造出来的困难之下，功夫不负有心人，盛志勇经过了几个月的努力工作成功地完成任务回到北京。很可惜的是，盛志勇并没有保存当时的手稿，那也许是中国医学教育改革也许是世界医学教育改革史上的先例，而那样的教材也可以称得上是"奇珍异宝"。

[①] 靳来川（1911-1987），河南省获嘉县人。土地革命战争时期，任红五军团第十五军卫生部司药长。红三军团兵站医院司药主任、所长、团卫生队队长，红军第三后方医院院长。参加了长征。抗日战争时期，任八路军卫生部附属医院院长，八路军医院副院长，八路军留守兵团野战医院院长。解放战争时期，任晋绥野战军第三纵队卫生部部长，第一野战军三军卫生部部长，第一野战军卫生部副部长。中华人民共和国成立后，任西北军区后勤部卫生部副部长，西北军区总医院院长，中国人民解放军总医院院长，中国人民解放军总后勤部卫生部副部长兼解放军总医院院长等职务。

第五章 从追求卓越到服务基层

由于当时的工作是需要由上级指派的，回到北京后盛志勇再找院长询问接下来需要做什么，结果院长让他自己考虑。当时"文化大革命"还在如火如荼地进行。据盛志勇回忆："我说现在工作要院长分配，我自己怎么解决？所以这个就憋了很长时间，在办公室他也不说，我也没办法。最后我怎么办呢？憋到这儿也没办法呀。那个时候毛主席要把中医学要搞起来嘛，针灸要搞起来嘛，所以针对针灸麻醉什么去做点事、看点病人总比在医院无工作憋着强，于是我就说：'这个新医疗法兴起来，我到新医门诊去吧。'所谓的新医门诊就是当年在毛泽东主席的提倡要将中医学搞起来之后，针灸、割治之类的都成了新医。所谓割治就是脚底扳开一个口，中药塞在里头，流传的是这样的割治方法治癌等。所以我到了新医门诊去了好长一段时间，恐怕差不多有一年。那个时候新医门诊很兴旺，一天上千个人，基本上中午饭吃不上的。有的东西我觉得真是确实有好处。那个时候新医门诊是什么人呢？就像我这样的，还有几个靳来川看不惯的老知识分子。还有就是打下来的副院长等，都到新医门诊。"

对于盛志勇来说，新医门诊的经历给他增添了很多西医以外的知识。比如原来从没有学过中医，对人体的经络、穴位更是一无所知，但是因为接触了新医门诊，必须要进行一些基本的针灸治疗等，因此他就一边学一边做，然后自己慢慢摸索，不太清楚的时候就用自己做实验。而针对某些针灸方法有效时，盛志勇也会欣喜若狂，比如他就曾给气喘病人针灸，结果针灸后气喘可以止住。而对于割治这种新方法，盛志勇是持有很强的怀疑态度的，于是他就用自己做实验，在自己的腿上割了一个口，然后将药放进去是否能够愈合，后来发现不仅没好，反而发生了炎症，而且还发生了化脓，直到现在盛志勇的腿上还有一个当时留下来的疤。在自己身上试过以后盛志勇认为这个割治的办法行不通，所以他从来没有在病人身上使用过割治疗法。

山西医疗队

结束了新医门诊的工作，1971年301医院的第二批农村医疗队要赴山西平川、长治一带。当时上级下达任务是要求去"医疗队的医疗队"成员须会做手术，同时还有几个能去的条件：一、老弱病残的不能长期在农村工作的；二、由于革命工作需要不能长期离开的，因为农村医疗一般去都是一年，而这次"医疗队的医疗队"只是四、五个月。盛志勇在得知此通知后，思考了一下，自己不老也不弱，也没病，也没残，也不是"革命工作"需要的，所以肯定会去。到了"医疗队的医疗队"名单出来的时候，盛志勇是第一个。

当时任务下达时说的是短期的，不过山西的这段经历给在盛志勇人生阅历上增添了难以磨灭的一笔。

体验贫穷

初到山西，给盛志勇的感觉就是一个字——穷，实在是太穷了。穷到怎么个程度呢？有一次他们帮助武装部招兵，招兵需要体检，体检时有一个小伙子光着身子穿着棉袄来的。在那个地方有些人就是夏天把棉袄一脱，冬天把棉袄披上去。这一脱衣服发现身上全是红点，盛志勇当时就想这小伙子是生病还是怎么了？再仔细一看，发现棉袄里头虱子多得不得了，密密麻麻的虱子，身上的红点点都是虱子咬的，在火盆上头一抖，噼里啪啦地响。从山西回北京以后，盛志勇的身上还长过虱子。盛志勇轻松地给我们描述了这段故事："没有办法，因为天冷，只要有人来叫去给病人看病，就要到病人家里去，一般病人躺在床上，对于一些腹痛的病人，我手伸到里头去，到被窝里、棉袄里头进行触诊，有虱子的可能马上就爬过来了，而我当时并发现不了，所以我身上有'光荣虫'、'革命虫'。当时回来时还有好几个，后来慢慢被消灭掉了。"

在农村时，盛志勇有一次发生煤气中毒差点出事。白天给体检的人生炉子取暖，火盆中的碳因为不完全燃烧而产生大量的一氧化碳，盛志勇自己是学医的，对一氧化碳中毒有所了解，但是当他自己感觉不对劲时，要找门找不到，后来好不容易找到门并打开，结果因为已经出现了中毒症状，没走几步路，掉到沟里头去了。还好，当时中毒不算太厉害，沟不算太深也没有积水或者淤泥，盛志勇在沟里呼吸了一段新鲜空气之后就慢慢恢复了。于是盛志勇总会开玩笑说自己的命这次是捡回来了。

山西很多地方没有水，就算有井一般都很深，轱辘要摇好长时间才可以吊上来。一般喝水都是在一个大水坑里，人畜共饮一坑水。

难忘的医疗救治经验

大寨位于山西省昔阳县城东南5公里的虎头山下，地处太行山腹地，平均海拔1000米。村里出了一个名人——"铁姑娘"郭凤莲[①]。盛志勇回忆："在'文化大革命'时期如果去到山西晋南地区还不去大寨，那可是犯大错的，全国人民都在号召向大寨学习，我们到了那边那更是一定要去大寨的。"在大寨时，郭凤莲任大寨党支部副书记，她的儿子患了急性肺炎，正巧碰上盛志勇他们去大寨，于是盛志勇为郭凤莲的儿子看病，并将其治愈。

在山西为病人治病，盛志勇对其中一位患者印象特别深。那是一个五六岁的孩子，肚子比一些妇女怀胎十月时还大。孩子在不停地咳嗽。经询问病史以及初步简单的检查之后，盛志勇确定认为孩子患的是腹膜后囊肿，估计囊肿是天生的，从孩子出生后就开始不断地长大，目前已经压迫了横膈，肺部有炎症，而且还存在肺不张。在当时各种条件都极其简陋、麻醉设施都没有的情况之下该怎么办？盛志勇左思右想觉得要是不做手术，孩子经常患肺不张和肺炎对健康是极大的隐患，而且巨大的肿块压迫横膈疼痛会非常厉害，如果不能彻

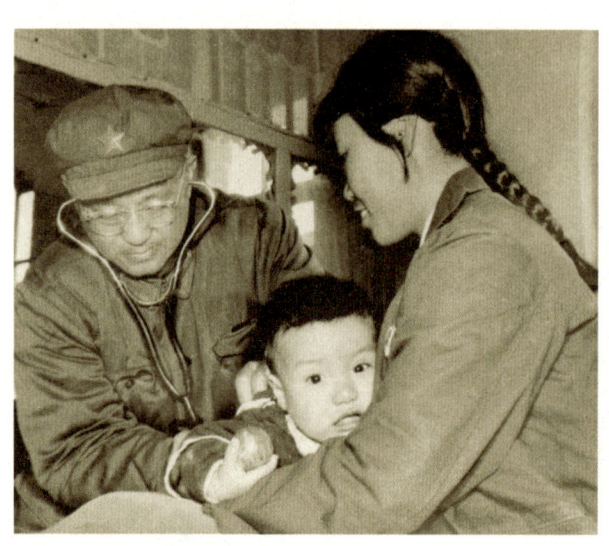

图5-3　盛志勇为郭凤莲的儿子看病

---

① 郭凤莲（1947-），1968年至1978年的十年间，曾任大寨公社党委副书记、革委会副主任，中共昔阳县委委员，中共昔阳县委副书记，山西省革委会副主任，1977年当选为中共十一大代表，中央候补委员，1978年当选为五届全国人大代表，人大常委会委员。

底根治，有可能会夺去小孩的生命。在权衡了利弊之后，盛志勇先给其用药一周控制肺炎，然后决定冒险给小孩做开腹切除囊肿的手术。

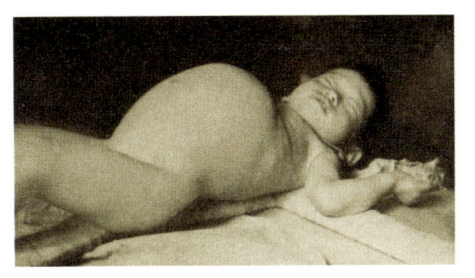

图 5-4　患先天性囊肿的患儿照片

当时手术室设在村里的小学教室里，将四张课桌拼起来搭成一个简易的手术台。当时由于村里刚刚兴建起来一座小型的水电站，可以发电照明，因此就把手术安排在了晚上，采取了使用多个灯泡照明的技术，这样就比曾经用过的手电筒照明手术要亮一些。手术做了好几个小时，虽然条件简陋，但是手术比较成功，不过到最后也没弄清这个囊肿的具体情况，毕竟当时没有条件做进一步的病理检查。术后对这个孩子观察了几个星期，最终恢复得也很成功。现在回忆起当时的情形，盛志勇觉得自己的胆子还真是挺大的。不过他当时也没想那么多，就想着赶紧把这个孩子的肿块取掉，解除他的痛苦。

抗震救灾与三线建设

盛志勇的人生阅历十分丰富，不仅仅去过多次战争医疗队，几次新中国成立以来的大型地震医疗队他也参与过，而且还在特殊的时刻作为顾问参加医疗队并指导伤员救治。他还对中国的地震灾害引起的各类伤病进行了总结，得出了许多宝贵的灾难医疗救治经验。

邢台大地震

1966年3月8日5时29分14秒，河北省邢台专区隆尧县（北纬37度21分，东经114度55分）发生震级为6.8级的大地震，震中烈度9度强；1966年3月22日16时19分46秒，河北省邢台专区宁晋县（北纬37度32分，东经115度03分）发生震级为7.2级的大地震，震中烈度10度。两次地震共死亡8064人，伤38000人，经济损失10亿元。

当时301医院正好要组织医疗队到农村去，结果邢台发生大地震，当天晚上上级让盛志勇率医疗队赴邢台地震灾区。但是因为当时周总理去了，外头在戒严，盛志勇他们到了邢台还不能进灾区。于是他们只能在外头等，一直到半夜才进去。当时冬天还没有结束，外面非常冷，就算穿着棉袄、棉大衣，大家都冻得直跳脚。他们去的第一个晚上睡在一个学校的教室里，晚上还不时有余震。地震来了，声音非常响，很可怕，好多人就从教室跑出去，盛志勇跟方干两人睡在课桌底下。第二个晚上，他们住在一个澡堂里，澡堂的池子水被抽干了。盛志勇后来回忆说：地震确实是很可怕，声音很大。夜里听着哗哗的声音很大，然后啪啪地震。去邢台地震医疗队的经历终生难忘。与后来的唐山地震不一样，在邢台没有多少很现代的建筑，应用预制水泥板的比较少，而民房比较多，都是梁、檩木，一震就掉下来。夜里居民都在睡觉，所以在邢台地震中受严重伤害的人相对比后来的唐山地震要少，但是骨盆骨折患者比较多。

盛志勇在邢台地震救治患者时有一个小的发现：骨盆骨折的患者疼痛剧烈，以至于不能走路。他发现骨盆骨折患者的内收肌处有血肿，如果打一点奴佛卡因和美蓝进去，可以止痛，而且止痛以后患者可以起来走路，所以这是一个小小的发明。

盛志勇在301医院工作的时候就经常使用这个办法。他在做普外科工作的时候，有些病人有肛裂，疼痛十分厉害，尤其是排大便的时候，而肛裂还没有什么特别好的治疗办法。因为肛裂虽能进行切除手术，但不能缝合裂口，只能让患者自己不断慢慢愈合。但是有些患者又因为疼痛无法忍受，后来盛志勇发现了一个办法，给患者肛裂底下打点奴佛卡因和美蓝，可以持久地止痛。因为美蓝可以麻痹神经末梢，患者不疼以后，每次大便结束还可以进行适当的清洗，这样就能使肛裂更快愈合，没想到后来这个办法在邢台地震的部分盆骨骨折的患者身上也用上了。

后来盛志勇将这个办法告诉医院的一个骨科医生。现在这位医生在武警医院，他依据盛志勇告诉他的方法做了，首先在椎间盘注射椎间盘造影剂，也看到椎间盘破了怎么样，椎间盘造影剂一打疼痛得很厉害，然后美蓝打进去以后不疼了。这种治疗方法效果很好，可以两年都不疼。这位医生后来写了一篇文章发表，引起了极大的反响。

成昆铁路医疗队

1966年6月，从邢台地震医疗队回来后不久，盛志勇又率医疗队风尘仆仆赴成昆铁路前线。成昆铁路自四川省成都市至云南省昆明市，全长1100公里，原为国防三线建设的重点工程。每当盛志勇回忆起这段历史时，他总是对铁道兵充满了崇敬之情，他总是说："修建成昆铁路由于地形复杂，非常危险。当时的环境最艰苦，铁道兵是最艰苦的兵，艰苦的时候去，路修好了之后就撤了。"那是一个充满激情而又悲壮的年代，由于修路的地方都是荒山僻岭，经常要打隧道，打隧道时常常发生塌方，所以伤员特别多，而医疗队必不可少，而且需要的不是一般的医疗队，是有丰富救治经验的医疗队。

盛志勇说："我们当时去的是禄丰那边的山区，我记得301医院的方干跟我一起去的。修路好几个月，就住在连队里，差不多有半年左右，我记得不太清楚。在那边的时候比较危险，因为泥石流掉石头，有时候走到路上啪石头掉下来了。有一次十分危险，走着走着石头掉下来了，一打下来刚好下面是一个女医生，我把她赶快推开了，差一点打到她，很悬。打仗也好，修路也好，危险性很高。在那些山路上也很惊险，拐弯的角度很小，特别是下坡又转弯时，如果司机不机灵的话一下就冲到山坡下去了。"

在禄丰的山区，龙川江（金沙江的支流）因为落差的问题，河水很急。有一次洪水把桥冲掉了，就在此时盛志勇接到一位首长的命令要到江对岸去抢救一位受重伤的战士，没桥了，怎么过去？盛志勇等人想办法拿一条铁索，两头拉住，然后挂一个环，一个铁链子，底下绑一块木头。人就骑在木头上吊过去，身子下面的水哗哗地流，听上去特别恐怖。山又高水又深，而且水里还有不少大石头。一旦掉进水里摔到石头上，根本就不可能再有生还的机会。当时有一个麻醉护士需要跟盛志勇一起过去，吓得浑身直哆嗦。但是为了救人性命，还是眼睛闭着硬着头皮过去了。盛志勇认为当时没有什么其他的想法，就觉得这是一个医生的责任，有病人，再危险的情况也要冒险去救病人。

图 5-5　解放军总医院防治队、铁道兵 8709 部队卫生队全体同志合影［盛志勇（二排右七）］

唐山大地震

1976 年 7 月 28 日凌晨，唐山市丰南一带发生 7.8 级大地震。由于震中位于唐山市，因此建筑破坏十分严重。当时唐山市的人口为 106 万。地震发生后，死亡达 242769 人，受伤 164851 人。震后电讯、邮政、铁路中断，公路和桥梁被严重破坏。中共中央国务院和国防部立即组织了中央救灾指挥中心，派遣了 10 万名官兵，2 万名医务人员，4000 名电工、工程师进入灾区，进行抢救工作。约有 60 万人从废墟中被救出。后来盛志勇对唐山大地震中的获救时间与获救人数进行了相应的统计，其结果如下表：

获救时间与成活率关系

获救时间（小时）	获救人数（位）	成活率（%）
0.5	2277	99.3
24	5572	81
48	1635	33.7
72	348	36.7
96	395	19
120	459	7.4

统计结果显示伤员的存活率与抢救出来的时间有明显关系，获救的时间越晚死亡率越高。虽然抢救的时间越晚，被抢救出来的伤员存活率越低，但是挖掘的努力不可任意停止，曾有1位妇女在13天后从废墟中脱险而存活。盛志勇当时就是为去给这位在废墟中存活了13天的患者会诊而去唐山的，与他一同前去的还有内科医生田牛[1]等。盛志勇认为地震医疗工作与战时救治相似，分为三个阶梯。第一阶梯为现场急救；第二阶梯类似野战医院，进行分类，在帐篷医院内进行紧急手术和处理轻伤伤员，原则是绝不放弃任何伤员的救治；第三阶梯为邻近城市的医院。除了能自理的轻伤员外，所有伤员均通过空运（21684人）、铁路（72818人）送至后方医院。有传染病者暂后送；伤情危重的先暂留救治，后送途中不间断治疗，后送到医院后逐个做详细检查，需立即治疗或手术的不推迟。

当时组织了21个防疫队开展卫生防疫工作。工作包括：掩埋尸体；饮水消毒；灭蚊灭蝇；疫苗注射。由于处理得当，震后没有疫情发生。

此外，盛志勇还对几个严重创伤治疗问题进行了相应的回顾。他认为：挤压伤根据统计仅占2%—5%，发生率惊人地低。可能是因为认识不足，因为这么低的发生率与肾功能衰竭发生率不相符。原因可能是挤压伤（或筋膜间隙综合征）早期诊断困难，一般情况似乎良好，而可能突然发生高钾血症以致心跳骤停或急性肾功能衰竭。轻微者，日后可能发生

---

[1] 田牛（1925- ？）微循环学、放射病学专家。黑龙江宁安人。中国病理生理学会微循环专业委员会资深专家、名誉主任委员。

Volkmann挛缩[1]。

19863名住院伤员中，骨折占61%，其中骨盆骨折占22.3%。在处理伤员时发现，在股内收肌起端的血肿内注射奴佛卡因和美蓝可维持三周不疼痛。无意中还发现骶髂关节脱位复位的简易方法。

脊柱骨折占全部伤员的14%，其中34%有不同程度的脊髓损伤（截瘫达5000人以上）。颈髓伤约占脊髓伤的3%，胸腰段脊髓伤约占截瘫的70%，有相当一部分截瘫是在从废墟中挖掘出来时造成的，但这种情况极难避免。对这些伤员注意了早期护理，但由于情况复杂，褥疮难于避免。

174名截瘫伤员中157名在伤后2周至3个月内实施椎板切除术。结果显示，脊椎损伤严重者椎板切除减压效果不佳。因此，在有众多伤员时，创伤性截瘫不宜施行手术治疗，如有椎板切除术的强烈适应证，也不可切除多于骨折上、下的椎板，手术目的应强调纠正脊柱的弯度和稳定性。此外，由于唐山地震造成的脊柱骨折多为屈曲过度型，骨片或髓核从前侧突入椎管，因此有施行前侧减压术的，但应注意掌握前路减压术的适应证和禁忌证。

后来盛志勇撰写了《唐山大地震中大批伤员的医疗救护及创伤治疗的回顾》报告，并且在第46届美国创伤学会Fitts讲座上宣读，引起了国际创伤界的关注，有关Fitts讲座的相关内容将在国际交流章节中详细描述。

在301医院工作的这二十年的时间里，盛志勇的经历真可谓既丰富多彩又惊心动魄，而他的研究在这段时间里也在不断深入，尤其是在烧伤、战伤方面的研究。虽然中间一段时间全国上下都被政治运动所操控着，大部分科研单位都没有开展工作，很多科研人员都被关进牛棚或者被下放、

---

[1] Volkmann挛缩，也叫缺血性肌挛缩。是严重的骨折晚期并发症，是骨筋膜室综合征的严重后果，由于上、下肢的血液供应不足或包扎过紧超过一定时限，肢体肌群缺血而坏死，终致机化，形成疤痕组织，逐渐挛缩而形成特有畸形。早期主要临床表现为"5P"，即Pain（疼痛），Paresthsia（感觉异常），Paralysis（麻痹），Pulseless（无脉），Pale（苍白）。晚期形成典型的爪状畸形。

被批斗，甚至有不少人没有挺过这段秩序错乱的时期，但是盛志勇相比很多人要幸运一些。虽然在农村临床工作、科研工作不能很顺利进行，但是至少没有遭受太多的折磨。当然，那些医疗队的经历比在北京医院里面工作临床收获可能更要丰富多彩一些，也许得失兼备。即使在那样艰难的情况下，盛志勇还是开展了很多的工作，医疗队的实战经验为他后来开展的研究工作以及人生态度产生了很大的影响。

第六章
新的征程

从创伤外科中心到烧伤研究所

在301医院工作的二十年间,盛志勇为医院创伤外科(包括烧伤科)的发展做出了很大贡献,而且不断创造烧、战伤医学领域里的奇迹,前文已有叙述。20世纪80年代前后,当时总后勤部副部长张汝光认为军事医学之中创伤外科十分重要,无论是打仗或是重大灾害等一定会有创伤,所以要建立一个创伤外科中心[①]。聂荣臻、徐向前元帅指示,要用战争的目光来关注烧伤外科的发展,要创造条件成立全军烧伤研究中心。1981年末,中央军委决定创建创伤外科中心。当初这个任务是交给301医院的,但是由于301医院的床位有限,张汝光部长认为当时304医院的条件较差,但是床位很多,于是他决定将这个创伤外科中心建在304医院。因此,1981年盛志勇被调到304医院任副院长兼任创伤外科中心主任。

---

① 盛志勇访谈,2010年12月13日,北京。资料存于采集工程数据库。

当时304医院除了床位较多以外，其他各方面条件都较差，面对种种困难，盛志勇并没有退缩，而是勇敢地挑起了这一重任。在他调入304医院的同时，他对上级领导提出了几个条件：一个是把全班烧伤医疗人员都转到304医院，因为那时304医院没有烧伤科，只有颅脑外科、骨科等，而一个学科的开展必须要有人才团队才能顺利展开；第二，把烧伤治疗的十几年的病例带过去，以便继续更好地总结经验教训，因为医学不仅仅是一门科学，更是一种经验的积累；第三，创伤外科中心不能脱离中国人民解放军军医进修学院[①]，因为他认为没有科学研究的发展，就不会有临床治疗水平的提高。军医进修学院是以解放军总医院为依托建设和发展起来的，始建于1958年11月，1962年停办。1979年6月，经中央军委批准恢复军医进修学院。军医进修学院当时是301医院的另一块牌子，只有有了军医进修学院这个牌子之后，创伤外科中心才有一个"名正言顺"的学术地位，而且作为军医进修学院底下的一个单位，才可以招收研究生；否则，如果不能招研究生将来就没有太多的发展空间。军医进修学院1986年9月被批准正式列入全军院校编制序号。在这样的条件之下，盛志勇带着大批人马开始了新的征途。在这里，工作将如何开展，在一个之前连烧伤科都没有的医院要建立创伤外科中心（烧伤为主），无疑是一份艰巨的任务。

304医院创建于1954年，在2004年全军整编将304医院更名为304临床部，对外称解放军总医院第一附属医院，列入解放军总医院编制序列。现已发展成为以烧（创）伤、骨科、急救为特色，临床学科齐全，仪器设备先进，整体医疗水平较高的现代化综合性医院。304医院的烧伤科是由原来解放军总医院的烧伤科全体搬过来的。解放军总医院的烧伤科于1958年成立，1982年4月全科整体迁至304医院。同时成立创伤研究室，创伤研究室主要是做基础研究，与其他相关科室比如主要是做临床的烧伤整形科，共同组建成为创伤外科中心。后来由于1992年颁布的GB/T13745—1992《学科分类与代码》中的一级学科外科学中并没有创伤外科

[①] 军医进修学院是以解放军总医院为依托建设和发展起来的，始建于1958年11月，1962年停办。1979年6月，经中央军委批准恢复军医进修学院。1986年9月批准正式列入全军院校编制序号。

而只有普外、骨外、泌尿外、胸心外、神外、整形、烧伤、野战外等二级学科，因此创伤外科中心这个名字不符合国家学科分类标准，后于1995年8月正式命名为全军烧伤中心。考虑到临床治疗与基础研究的结合，在盛志勇的带领之下，1996年10月，全军烧伤中心被确定为全军烧伤研究所，烧伤研究所设临床部和基础部，有床位70多张，收治来自军队和地方的烧伤与整形病人；而基础部研究团队也日益壮大，无论从临床还是从科研方面，304医院的全军烧伤研究所在国内都走在领先水平。针对学科分类中没有创伤外科，盛志勇一直持有意见，他认为创伤学科的建设在医学学科建设中十分重要，尤其在军队医院十分重要。

首先，由于目前国际形式纷繁复杂，虽然没有大规模的战争，但是局部战争、恐怖事件时有发生，一旦发生，需要大量经过专业化培训的医务人员来从事战创伤伤员的救治。

其次，我国地域广阔，自然灾害频发，如近些年来的地震、洪水不断，在没有战争的情况下，非战争军事行动已逐渐成为军队承担的常规任务。因此，加强创伤学科建设以提高应急处置能力和水平显得尤为重要。

然而这些年来，虽然盛志勇等人做出了很多努力，但是目前我国还是没有成立独立的创伤学科。

盛志勇从301医院调到304医院，从某种意义上说，"官"比原来大了，权利也比原来大了。但是盛志勇并不看重这些，他看中的是医院有没有发展。对于盛志勇而言，当科主任他愿意，当院长，他内心实在不太愿意，因为他认为自己不会做行政工作，但是这是行政命令。后来出于各方面的考虑，盛志勇答应出任副院长，主要是考虑到从零开始创建一个科室，要调配好各个方面的资源，有一个行政职务相对好一些[1]。初到304医院，才发现304医院的医疗水平真的比较差，在盛志勇来304医院之前，医院曾经总是"不定其所"，有一段时间归工程兵，有一段属于武警，几经易主。在盛志勇来到这个医院之后，发现病人真的很少，但是病床数量很多。

---

[1] 盛志勇访谈，2010年12月13日，北京。资料存于采集工程数据库。

当时304医院的整体水平比较低，而且存在很多问题。比如，科室不全，有些科室没有；另外，有些科室的带头人学术水平不够，比如病理科在医学中十分重要，在医院里面地位也极其重要，没有病理，很多疾病的诊断是不行的，当时医院的病理科科主任是一名技术员，诊断水平也有限；图书馆的书和杂志也很少。总之，医院存在着很多的问题，这些问题既是影响医院发展的原因也是医院水平不够的结果。因此，盛志勇到了医院之后，主要从建全科室、引进人才、精心培养等几个方面着手，殚精竭虑只为谋求医院发展。

医院的建设

图书馆的充实

盛志勇刚到304医院的时候，发现医院的图书馆书籍与杂志寥寥无几。当时他就想：一个医院想要培养出人才，没有一个好的图书馆可不行，尤其对于去过国外留学的他而言，书、杂志等尤为重要。想要做好研究，掌握扎实的医学功底，一定要多看书才行；想要了解别人做什么研究，现在进展如何，自己的研究工作将要如何开展等都要多看书和杂志，只有好的图书馆，为医务人员提供很好的学习环境，才有可能将学术水平加以提升。于是，盛志勇开始着手建立图书馆，定购了很多杂志，把自己从美国募捐回来的一些书籍、杂志都捐到了新成立的图书馆。一方面方便了在院工作的医务人员，另一方面为进一步的学生培养工作奠定了一定的基础。

SPF动物房的建立

初到304医院，盛志勇发现医院各方面的条件确实简陋。虽然烧伤科的部分人马可以直接从301医院搬过来，但是只有临床不行，一定要将基

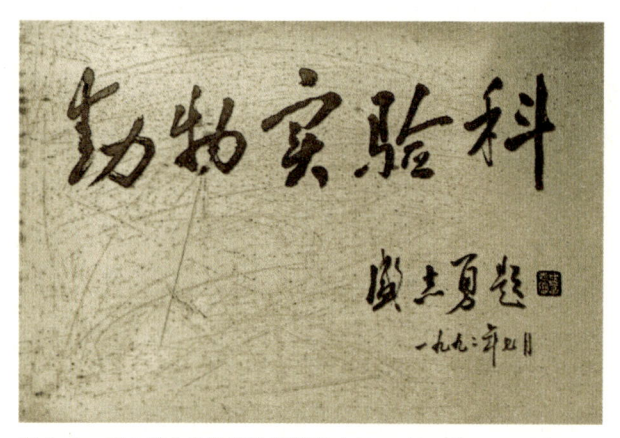

图6-1 盛志勇为动物实验科题词（2011年8月5日，采集小组拍摄）

础研究也做起来。于是盛志勇把烧伤科的一些研究人员调出来成立一个创伤研究室，他们也同时做临床，也许就是继承了急症外科医院与实验外科系的那种模式。后来再从军事医学科学院、第三军医大学等单位引进了一批科研人员过来。而当时医院的其他设施也十分简陋，比如所谓的动物实验室就是一个十分简陋的房子，房子外面养着几条狗放在一个低洼的地方，这种条件不可能做研究。盛志勇想，不开展动物实验，很多医学的研究没办法做，这样就会导致医疗水平无法发展。尤其是针对创伤的研究，有时候需要在无菌的动物身上来开展一些特定课题的研究，需要做一些特殊的实验，比如有关内毒素的研究，如果动物本身带有细菌就很难操作，因此他们就开始组建无菌动物室。倒也不是完全的无菌，也有的是SPF级别的动物房。

所谓无特定病原体（Specefic Pathogen Free，SPF）动物是指机体内无特定的微生物和寄生虫存在的动物，但非特定的微生物和寄生虫是容许存在的。一般指无传染病的健康动物，是目前国外使用最广泛的实验动物，它的来源，既可来自无菌动物繁育的后裔，亦可经剖胎取后，在隔离屏障设施的环境中，由SPF亲代动物抚育。它不带有对人或动物本身致病的微生物，但不能排除可经胎盘屏障垂直传播的微生物。

这是当时北京第一家SPF级别的动物室。经过北京市卫生局相关专家的考察，颁发了正式证书。盛志勇对自己建立的第一个无菌动物房总是特别有感情，他也曾这样对我们强调："这个无菌实验室很重要，因为好多研究需要无菌的动物，或者是有控制的细菌的动物，比如大白鼠肠子里面有多少细菌，什么细菌，你知道以后可以做好多工作，不知道的话不能控制啊。这是全北京第一个得到认可可以去进行实验的无菌实验室。而且我们还可以在无菌动物实验室做限制性细菌感染的动物实验。现在无菌动物没有了，本来有一个无菌动物的养育场，成本太高，用的人很少，所以现在要无菌动物基本上买不到了，那个时候还可以买到。"①

曾经的动物室已经成为现在304医院的动物实验科，而且旧址也已经被改造了，现在是一个拥有两层楼的房子，里面养着不少的兔子、老鼠还有羊等动物，都按照不同的饲养标准进行饲养。图6-2为动物房的兔子饲养房。

图6-2　兔子房（2011年8月5日，采集小组拍摄）

ICU的建立

危重病医学（critical care medicine，CCM）是近50年来在医学科学领域逐步形成的一门新兴学科，国内外先后成立了各种综合性或专科的加强监护病房（intensive care unit，ICU）。

随着各种先进监护仪与生命支持设备的广泛应用，以及ICU医护人员经验的积累和素质的提高，危重病人死亡率和病残率大大降低，生存率提高。目前，国内外已把ICU的建立、床位数占医院总床位数的比例、设备完善度、人员素质以及抢救效果等，作为判断一个医院的医疗功能分化程度与总体技术水平的重要标志之一。

从最初观念的提出到建立ICU的雏形，直至现在国内外相继建立各种较完善的综合性或专科ICU，经历了100多年的历程。

1863年，南丁格尔结合自己的体会，首先提出术后病人应放在一个特定的场所进行康复治疗，这是最早的关于ICU的设想。20世纪40年代

---

① 盛志勇访谈，2011年8月5日，北京。资料存于采集工程数据库。

后，国外逐步建立了麻醉复苏室，以集中观察治疗麻醉手术后的病人，安全度过围手术期，有效地保证了病人麻醉后的安全，进一步启发和孕育了建立ICU的设想。1952年夏，丹麦首都哥本哈根发生了脊髓灰质炎的流行，造成了很多延髓性呼吸麻痹的病例。当时病人被集中起来，在内科和麻醉科医生的共同努力下，通过气管切开保持呼吸道通畅并进行"铁肺"人工通气，使死亡率显著下降，这使有关医生认识到加强监护和治疗的重要性。与此同时，丹麦的麻醉医师Bjorn Aage Ibsen做出了巨大的贡献，他也被认为是世界上创建第一个ICU的人。1953年，他负责单独一个外科病房，他称之为Intensive Therapy Unit，后来人们认为这就是他成立的第一个ICU[①]。随后，英国建立了许多呼吸加强监护病房（RICU），至20世纪80年代ICU得以迅速发展。1958年美国正式成立了综合ICU，当时隶属麻醉科管理。1962年又成立了心脏病ICU。1963年美国在全国范围内首次大规模举办了ICU学习班，并于1970年成立了危重病医学会。

我国ICU的建设起步较晚。1982年，在曾宪九[②]、陈德昌[③]教授的努力下，在北京协和医院成立了手术后ICU，将重症医学较早、系统地介绍到中国，陈德昌教授可以说是中国重症医学最重要的奠基者和开拓者。

盛志勇是一个极具眼光、思路极其广阔的医生，在协和医院建立了全国第一个ICU后不久，他便洞悉到了其中的重要性。也就是在盛志勇调到304医院后工作不久，他认为面对创伤治疗，可能有一系列极其危重的情况发生，没有ICU不行。于是盛志勇就开始四处奔走、倡导在304医院成立ICU，并最终于1984年正式成立了全军第一个、全国第二个综合性ICU。

---

① Bjorn Aage Ibsen [J]. Lancet. 2007, 370（9598）: 1538。
② 曾宪九（1914—1985），湖北省武汉市。中国外科专家，1940年毕业于北平协和医学院，获美国纽约州立大学医学博士学位，留校任外科医师。历任住院医师、讲师、副教授、教授。1956年任中国协和医学院外科主任、中华外科学会主任委员、《中华外科杂志》总编辑。担任过第三届全国人大代表，第五、六届全国政协委员。
③ 陈德昌（1932—），浙江省舟山市人。1953年上海第二医学院医疗系毕业。北京协和医院危重病医学教授。

任何一个行业在新生时期，在外人看来都是一个新生事物，要欣然接受还是有些困难。虽然 ICU 成立了，但是如果没有合适的人员配备则很难运转，作为医院的副院长，盛志勇在倡导将 ICU 建立起来以后，还为 ICU 的医生配置发愁，于是他开始做动员工作。当时医院有一位姓沈的胸外科女医生，他对那位沈医生做动员工作时说："你是一位女同志，等年纪大了体力有限，再做开胸手术什么的比较累，恐怕进展也比较困难，但是因为你在胸外科，懂循环、呼吸系统的生理和病理，而且很熟悉，除了解剖结构，整个生理你都很清楚，所以你做 ICU 非常合适。"刚开始这位医生不同意，因为到了 ICU 之后就不能像在胸外科那样开刀做手术了，对于外科医生而言，拿掉手术刀是比什么都痛苦的事情。但是为了争取人才，盛志勇做了好几次动员，最终终于将这位医生说服了。然后 304 医院就送沈医生以及两位护士到当时中国唯一的一个拥有 ICU 的医院——协和医院去学习了一段时间。待他们几位学习回来之后，304 医院的 ICU 就开始慢慢地步入正轨了。但是由于 ICU 是新成立起来的，在当时还没有形成专业化，而 ICU 对医生的要求还特别高，一般需要的是对各科都比较熟悉、专业基础十分扎实的医生，与此同时，很多医生还不太愿意放弃自己所学的专业去从事 ICU 的工作。

在 304 医院 ICU 成立后的第二年，盛志勇自己的学生——林洪远[①]要硕士毕业了。于是盛志勇就建议他毕业之后直接去做 ICU 而不做烧伤，虽然当时林洪远对 ICU 并不熟悉而且并不是特别想去，不过当时觉得"师命不可违"，在盛志勇的建议下，林洪远开始了一个"陌生"的科室工作。当时 ICU 只有两张病床，放在一间屋子里面，另一间屋子为医生们的办公室，值班的时候医生就直接拿着褥子铺在桌子上，白天就把铺盖一卷放在旁边的柜子里。虽然环境简陋，但是 ICU 是一个独立的科室，各方面的管理十分规范。医院从德国西门子公司购入的两台呼吸机，在当时是最为先

---

① 林洪远（1949- ），广东省新会市人。主任医师，1985 年毕业于北京军医进修学院，获外科硕士学位，并于同年专业从事 ICU 工作。1995 年赴加拿大西安大略大学危重创伤中心进修，1997 年回国继续从事 ICU 工作。曾任中国病理生理学会全国危重病学会常委，北京危重病学会副主任委员，全军普外专业委员会危重病学组组长，中华外科学会外科危重病及感染学组委员兼秘书等职务。

第六章 新的征程

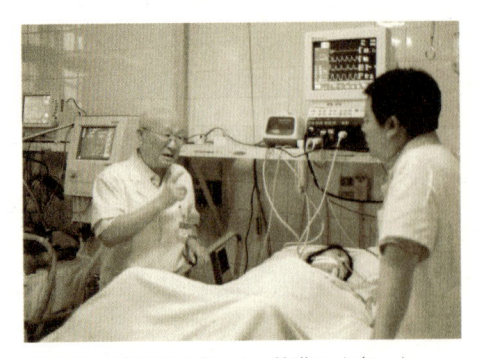

图 6-3 盛志勇（左一），林洪远（右一）

进的产品，304 医院这两台呼吸机令协和医院的 ICU 医生"望眼欲穿"，因为协和医院当时使用的呼吸机是一些厂商送的。真可谓是"麻雀虽小，五脏俱全"。现在林洪远教授已经成为中国 ICU 方面一个知名的专家。图 6-3 为盛志勇与林洪远在 ICU 一起查房时的情形。

20 世纪 80 年代初，中国成立的 ICU 可谓简陋而且各种条件都比较困难，但是经过了几十年的发展，目前全国各省级医院及许多市级医院均已设置了 ICU。1997 年 9 月，中国危重病医学专业委员会在北京正式成立。一直以来，ICU 有多种中文翻译，比如监护中心、加强治疗病房、重症监护病房。直到 2006 年中华医学会正式将其命名为重症加强治疗病房，研

图 6-4 304 医院 ICU 病房的部分成员以及采集小组成员［盛志勇（二排左四），何中杰（二排右三）（2011 年 8 月 5 日，采集小组拍摄）］

究学科为重症医学科。中华医学会重症医学分会成立于 2005 年 3 月 18 日。2008 年 7 月，国家正式批准重症医学为临床医学二级学科，授予学科代码 320.58，并被列入临床一级诊疗科目。

低温异体皮库的发展

1982 年，301 医院的烧伤科整体搬迁至 304 医院后，他们曾建立的低温异体皮库也得到进一步的发展。自 1987 年以后，他们开始了速冻玻璃化的实验研究和临床应用，他们发现这种方法可以永久地保存皮肤，皮肤的活力可以维持在新鲜皮肤的 70% 左右，比慢速冷冻法提高近 20%。304 医院的低温异体皮库是当时亚洲最大的。截至 1992 年，他们储存有 450 具人体皮肤，支援了全国 25 个省市的 100 多家医院。

人才队伍的建设

其他科室人才的引进

盛志勇刚到 304 医院的时候，医院很多科室的力量都很薄弱，因此，盛志勇到处招兵买马，一般都是他比较了解的人。首先，普外科人手缺乏而且力量比较薄弱，他就从 301 医院调了一些人进来，其中一个是方干。在盛志勇的眼中，方干是一位优秀的普外科医生，只是因为"文化大革命"的时候站错了队，后来被"发配"新疆，回来之后又到协和医院工作，在曾宪九教授领导下工作过一段时候，再调回 301 医院的时候由于种种原因并不是很顺利，因此盛志勇正好借此机会将他请到 304 医院普外科工作。后来盛志勇又从 301 医院将黎沽良调到 304 医院担任普外科。

当时医院的病理科主任只是一个技术员，盛志勇想一个医院这么大，病理工作是十分重要的，很多疾病的诊断都要依靠病理，因此，要加强病理科的队伍建设。于是他就找第三军医大学支援,请调来梁延杰教授,使病理科得到迅速发展。

经过了一段时间,盛志勇发现304医院的骨科力量不够,当时的骨科医生只懂得做手术,其他知识相对欠缺,尤其是最新的研究进展他们都了解得很少。在从事科研方面,盛志勇曾经交给他们几个相关的科研题目,完成得比较糟糕,盛志勇认为骨科不能只会打石膏,各种外固定以及相关的研究很重要,在部队医院尤其要注重与战争相关的一些骨科处理措施。因此,在1988年,盛志勇将第四军医大学的骨科得力干将侯树勋挖到304医院。侯树勋1966年毕业于第四军医大学医疗系,1978年作为我国第一批硕士研究生,师从我国著名骨科教授陆裕朴[①],于1981年毕业后留校工作。侯树勋调入304医院工作两年后,1990年赴加拿大留学,回国后任304医院骨科主任。他在国内率先开展了平时火器伤的研究,提出以"切开"伤道的方法替代传统的"切除"失活组织的治疗原则。他首创了利用骨外固定器实行骨缺损局部一期骨延长技术,使伤员在骨折愈合的同时就可以恢复肢体长度,并恢复良好功能。该方法治愈了大量濒临截肢的伤员,使其返回工作和战斗的岗位。此外,他还在国内首先研制了往复式截瘫步行器,使大批完全截瘫的病人佩戴支具后可自行行走,极大改善了病人的生活质量,减轻了社会和家庭的负担,推动了我国在脊柱脊髓损伤领域康复医学的发展。

侯树勋在我国四肢脊柱战创伤和腰痛的救治与康复领域做出了很多成果。在他的带领下,304医院的骨科1995年组建全军骨科中心,2001年晋升为全军骨科研究所,拥有门急诊、临床部、康复部、基础部四个部门。

创伤外科研究室的建设

盛志勇从一开始就十分重视基础医学的研究,尤其重视将研究成果转

[①] 陆裕朴(1917-1993),江苏省宿迁市人。骨科学专家,一级教授。1942年毕业于中央大学医学院,1949年赴美国留学。历任第四军医大学第一附属医院骨科主任、全军创伤骨科研究所所长、副院长、学校副校长、总后勤部卫生部医学科技委员会委员等。

化为能够应用于临床的过程，因此，现在的烧伤研究中心除了盛志勇的实验室以外在烧伤外科研究中心大楼的二楼和三楼，还有好几个实验室。

当时成立创伤外科研究室的时候，很多工作人员都是做临床工作的，专职做科研的很少。目前烧伤研究所的基础部的基础研究主要分为三大部分，创伤修复实验室是付小兵院士（基础部主任）负责，感染和脓毒症实验室是姚咏明（基础部副主任）负责，还有休克和多器官衰竭主要由胡森研究员负责。这几位研究人员都是盛志勇直接或间接培养起来的。

胡森是刚开始恢复高考的第一届大学生，1977 年考入青岛大学医学院，1982 年考入第三军医大学野战外科研究所，成为王正国教授门下的研究生。研究生毕业之后，他原本准备回青岛工作，结果到了 304 医院。当时盛志勇的创伤外科研究室正好奇缺人才，虽然胡森原本想的是干外科或者到 ICU 的临床去干，但盛志勇建议胡森做基础研究，结果一留下来就干了近三十年了。他 1991 年考取盛志勇的博士生，在盛志勇的指导下，一直从事创（烧、战）伤后多器官功能衰竭综合征发病机制和动物模型的研究。盛志勇对胡森的评价是："他十分努力，他做博士研究生的时候，做多脏器衰竭，这个工作是十分辛苦的，大动物的模型建立，需要日日夜夜的观察，都可以说是与动物为伴了，正因为他很努力，所以他到现在都做得很不错。"

在盛志勇院士的带领下，经过盛志勇、朱兆明、郭振荣以及他们的学生等几代人几十年的不懈努力，烧伤研究所在学科建设、人才培养、医疗、教学、科研等方面都取得了显著的成绩。

在盛志勇以及同仁们的努力下，他们采取多种途径引进和培养了一批医疗技术精湛的科技人员，从军内外引进人才 300 余人，比如聘请了姜泗长等知名专家为创伤中心的技术顾问；其中学科带头人 25 人，先后选送出 28 名中青年技术骨干出国深造，医疗设备也得到了很大的改进。此外，在盛志勇的带领下，他们十分重视国内外的学术交流，到 1992 年创伤外科中心成立十周年之际，他们先后主办了第二届中美国际烧伤会议、中意脊柱侧凸矫治研讨会、中美急救复苏训练班、第二届全国创伤学术会议、首届全国受体学术会议、全军烧伤学术会议等。先后接待了美国、英国、日本、瑞典等20多个国家和地区的学者到医院进行交流和参观。创伤外科中心所属的烧伤整形科、骨科、普外科、神经外科、麻醉科成为医院的重点发展学科。其中，烧伤整形科十年来共收治病人3139例，治愈率达98%，烧伤总面积LA50为85.1%，达到国际先进水平，治愈了烧伤总面积超过90%，Ⅲ度烧伤面积超过70%的特重烧伤病人11例，其中包括一例已经发生坏死斑、严重绿脓杆菌败血症、总面积烧伤92%、Ⅲ度达72%的患者。

第七章
主要学术贡献

烧伤休克期的治疗

盛志勇最早提出烧伤休克复苏的三个目标,创立新的大面积烧伤病人补液公式,倡导休克期输全血,让烧伤病人平稳度过休克期。

烧伤早期最主要的病理生理变化是内皮细胞损伤、通透性增加、血浆成分外渗,因血容量减少而引发休克。严重烧伤病人救治的第一道难关是休克关,因为伤后48小时内大量血浆成分外渗,兼有血细胞的破坏,极易产生低血容量性休克。虽然休克发生在烧伤早期,但对烧伤救治全程有着重要影响。

大面积烧伤早期,无论是烧伤区还是未烧伤区,患者的体液渗出都比较明显。Baradue曾于1862年就认识到烧伤之后血液变浓[1]。此后虽有人对此现象进行过间断研究,但由于条件所限并没有什么新发现。直到

---

[1] Hilton TG·S.G.O 1981;152:441。

1930年，随着对血管内液渗出的程度和成分的测定有了科学方法，动物实验和临床研究才陆续证实烧伤后血管内液体和蛋白质渗入组织间隙非常迅速[1]。烧伤休克是由于体液渗出所致的渐进性血容量减少造成的，大面积烧伤病人伤后1小时就有休克发生的可能，休克曾是大面积烧伤病人首要的死亡原因。

盛志勇等人在1987年对304医院从1958年到1986年28年间收治的2630例烧伤病例进行了回顾性研究，按照各系统的早期并发症分类时发现，以循环系统的发病率最高，229例，占8.71%，而休克病人就有204例，占7.76%。其中随着研究的深入的临床治疗水平的不断提高，逐步认识到烧伤休克的本质是热损伤局部和远高烧伤部位的微血管通透性增强，致使体液至血管床内渗出，并通过烧伤创面渗出体外，最终导致缺血缺氧，休克期复苏的关键就是迅速恢复血容量，所以烧伤后及时快速补液，就成为防治休克的最主要措施。盛志勇认为，真正让病人平稳度过休克期，应该理解为伤后得到及时正确的救治，复苏满意，没有休克临床表现。休克期治疗的目标是预防休克的发生，而不是出现休克以后再去"抗"。通过30多年的临床观察和艰苦探索，他总结出了休克期复苏治疗应遵循一个重点和三个目标，即休克期复苏的重点是通过及时、快速、足量的补液，迅速恢复血容量，保证组织细胞的氧输送量。并要达到防治休克的三个目标：①纠正"失代偿性显性休克"，尽快改善机体低氧状况，使组织氧输送量和氧耗量恢复正常；②纠正"代偿性隐匿性休克"，迅速恢复胃肠道以及其它组织器官的血液供应；③清除氧自由基，减轻组织重灌注损伤。

理想的防治烧伤休克的方法应是阻止血管通透性增加，但迄今尚无临床实用价值的有效措施。目前主要的防治手段是补液，其原则是补液量与渗出量保持同步，即所补液的量、速度、种类与渗出体液的量、速度、种类一致。但究竟怎样补才科学合理，才能真正满足病人恢复血容量？许多临床一线的医生在实践操作中感到茫然。1947年，Moore等人提出首个输液计算公式，凡面积超过20%的，一律按照体重10%补给胶体，外加生理需要的

---

[1] 张向清. 烧伤休克期复苏液体的临床选择. 中国烧伤创疡杂志. 2004. 第四期。

水分和电解质。1952年Evans提出了一个输液计算公式，规定了补液量、速度及补液的种类。Evans公式提出在烧伤后第一个24小时，每1%面积每千克体重补充胶体及电解质溶液各1毫升，但面积超过50%者仍按50%计算。1968年，Baxter在美国Parkland医院提出一个输液公式，认为烧伤后第一个24小时，每1%面积每千克体重补充4毫升乳酸林格液，不再另加生理需要量。伤后第二个24小时，每1%面积每千克体重补充0.3—0.5毫升血浆及适量葡萄糖溶液。1970年，在上海召开第一届全国烧伤会议，上海瑞金医院提出少烧伤休克期补液公式，对提高烧伤休克期复苏水平发挥了重要作用。目前我国最常用的也是这个公式，这是由Evans公式改进而来的。成人伤后第一个24小时每1% II度、III度烧伤，每千克体重补充1.5毫升液体，再加上2000毫升生理需要水分量（以葡萄糖溶液给予）；第二个24小时烧伤补液量减半，生理需要量仍为2000毫升。烧伤补液为电解质溶液（乳酸平衡液最好）和胶体溶液（血浆及血浆代用品）。伤后第一个24小时烧伤补液量的1/2在前8小时内输入，其余1/2在后16小时输入，生理需要量均匀输入。第二个24小时所有液体均匀输入。虽然自第一个输液公式以来，世界各地的医生们都对公式进行过相应的改良，但大量的临床实践表明，按照这些输液公式为患者补液，并不能使每个患者都平稳地度过休克期，很多患者在进行补液后仍会出现持续的血容量减少和缺氧状态，并出现不同器官、组织、细胞的病理改变，使感染期提前、感染程度加重，而且，在复苏不满意时，盲目地增加补液量，还可能造成脑水肿、肺水肿、心力衰竭等问题。

烧伤后体液渗出速度之快、容量之大、缺血缺氧之程度是难以估量的。既往多靠神志、呼吸、血压、心率、末梢循环、尿量等临床指标来判断有无休克或休克程度，由于这些临床表现多滞后于血容量减少，且受机体代偿反应和水肿因素的影响，很难及时准确地反映出机体缺血缺氧的真实情况，在补液时，输液速度、输液量应该怎样为佳都缺少灵敏的指标。1985年，盛志勇带领学生在国内率先采用Swan-Ganz漂浮导管[1]对52例

---

[1] Swan-Ganz漂浮导管也称肺动脉漂浮导管，1970年由Swan和Ganz首先研制成顶端带有气囊的导管，临床常用于各种复杂的心血管疾病诊断、指导临床治疗。近年来由于危重症医学的蓬勃发展，Swan-Ganz导管被应用于危重症病人的血流动力学监测。

大面积烧伤病人进行血流动力学监测。本组病例烧伤面积为31%—100%，三度烧伤20%—98%，分别于入院时及伤后8、16、24、36、48、72小时连续监测了右房压（RAP）、平均肺动脉压（MPAP）、肺小动脉楔压（PAWP）、心排血量（CO）、心指数（CI）、每搏指数（SI）、心率（HR）。结果显示，病人各项心功能指标在入院时最低，表明血容量严重不足，以"先晶体后胶体，晶体、胶体、水分循环输入"的方式，加快输液速度，促使血流动力学指标尽快恢复。根据各监测指标的变化以"低"快"高"慢的原则随时调整输液，伤后8小时已见各项指标回升，16小时达到有效恢复，24小时基本纠正，其后一直保持在正常水平。

依照血流动力学监测24小时和48小时实际输入的晶体和胶体的量，盛志勇提出了新的输液公式。特别是他们提出的补液量以患者的尿量能达到每小时80—100毫升为标准的概念，为没有条件开展血流动力学监测的基层医院，提供了为烧伤患者休克期补液的直观依据。临床实践证明，盛志勇在对烧伤病人进行血流动力学监测下提出的新的休克期补液公式，简单易记，便于掌握，既能迅速纠正血容量不足，又不会产生液量超负荷并发症，保证了病人良好复苏，降低了患者的死亡率。

长期以来，大部分医生在给大面积烧伤病人补液时主要是补充血浆、生理盐水、葡萄糖或代血浆等，而不敢给患者补充全血。其理由是病人烧伤后会有大量液体渗出，造成血液浓缩，如果输全血会进一步加重血液浓缩，形成毛细血管内的微血栓。盛志勇通过长期的临床观察发现，大面积烧伤患者休克期绝不仅仅存在血浆成分的丢失，还有大量血细胞被破坏。尤其是红细胞在热力作用下会产生溶血、凝集、形态变化和生成受抑制，病人的尿液呈酱油状。有人曾用 ^{51}Cr 和 ^{32}P 标记红细胞，发现大面积烧伤后8—10小时，红细胞破坏12%，48小时破坏42%，伤后一周内每天减少9%的红细胞。红细胞如此迅速地被破坏，导致患者出现贫血，以及一系列脏器发生病变。盛志勇认为，休克期应该输全血，有利于纠正病人的贫血状况，同时也有利于增强病人的免疫功能。1980年代开始，盛志勇带领学生进行烧伤休克期输全血的动物实验和临床研究，结果发现，开始复苏时首先尽快补充电解质、水分和胶体，在烧伤后6—8小时血浓缩逐步减轻时开始输全血，全血输入量约占全天总入量的5%—10%，不仅不会加重血浓缩，而且可以稀释血液，更有利于血液循环，可以预防和迅速纠正烧伤病人的贫血现象，对改善组织供氧、保护内脏器官、维持胶体渗透压等方面是有益的；另外，发现输全血与输血浆同样有维持胶体渗透压的作用，其效果明显优于输平衡液组[①]。后来盛志勇等人又通过对烧伤休克期输全血或平衡液对心脏收缩性能影响的实验研究发现，烧伤后输全血可明显改善PaO_2及SaO_2，这提示伤后早期输全血可能在某种程度上改善心肌的缺血、缺氧状态，致心肌收缩力有所恢复[②]。据此，盛志勇大胆提出休克复苏期输全血的概念，并为国内外烧伤界所认可。

临床上有的病人通过复苏治疗，显性休克得到纠正，但隐匿性休克并没有完全纠正。通过二氧化碳张力计监测烧伤病人胃肠黏膜pH值可以发现，伤后72小时仍处于较低水平，这表明烧伤后病人血容量减少导致组织灌注量不足，胃肠道缺血时间长，也预示着其他内脏器官血流灌注量不足，临床上称之为隐匿性休克。盛志勇提出在输液纠正显性休克的同时，必须重视纠正隐匿性休克。在动物实验的基础上，他们对烧伤病人给予山莨菪碱10—20毫克，静脉滴注1/6小时，病人胃肠黏膜pH值在伤后24—48小时可达到正常值，使隐匿性休克较快得到纠正。

盛志勇提出的烧伤病人休克期综合复苏措施，大大提高了复苏的效果，减少了后续治疗过程中可能出现的并发症。

低温异体皮库的建立

盛志勇及其团队最早提出烧伤病人休克早期切痂植皮，创建国内第一

[①] 郭振荣、盛志勇、朱兆明等：293例严重烧伤病人休克期复苏的评价。中华整形外科杂志，1985年第1卷第3期，第194-197页。

[②] 高维谊、郭振荣、盛志勇：烧伤休克期输全血或平衡液对心脏收缩性能影响的实验研究. 中华整形烧伤外科杂志。1987年第3卷第4期，第293-295页。

个低温异体皮库，降低了烧伤病人感染发生率。

　　大面积烧伤病人救治的第二道难关是感染关。大面积烧伤休克期的病人病理变化十分复杂，但是最重要的是体液丧失所导致的循环障碍和烧伤组织的感染与中毒。大宗病例资料证明，烧伤死亡病例的70%源于感染。感染不仅使创面加深，愈合时间延长，还可以诱发高代谢、高消耗等，更严重的是成为脓毒症、多器官功能障碍综合征的始发因素。

　　深度烧伤创面是引起感染及诱发各种并发症的罪魁祸首，因此大面积烧伤救治的主攻目标就应该锁定在积极处理创面上，临床上曾有多次证明：即便是Ⅲ度焦痂，仍可能有细菌存在于残存的毛囊内，并可在伤后5天开始迅速繁殖。早期切除焦痂，不但可以去除主要的感染源，也为早日封闭创面创造条件。虽然尽早切痂植皮这一点在烧伤界已成共识，但在切痂时机的选择上认识并不一致。传统的观点认为，烧伤对机体是一次重大打击，病人在休克期血流动力学不稳定，如果这时施行大面积切痂可能诱发或加重休克，担心病人难以承受麻醉及手术创伤的连续打击，主张在伤后4—7天切痂。盛志勇等人经过大量研究和临床观察发现，当患者的天然屏障——皮肤烧伤后，细菌很早就可经焦痂进入痂下，并繁殖增生焦痂溶解后更为细菌滋生繁殖和侵袭提供条件，焦痂本身分解形成焦痂毒素，细菌及其毒素和焦痂毒素大量入侵，发生毒血症、创面脓毒症，多器官功能障碍综合征进而导致患者死亡。他认为，虽然休克期切痂有一定风险，但远不如焦痂对患者构成的风险危害大。在1980年代初，盛志勇等人根据医院救治的一些患者的具体情况进行过相应的总结，依据当时的病例分析得出，大面积严重烧伤早期切痂术的禁忌证主要有以下几点：

　　1. 出血素质，在未作出有关其性质的诊断及未能纠正之前，不宜手术。

　　2. 伤员已经发生多系统内脏衰竭综合征，并根据其发生时间及发生前病情，基本上肯定其原因并非严重的全身感染，宜先予以适当的处理，推迟手术时间。

　　3. 为了弄明白休克期切痂究竟会不会加重休克，他针对人们普遍关注的烧伤病人休克期血流动力学稳定问题，进行了休克期切痂动物实验。在此基础上，他利用 Swan-Ganz 导管对 21 例大面积烧伤病人围手术期的血流动力学进行监测，连续监测了术前、术中、术后的右房压（RAP）、平均肺动脉压（MPAP）、肺动脉楔嵌压（PAWP）、血压（BP）、心率（HR）、心排量（CO）并计算心排指数（CI）。再根据公式计算出每搏指数（SI）、左心室每搏功能指数（LVSWI）、右心室每搏功能指数（RVSWI）、体循环心管阻力（SVR）和肺循环血管阻力（PVR）。本组病例在伤后 24.1±13.9 小时开始手术，全部采用切痂植以大张异体皮加微粒自体皮的手术方法，一次切痂面积 32.3%±6.7%TBSA。结果显示 RAP、MPAP、PAWP、BP、CO 和 CI 均能维持较高水平，术中和术后病人均无不良反应，皮片愈合良好，全身症状稳定，全部治愈，并未出现人们担心的机体难以耐受手术打击。经过测定，在手术时、后，应激蛋白量也呈增高现象，因此，也未产生或加重应激反应。证明只要麻醉成功，补足血容量，在防治休克的同时切除大面积焦痂，术中及术后保持血流动力学各项指标处于稳定状态，休克期切痂是安全可行的。

在此基础上，盛志勇进一步对休克期切痂的时机选择和临床指标进行了研究。他们通过临床观察 60 例烧伤病人血流动力学监测结果发现，伤后 24 小时总入量达 13141 毫升（包括手术中入量），尿量达 96 毫升/小时，入院时的精神萎靡或躁动、口渴、恶心等临床症状于 16—24 小时即可消除。心率、血红蛋白（Hb）和红细胞比容（Hct）也伴随入量的增高而逐渐减低，24 小时恢复正常，手术后仍维持在正常水平。以此为据，盛志勇提出了休克期切痂的时机选择和临床指标，为没有条件开展血流动力学监测的基层单位实施休克期切痂的时机选择提供了依据。

休克期切痂植皮改变了以往渗出—补液—再渗出的循环模式，减少了输液输血量，改善了机体免疫功能，减轻了感染及高代谢反应，降低了内脏并发症的发生率，提高了救治的成功率。20 世纪 90 年代以后，国外也相继开展了早期切痂，美国著名烧伤专家 Herndon 教授在儿童烧伤中心一次切除 60%—70% 的烧伤创面，治愈率明显提高。

植皮是大面积深度烧伤救治成功的一个关键环节，不仅可以有效控制创面感染，减少系统性炎性反应，预防毒血症及多器官功能衰竭等症状的发生，而且可以减少后期瘢痕增生，使手、足、四肢、颈部及颜面等关节部位获得较好的功能和形态。但在临床上，大面积深度烧伤病人自身可供植皮的部位很少，必须依赖大量的异体皮覆盖创面。临床上常常遇到有皮的时候没有伤员，有了烧伤病人急需植皮的时候却又找不到皮源的情况。20世纪70年代初，盛志勇就提出建立皮库的设想，把平时搜集到的异体皮存起来，需要时拿出来使用。一个偶然的机会，他从一份文献中看到国外用液氮储存牛精子的报道，又打听到北京北郊农场利用人工授精发展养牛业的消息，那里有一套专门储存牛精子的设施。他想牛的精子能储存成活，皮肤也应该可以储存成活。于是，他与朱兆明教授一起，在极为简陋的条件下，靠一张办公桌，两只杜瓦瓶起家，在皮肤储存领域开始了探索和实验研究。

　　他和朱兆明冒着严寒酷暑到北京北郊农场学习人工储存精液的经验，到中国科学院低温研究所请教怎样在低温环境下保持皮肤组织的活力，尽可能减轻对组织细胞的损伤，到首钢联系液氮的供应。对于皮肤的采取、消毒、加工、降温、复温，抗冻液的筛选配制，不同温度下冷冻对组织和细胞的直接影响和损伤等皮肤储存的每一个环节、每一道工序都要进行几十次甚至上百次的实验。失败了他们不气馁，从头再来，先后攻克了储皮装置研究、皮肤活力测定、抗冻液配制、皮肤消毒方法以及在不同温度下降温、复温控制等道道技术难关。经过不懈的努力，终于研究出了用液氮储存皮肤的玻璃化储存方法，建成了当时全国第一家、亚洲最大的低温异体皮库。

　　从理论上说，皮肤储存的温度越低，其活力保持的时间越长。因为温度越低，细胞组织的代谢、氧的消耗越低，污染的细菌也不易繁殖。液氮的温度是 −196℃，在这种环境之下，细胞的代谢几乎等于零，细胞、生物组织处于所谓"生命悬持状态"，在理论上可以无限期地储存。但低温储存皮肤的关键环节是如何防止在降温和复温过程中低温对细胞组织的损伤。他们通过反复试验发现，以每分钟1—3℃的降温速度，将皮片温度下降到 −70℃到 −80℃左右，在此温度平衡8—12个小时后，立即放入液氮容器内储存，复温后皮肤活力可维持50%—60%，他们把这种降温方法称为慢冻法。1987年之前，他们用慢冻法储存的皮肤救治大面积烧伤病人

500余例，取得满意效果。但将慢冻法储存的皮肤移植到感染的、局部血运不佳的，或切痂不彻底的创面，效果仍不够理想。

从1987年开始，他们在慢冻法的基础上又开始进行玻璃化储存皮肤的研究，即迅速将皮片从0℃以上降到液氮温度即-196℃。由于冷冻的速度太快，细胞内外的水分来不及形成由小到大的结晶，成为均匀的玻璃样状态。这样就避免了冰晶及高渗状态对细胞的损伤，也即提高了储存皮肤的活力。他们先后向20多个省市100多家医院提供异体皮肤，挽救了1600多名大面积特重型烧伤患者的生命，有40余篇学术论文在国际讲坛做报告，3次获军队科技进步奖二等奖，1992年获国家科技进步奖二等奖。此外，为了将技术加以推广，他们还向一些兄弟医疗单位传授一些创建皮库的经验和研究成果。

脓毒症的研究

虽然我国大面积烧伤救治成功率达到较高水平，但仍有一部分危重烧伤病人由于延误了救治时机，失去了早期治疗的黄金时间，导致并发症而死亡，其中严重烧伤脓毒症以及由此引起的多器官功能障碍综合征是导致烧伤病人死亡最重要的原因之一。脓毒症发病机制复杂，早期诊断和救治困难，病死率高，是当今创、烧伤外科和危重病学急待解决的重大课题，从20世纪80年代以来，脓毒症一直被列为国家和军队的重点攻关课题。盛志勇作为我国烧伤医学的开拓者之一，责无旁贷地主动承担了这一研究课题，就烧伤脓毒症的发病机制、诊断标准及防治措施，进行了大样本临床回顾和前瞻性研究。

早在80年代以前，医学界对脓毒症还不十分清楚之时，常见大面积烧伤患者在住院不到24小时、创面未见感染之前，便出现严重的全身感染、中毒症状，由于找不到感染的原因，人们将其称为"暴发性败血症"。针对这种情况，盛志勇从烧伤对患者全身器官的影响入手，对这一不明原因的感染进行了独创性的研究，最终查明，这种感染是由于烧伤后人体的大部分血液被人体的生理作用分配到生命中枢以维持生命，使其他器官的血供减少，其中最显著的是肠道的缺血。肠道是个细菌库，并有大量内毒素存在，肠道缺血使肠黏膜受损，导致肠道内毒素进入肝脏等脏器和血液中，引起脓毒症。根据这一研究结果，他提出，细菌内毒素是引起烧伤、战后脓毒症的主要原因这一重要的外科学理论。

1991年，美国胸科医师学会和危重病监护医学会共同定义了脓毒症为由感染引起的全身炎症反应综合征（SIRS）的定义和诊断标准，认为其病原体包括细菌、真菌、寄生虫及病毒等。2001年欧美多家医学会对这个诊断标准做了修改，建立和增加了许多新的标准。然而，在临床实践中发现，烧伤作为一种特殊原因所致的损伤，直接套用美国胸科医师协会和危重病医学学会提出的标准，脓毒症的诊断特异性较差，难以客观反映病情的轻重程度，不利于烧伤病人的救治及预后判断。盛志勇组织所在烧伤科通过对1641例住院烧伤患者回顾性和前瞻性研究，对美国胸科医师学会和危重病学会制订的SIRS加感染的脓毒症诊断标准作了修正，制定了符合临床实际的烧伤脓毒症诊断标准：凡临床上具有细菌学证据或高度可疑的感染并符合以下4条中2条加第5条中的任何一项即可诊断为烧伤脓毒症：①体温>39℃或<35.5℃，连续3天以上；②心率>120次/分；③白细胞计数>12×10^9/L，其中中性粒细胞百分比>0.8或幼稚粒细胞百分比>0.10；④呼吸频率>28次/分；⑤临床症状和体征：精神抑郁，烦躁或谵语；腹胀、腹泻或消化道出血；舌质绛红、毛刺，干而少津。他们采用这一标准分析了烧伤面积大于30%的患者149例，并发脓毒症者57例，无脓毒症的92例，其中脓毒症组发生多器官功能障碍综合征10例，死亡6例；非脓毒症组无一例并发多器官功能障碍综合征，全部存活。临床应用结果证明，他们制定的这一标准更加符合烧伤临床实际，能够真正反映烧伤的病情，有助于诊断的准确性和判断预后，更有利于治疗的早期干预，得到了中华烧伤专业委员会的认可。

近年来，欧美各国投入了巨量的基础和临床研究，但脓毒症发病机制仍未完全阐明，临床治疗进展不大。盛志勇认为，失败的原因可能是思维方法的局限：线性观点。实际上身体各系统之间有密切的关系，相互影响，形成复杂的非线性网络。因此，必须将研究重点由单一介质或细胞因子转向各个炎症介质在体内的相互关系上，以非线性观点来研究脓毒症的发病机制和治疗策略，认为在治疗的过程中使用对多系统都具有调节作用的药剂可能对脓毒症有较好的治疗作用，而仅仅对某一方面进行调节的药剂对脓毒症可能缺乏疗效[1]。他提出在脓毒症的发生、发展过程中，低容量性休克时肠壁缺血导致的病理生理变化、免疫功能失"和谐"以及凝血机制的变化—微循环的广泛血栓形成三个因素值得重视。

休克期肠道细菌和内毒素移位。盛志勇和姚咏明教授在家兔MODS模型中观察到，内毒素血症与MODS的发生发展关系密切。临床资料也发现，大面积烧伤病人内毒素血症发生率为58%，脓毒症组患者血浆内毒素均值显著高于非脓毒症组。且血浆内毒素水平与烧伤后MODS发生频率呈正相关。持续严重内毒素血症者多呈现脓毒症症状，最终可并发MODS而死亡。相反，非MODS者伤后早期尽管暂时性升高，但其变化趋势进行性下降，一周后仅表现为轻度内毒素血症，患者感染症状多随之减轻，预后较好。动物实验和临床资料都证明，内毒素血症与烧伤后脓毒症、MODS发病可能具有密切关系。

既往多认为，烧伤后内毒素血症来源于烧伤创面或血循环中革兰阴性菌感染后大量释放。盛志勇和施志国教授等通过临床观察发现，大面积烧伤的早期，患者血浆内毒素水平即显著升高，常表现出明显的脓毒症症状，而此时烧伤创面并无大量细菌繁殖，血培养也无细菌生长。这些现象提示，烧伤早期的内毒素血症主要不是源于创面，肠道蓄积的内毒素过量侵入血循环则可能是最重要的来源。

肠系膜循环供应的器官的重量仅占全身总重量的5%，但所供应的血量约占心排出量的20%—30%。严重烧伤后导致低容量性休克，全身组织灌流降低，血流量重新分布，人体的大部分血液被分配到生命中枢以维持生命，胃肠道缺血发生最早，恢复最晚。肠道缺血使肠黏膜受损，破

---

[1] 刘辉、姚咏明、盛志勇. 脓毒症研究的新策略——非线性观点. 中华外科杂志. 2006年第44卷第3期. 第205-207页.

坏了肠系膜的屏障功能，导致肠道细菌和内毒素进入肝脏等脏器和血液中，引起脓毒症。这一病理生理现象他们在动物模型和严重烧伤病人的临床研究中均予以确凿证实。他们通过系列动物实验发现，致伤前大鼠门静脉血中含有极微量内毒素，烫伤后2小时其含量迅速升高，8小时内毒素水平达峰值，体循环内毒素水平明显低于门脉系统，24小时门、体循环内毒素含量基本处于同一水平。说明在烫伤早期肠道内毒素即可通过受损的肠黏膜屏障，由门静脉经肝脏进入全身血循环。正常状态下，肝脏的枯否细胞和网状内皮系统具有中和清除毒素作用。在烧伤应激状态下，由于肝脏受损而削弱了其灭活减毒作用，从而使肠道中移位的内毒素得以"溢出"进入体循环而导致内毒素血症。大面积烧伤病人临床观察也发现，在缺血期、复苏后组织重灌流期，肠黏膜遭到明显的损伤（黏膜上皮细胞坏死和凋亡，血浆内二胺氧化酶活性增高），血浆内D乳酸量增高，提示肠壁通透性增高，旋即发生肠腔内内毒素移位，血液内内毒素量随烧伤严重程度而相应增高。同时，在肝、肺等器官中脂多糖结合蛋白和CD14表达上调，增敏炎症细胞对内毒素的作用，由此通过信号转导途径产生一系列的促炎递质，导致全身炎症反应。据此，他们提出了肠道细菌和内毒素移位与脓毒症密切相关的概念，先后获军队和国家科技进步奖二等奖。

免疫功能失"和谐"。机体在经受大量微生物袭击时，补体裂解加剧而产生大量的C_{5a}，而过量的C_{5a}已被证明可以抑制中性粒细胞的杀菌功能。盛志勇在临床观察中发现严重烧伤病人中，尤其是在发生脓毒症前，血中C_{5a}量显著增高，而作为细胞内杀菌功能指标的粒细胞化学发光强度却显著地减弱，在发生多器官功能衰竭的病人中，这种现象也很突出。

动物模型和临床研究发现，高迁移率族蛋白B1（HMGB1）是介导创伤脓毒症和多器官损害的重要"晚期"致病因子，在烧伤后期达到高峰，烧伤病人炎症反应持续加剧。与此同时，大面积烧伤后大量的T淋巴细胞凋亡，并且树突状细胞功能降低以致免疫功能紊乱与患者并发脓毒症、MODS密切相关，而严重烧伤患者血浆HMGB1水平的持续升高对机体细胞免疫功能抑制具有显著影响。该结果证实HMGB1不仅是体内重要的晚期促炎介质，而且与机体细胞免疫功能障碍密切相关。

据此他们认为，脓毒症的全身炎症反应和免疫抑制在多数情况下是同时存在的，无论实施抗炎或免疫刺激，单一治疗均不足以有效逆转免疫炎症反应紊乱，应该是抗炎与免疫刺激治疗并举。他们组织了全国范围的多中心、前瞻、随机、对照临床试验，结果证实由制炎和提高免疫功能并举，使28天和90天治疗组病死率明显低于对照组。

凝血紊乱是脓毒症发病机制的另一个重要因素。细菌侵入机体后，其毒素通过信号转导，即释放炎性递质（如TNF-α、IL-1、I-6等），这些递质作用于血管内皮细胞，不仅诱导产生组织因子，而且与肠缺血、再灌流损伤一样可以上调黏附分子，使白细胞聚集并黏附于内皮细胞上。组织因子可激活凝血因子Ⅷa、Va，继而激活凝血酶，于是纤维蛋白形成。血液内的活化蛋白C是抑制组织因子的固有成分，但是由于内皮细胞被损伤，降低了血栓调节蛋白，活化蛋白C的含量显著减少，降低了抑制组织因子的作用。同时纤溶酶活化抑制剂被激活，形成的纤维蛋白不能被溶解，于是微血栓在微循环内广泛形成，酿成微循环障碍，严重影响组织细胞获得赖以生存的营养和氧供，其结局为功能障碍。盛志勇带领他的学生率先采用低分子肝素纠正脓毒症时异常凝血，经多中心双盲临床试验，脓毒症28天死亡率降低14%，90天死亡率降低28.4%。

在动物实验和临床研究的基础上，盛志勇和他的学生共同制定了脓毒症及脓毒性休克的综合治疗方案。对出现脓毒性休克病人，首先加强液体复苏，使中心静脉压达1.07—1.06千帕（8—12毫米汞柱），平均动脉压达8.66千帕（65毫米汞柱），尿量>0.5毫升/（千克·小时），中心静脉或混合静脉血氧饱和度>70%。升压药以异丙肾上腺素（去甲肾上腺素）[0.01—3微克/（千克·分钟）]为佳，也可伍用盐酸多巴酚丁胺。严重的脓毒症有时可能并发高钠血症，可施行血仿膜肝素吸附无肝素血液透析或连续肾替代治疗（CRRT）。后者的流量可>300毫升/分钟，滤液>70—80升/天，滤膜面积1.6平方米，不单能纠正高钠血症，而且对脓毒症也有一定疗效。对于因没有及时有效治疗的大面积深度烧伤病人，常会出现大面积创面严重侵袭性感染而并发严重脓毒症甚至脓毒症休克，他们采用快速静脉推入地塞米松100毫克、潘生丁100毫克，山莨菪碱40毫克联合治疗，待全身状况及脓毒症症状明显改善后，立即切除感染创面。1998年他们连续收治8例濒危的烧伤创面脓毒症患者，其中6例并发多器官功能衰竭，2例并发脓毒性休克，采用这一综合治疗方案全部救治成功。

盛志勇和他的学生胡森等通过对451例脓毒症和20例多器官功能衰竭病人进行临床研究，发现烧伤脓毒症患者中有18.02%并发多器官功能衰竭，而这些病人在发病前都有脓毒症表现，脓毒症是多器官功能障碍综合征的发病基础，在国内外首次提出脓毒症和多器官功能障碍综合征发病机理的双相预激学说，主张脓毒症应以防为主。他认为第一次打击常为烧伤本身和休克，以及引发的内毒素移位；第二次打击则为感染和坏死组织存留。根据这一研究结果，他主张烧伤后脓毒症和多器官功能衰竭防治重点应放在第一次打击阶段，即早期及时去除或控制诱发脓毒症和多器官功能衰竭的病因，防止炎症失控，避免第二次打击的治疗原则，并制定了相应的防治措施。首先，是妥善防治休克。及时、快速、充分纠正低血容量，尽快恢复肠道血供应，减轻氧自由基损伤；其次，加强营养代谢支持。及早开始经口营养，补充谷氨酰胺、精氨酸，控制高血糖症，维持血糖在8.3毫摩尔/升之下。第三，及早切除三度创面，消除烧伤毒素的有害作用，去除感染发源地，降低粘附分子上调；第四，保护支持内脏功能。严重烧伤后如怀疑有呼吸道损伤，应及时行气管切开，进行机械通气，通气量应维持于6—7毫升/千克，气道峰压35cmH$_2$O之下，PaCO$_2$维持于9.33千帕（70毫米汞柱）之下，一旦具备了撤机的适应证，应毫不犹豫地撤机；第五，审慎合理地应用抗生素。

他们关于脓毒症系列研究成果及综合防治措施在全国20多个省市的100多家医院推广应用后，使我国在烧伤脓毒症的防治上有了突破性进展——发病率由20世纪90年代初的43.9%降为26.0%；多器官功能障碍综合征的发病率和病死率分别由17.3%和87.5%降为6.9%和40.0%。相关研究成果先后多次获军队科技进步一、二等奖和国家科技进步奖二等奖，2002年获国家科技进步奖一等奖。

烧伤病人的治疗新观念

大面积深度烧伤病人,虽然经治疗保住了性命,但无一例外在身上留下了终生无法抹掉的疤痕,成为今后人生路上永远的伤痛。盛志勇认为,现代烧伤治疗的目标不应该仅仅局限于保住生命,而应该包括患者身心、外貌及功能的康复,使他们达到生活自理,有较高的生活质量,还要走向社会,为社会所接受,成为自食其力的劳动者。

在20世纪80年代初,盛志勇和他的同事就在烧伤领域开始了新的探索,在国内最早研制出适用于烧伤患者涂用的化妆油彩,解决了浅度烧伤愈合后皮肤色素沉着或脱色素的问题。在长期的临床实践中,他们根据烧伤的不同时间、不同部位、不同伤因、不同年龄、不同心理状态等,总结出一套不同手法的体疗按摩规律和系列功能康复疗法,如温水浴疗法、器械疗法、加压疗法、注射疗法、牵引疗法等,达到了无疤预防、有疤早治、促进功能康复的效果。一个个四肢疤痕挛缩畸形、长年卧床的患者,在他们的治疗下重新站起来,有的重返工作岗位。这一研究成果获全国首届护理科技进步二等奖,国内外烧伤专家评价这项成果"推动了学科的发展",是对世界烧伤医学的一大贡献。

深Ⅱ度以上的大面积烧伤患者在受伤时,身上的汗腺都被烧掉了,没有汗腺体内的汗就排不出来,严重影响生活质量。尤其是夏天,病人更是难以耐受,不敢出门,有的在房间安两台空调。近年来,世界各国对替代皮肤的研究不断获得新的进展,但如何解决大面积烧伤后皮肤出汗问题一直是困扰世界烧伤界的重大难题。

21世纪初,在国家973和国家自然科学基金重点项目资助下,盛志勇和付小兵教授带领课题组开始进行骨髓干细胞体外诱导培养再生汗腺的研究。他们从汗腺在胚胎发育过程中的形成规律开始研究,用人体骨髓间充质干细胞同经过处理后的人体汗腺细胞一起在体外进行培养,发现骨髓间充质干细胞在体外可以转变成汗腺样细胞。他们将体外诱导培养的骨髓间充质干细胞种植到经过破坏的裸鼠脚掌上，观察发现，裸鼠创面汗腺获得再生，而且具有发汗功能。在此基础上，他们对17名治愈后的烧伤志愿者进行临床试验。首先取病人自体骨髓间充质干细胞进行体外诱导培养汗腺样细胞，然后将病人无出汗功能的瘢痕切除，把体外诱导培养的汗腺样细胞种植到新鲜创面上，用经过处理的去细胞打孔异体真皮覆盖，把自体微粒皮撒在上面，再用异体皮覆盖创面。两个月后病人伤口愈合，发汗试验发现病人的皮肤上有汗液排出，其发汗速度比正常人较慢。采取的组织标本经免疫组化鉴定，证明确是汗腺细胞，分泌的汗液经生化实验也证明其pH值、电解质、渗透压和正常人的汗液基本相同，表明这种体外培养的汗腺样细胞具有发汗功能。有的病人经两年多随访，仍保持发汗功能。相关研究2009年6月在国际学术期刊《创面修复与再生》杂志发表，该杂志主编专门为此撰写述评，称这是"一项具有里程碑意义的研究"。盛志勇说，这一研究只是找到了一种方法，真正用到病人身上还有许多工作要做，例如要建立汗腺细胞库，缩短转化的时间，用动物胶原替代现在用于覆盖创面的异体皮。随着研究的不断深入和成熟，有望在大面积烧伤早期切痂即植入经诱导而形成的汗腺细胞，创面愈合即获得出汗功能，大面积深度烧伤患者救治成活后因汗腺破坏而无法排汗的世界性难题有望得到破解。

谈到在烧伤领域所取得的研究成果，盛志勇有两点感触最深，一是一个好的医生必须善于临床观察，从大量成功失败的病例中找出规律性的东西，并用心总结；二是临床必须和科研相结合，没有科学研究，临床效果就不可能有突破。医院的科学研究应该着眼临床，把临床救治中的难点作为科研的重点，用科研取得的成果指导临床救治。正是盛志勇及其同事在烧伤领域里的取得的创新性研究成果，把我国大面积烧伤救治水平推向了世界领先地位。迄今为止，他们累计收治烧伤患者2万余例，烧伤总治愈率达99.8%，LA50达98.97%，远远高于美国28个烧伤中心95%和81.00%、英国伯明翰烧伤中心94%和42.83%的治疗水平。

成果与贡献

《中华烧伤杂志》的创建

整形外科和烧伤外科虽分属两个学科，但是他们之间有极其密切的关系，因为烧伤创面愈合后经常需要后期整形手术，以解除瘢痕挛缩，恢复关节功能，整修毁损的容貌，而且为了更好地达到这些最终的目标，在处理烧伤创面时自始至终应遵循整形外科的原则和技术。大量烧伤晚期瘢痕患者不论瘢痕大小都可能会寻求整形外科的治疗。因此，最初的时候，烧伤外科和整形外科两个学科的专家们商定把这两个学科的临床和实验研究的科学论文收在一个刊物中，予以定期发表，以求两个相关学科互相激励、启发、提高。

1980年，烧伤与整形外科学术研讨会在重庆举办。会议期间，双方学者共同认为：为了推动两个学科的进一步开拓与进展，酝酿分别建立在中华医学会领导下的学组，并共同筹备创刊学术期刊已属当务之急。这一倡议立即得到与会同志们的响应和支持，并委托在北京工作的相关人员负责与有关方面接触联系。

1982年5月，在上海召开了第一届全国整形外科和烧伤外科两学科联席学术会议，这是新中国成立33年来的首次全国性整形和烧伤外科学界的盛会，由中华医学会主持，两个学科的专家、教授云集，规模空前。会上旧话重提，整形外科烧伤外科分开在中华医学会成立学组的愿望已经实现，联合创办学术期刊的计划，再一次成为本次会议的重要议题之一，与会者均深感十分必要且刻不容缓。按照中华医学会创办医学会委托杂志的规定，以中国医学科学院整形外科医院为挂靠单位、在中国医学科学院整形外科医院学报的基础上创建中华整形烧伤外科杂志达成协议。会后大家积极展开工作，于1982年正式起草报告呈交中国医学科学院，同年9月呈报卫生部，年底前上报国家科委，1983年5月填表上交科协等部门审批，

《中华整形烧伤外科杂志》的创刊进程又向前迈进了一大步。

1983年10月，中华医学会外科学会在天津举行第十届全国外科学术会议期间，整形及烧伤外科学组的领导和部分会议的代表，就共同与会之机，召开了中华整形烧伤外科杂志的第三次筹备会议，中华医学会秘书长及主管杂志编辑出版的领导也应邀参加。会上决定组成以宋儒耀[①]教授为总编辑，史济湘、朱洪荫[②]、汪良能、张涤生、盛志勇、黎鳌教授为副总编的54人编辑委员会，并上报中华医学会，杂志由中华医学会主办，中国医学科学院整形外科医院承办出版，暂定为季刊。1984年4月，获国家科委正式批准，1985年，《中华整形烧伤外科杂志》创刊号在广大整形外科烧伤外科工作者们渴望已久的欢呼声中诞生了。

《中华整形烧伤外科杂志》在1988年被美国"医学索引"（Index Medicas）收录，并在1992年、1995年及1997年屡获北京市、中华医学会、中国科协优秀科技期刊奖。后来随着医学专业化的不断加深、两个学科研究队伍的不断发展、研究范围的不断扩展以及研究内容的不断深入，这本杂志从最初的季刊到1993年改为双月刊，缩短了刊出的周期，但是仍然难以满足两个学科撰稿者和读者的需要。相关专家考虑到有些优秀的论文因不能及时刊出，迟滞交流，不利于烧伤与整形两个学科的发展。有鉴于此，经过几度磋商，并经国家科学技术部批准，定于2000年初两学科正式分刊，分别为《中华烧伤杂志》与《中华整形外科杂志》。《中华烧伤杂志》编辑部设在第三军医大学西南医院烧伤研究所，总编辑为肖光夏[③]，

---

① 宋儒耀（1914-2003），辽宁省海城市人。整形外科学家，我国整形外科创始人之一。1939年毕业于华西协和大学牙医学院，获牙医学博士学位。历任华西协和大学教授，中国医学科学院整形外科医院院长，中国医学科学院整形外科研究所所长，中华医学会整形外科学会主任委员，农工党第九、第十届中央常委、第三届中央咨监委员会常务委员。是第六届全国政协委员、第七届全国政协常委。

② 朱洪荫（1914-2007），北京人。成形外科学家。1943年毕业于协和医学院，获医学博士学位。历任北京医学院教授、第四附属医院副院长、外科主任，北京医学院第三附属医院副院长、成形外科研究室主任，北京医科大学教授，卫生部医学科学委员会委员。对眼睑分裂痣、阴道闭锁、拇指缺损等修复和再造有较深研究。编有《成形外科学概要》。

③ 肖光夏（1929-），福建省福州市人。烧伤外科学教授，我国烧伤专业开拓者之一。1953年毕业于第六军医大学，历任第七、第三军医大学附属西南医院烧伤科教授，主任医师，烧伤科副主任。

副总编辑为孙永华、邓诗琳、许伟石、陈壁。至此，烧伤外科有了自己独立的专业杂志。

烧伤外科学学会的成立

1982年，盛志勇与上海瑞金医院的史济湘、杨之骏，长海医院方之杨，第三军医大学的黎鳌，第四军医大学汪良能，北京积水潭医院的汪昌业，孙永华等专家共同起草了成立烧伤外科学学会的倡议书，并向国家卫生部、中华医学会、中华医学会外科学会提出申请，多处奔走，尤其是在北京工作的盛志勇等人，经过不断努力，于次年获准先办学组。

1983年，在上海成立烧伤外科学组，隶属于中华医学会外科学会，学组组长史济湘，付组长黎鳌、汪良能和盛志勇。三年后，经中国科学技术协会与中华医学会理事会批准，1986年5月20日，中华医学会烧伤外科学分会在天津市正式成立，成立大会由中华医学会副秘书长陈美昭主持，天津市卫生局副局长、中华医学会天津分会会长甄国才到会祝贺。第一届烧伤外科学会主委为史济湘、副组委黎鳌、盛志勇、常致德[①]。时任天津市市长的李瑞环同志到会祝贺并作重要讲话。

1991年，烧伤外科学分会委员会改选，成立第二届委员会，年已71岁的盛志勇当选主任委员，副主任委员为常致德、朱德安、肖光夏。1994年10月于天津召开全国第四届学术会议，成立第三届委员会，主任委员肖光夏，副主任委员孙永华、朱德安、邓诗琳。1997年11月在重庆召开第五届全国烧伤会议，烧伤委员会换届改选，主任委员肖光夏，副主任委员孙永华、邓诗琳、廖镇江。为鼓励烧伤学科中青年临床和研究人才成长，

---

① 常致德（1923-），河北省冀县人。烧伤外科学教授。1938年毕业于北京大学医学院。毕业后留校从事创伤骨科及整形外科工作。1957年调北京积水潭医院创伤骨科。1958年负责筹建该院烧伤外科。历任中华医学会杂志、中华外科杂志和中华整形烧伤外科杂志编委，中华烧伤外科学会副主任委员、名誉顾问等。主编了《烧伤手册》、《烧伤创面修复与全身治疗》和《电烧伤的治疗与研究》等多部专著。

图 7-1 1986 年中华医学会烧伤外科学分会在天津市成立合影 [前排：邓诗琳（右二），盛志勇（右四），黎鳌（右五），李瑞环（右六）]

黎鳌教授把多次获得的国家奖励奖金献出，于 1997 年 6 月 10 在第三军医大学成立了黎鳌烧伤医学奖励基金会，在第五届全国烧伤会议期间进行了首次颁奖（二等奖一名，三等奖三名）。2001 年 5 月在杭州召开了第六届全国烧伤会议，同时进行了换届选举，成立了第五届全国烧伤委员会，主任委员孙永华，副主任委员汪仕良、郭振荣和廖镇江，并对在烧伤医学临床和研究方面做出贡献的中青年人才颁发了第二次奖励。

自 1986 年烧伤外科学会成立以来，各地区、省市相继成立烧伤外科或烧伤整形外科学会，开展学术交流，每年召开专题研讨会，促进了学科的发展，烧伤救治体系也逐步形成完整网络，在全国各地为应对突发事件、救治成批伤员做出了贡献。同时国际交流不断增加，学术研究更加蓬勃发展。盛志勇虽然已年过九旬，但是烧伤外科学会的相关会议他一般都会参加并做学术报告。

著作与论文的撰写

截止到 2011 年 10 月，盛志勇参与撰写中英文论文有近 1100 余篇，其中以第一或责任作者（排名最后）的中文文章有 756 篇，英文文章有近 40

篇。主编或参编以及翻译出版的医学专著有20余部。著作、论文涉及的领域有外科总论、烧伤外科各研究领域等。1951年出版的由沈克非，黄南卿，盛志勇等编写的《抗美援朝战伤处理文集》一书，介绍了1951年到1952年来抗美援朝战争中战伤处理的各种经验。1953年底与沈克非一起主编的新中国成立以来的第一本《腹部外科手术图解》，历时两年多，终于于1956年出版，该书中的内容基本为盛志勇个人所写。1954年，盛志勇认为在临床治疗中除了要注重基本的治疗，护理工作也十分重要，因此他还编写了一本《外科与外科护理》。1977年春天，为了加强战备，提高野战外科技术水平等，中国人民解放军总后勤部卫生部组织，委托南京部队后勤部卫生部和第二军医大学具体负责，抽调军内外有关专家编写《野战外科学》一书，盛志勇赴南京军区后勤部卫生部，与其他专家一起编写此书，盛志勇主要参与了烧伤、冻伤以及挤压综合征几个章节内容的编写。在电脑还未普及之前，所有的稿件都需手写，有些是手写之后用打字机打印。很多早期的手稿已经遗失，采集小组在整理各种资料的时候对一些手

图 7-2 《新编外科临床手册》第十章外科感染手稿

第七章　主要学术贡献

稿进行的鉴别并核对，整理出盛志勇一些珍贵的手稿。1989年金盾出版社出版发行的《新编外科临床手册》一书由外科学各专业的100多位专家教授编著，包括著名外科专家黎鳌、黎介寿、吴孟超、王正国、盛志勇等。结合盛志勇所保存的一份手稿，我们与书本核对之后确认他写的是本书中的外科感染一章。

书稿密密麻麻上百页，黑色的、红色的还有各种符号标记，从手稿判断就可以知道盛志勇至少修改了好几遍，而且有时候可能是写写改改，更有甚者，可能彻夜不眠地写稿。依据我们从盛志勇本人以及医院的同事、他的学生处了解到的信息，试想以前的书籍都是他本人一个字一个字写出来的，很多文章也是他亲自撰稿的，即使不是他主笔，比如是他学生或者同事撰写的他一定会认真审稿并加以修改。从某种意义上说，他不仅仅是一名医生，更是一名作家。图7-3为《现代创伤学》一书第二十一章第二节盛志勇的手稿。一名临床与科研共同发展而且都十分成功的医生，他就是这样一步一个脚印，踏踏实实，在这个从小就认为医生为自己的职业

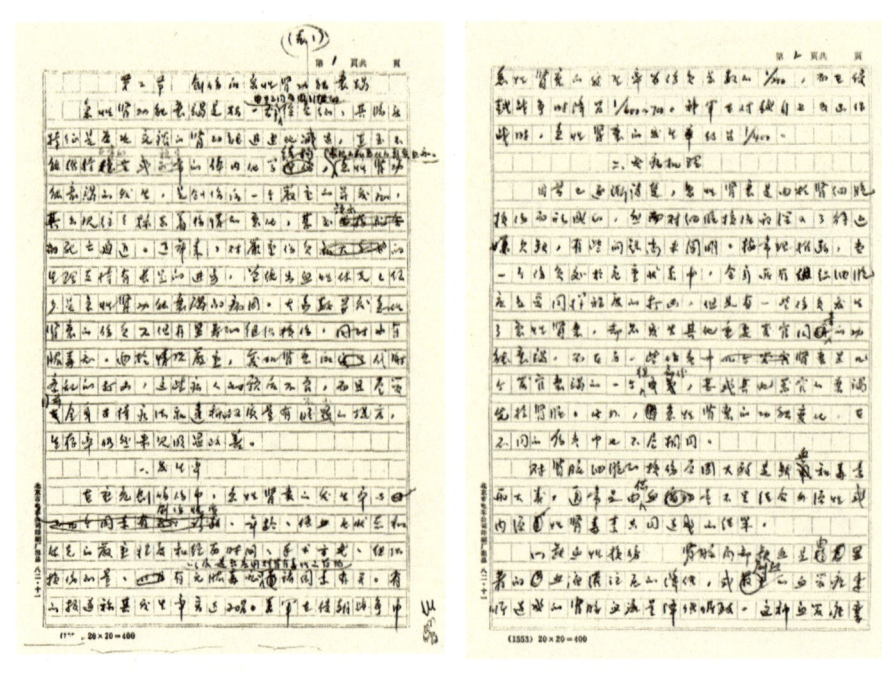

图7-3 《现代创伤学》第二十一章第二节创伤后急性肾功能衰竭手稿

而从未想过从事其他专业的盛志勇的眼中，病人、科研、医学就是他的一切。他是如此的严格要求自己，也同样这样对待他的学生。只要多读一读那一行行密密麻麻的中、英文手稿，就知它提供的不仅仅是医学知识，更是一种治学严谨的态度。

个人荣誉

盛志勇是中华医学会的资深会员，历任中华医学会理事、名誉理事，中华医学会烧伤外科学分会主任委员、名誉主任委员、顾问，中华医学会创伤学分会常务委员、顾问，解放军总后勤部科学技术委员会常务委员，《中华整形烧伤外科杂志》副主编，《解放军医学杂志》主编，《中华创伤杂志》名誉主编，《中华烧伤杂志》名誉主编、顾问等职。被选为美国创伤学会荣誉会员，被聘为加拿大创伤学会会员和白求恩客座教授及以色列烧伤学会荣誉会员。曾担任国际烧伤学会临床诊断委员会委员，国际烧伤学会资深会员，《Burns》杂志编委等职。多次获得国家科技进步奖一等奖、二等奖以及三等奖。盛志勇于1991年享受政府特殊津贴，1996年2月当选为中国工程院院士，荣

图 7-4　1996年2月盛志勇当选为中国工程院院士

图 7-5　1999年盛志勇获何梁何利基金科学技术进步奖

第七章　主要学术贡献　*133*

图7-6 2010年6月盛志勇获第八届光华工程科技奖

获中国人民解放军首届专业技术重大贡献奖及解放军总后勤部"一代名师"的荣誉称号，1999年获何梁何利基金科学与技术进步奖，2000年经江泽民主席亲自批准荣立一等功。2010年6月盛志勇获第八届光华工程科技奖。2012年获军队保健工作终身荣誉奖。

第八章
学术交流与学生培养

学术交流与学术合作

赴罗马尼亚

1975年，文化大革命已经接近尾声，1月，中共中央任命邓小平为中共中央军委副主席兼中国人民解放军总参谋长。当年几所军医学校也慢慢地回归原点，第二、三、四军医大学各自回到原来的归属地上

图8-1 军事医学代表团下飞机[张汝光（下飞机的第一位），王士雯（下飞机的第三位），盛志勇（王士雯身后第一位）]

图 8-2　盛志勇赴罗马尼亚时的住所（CASA ARMATEI，意思就是军官之家）

图 8-3　盛志勇与罗马尼亚某医院医生座谈

海、西安与重庆。其教学与科研工作也在当时总后勤部副部长兼总后勤部卫生部部长张汝光的领导下步入正轨。当时军事医学的发展也逐渐受到重视。是年11月,张汝光部长率领军事医学代表团(由张汝光、张仁惠、盛志勇、业映祥、王士雯、高恩显、卢子和7人组成)赴罗马尼亚社会主义共和国(以下简称罗马尼亚)考察。当时他们去了罗马尼亚的首都布加勒斯特以及其他的几个城市参观并交流,主要去的是医院,又参加他们的病例讨论以及参观手术等。盛志勇认为当时罗马尼亚医院的条件还是挺不错的。

再次赴美与Fitts讲座

早在70年代初,美国有关人士便再次酝酿恢复两国间科技、文化和教育的交流。随着基辛格的第一次秘密访华,中美双方讨论了相关的国际形势以及中美关系问题,就尼克松访华一事进行了探讨并最终达成一致协议。

1972年,借助尼克松总统访问中国和签署中美"上海公报"这股东风,中美两国在没有外交关系的前提下,开始了科技、文化交流。

1972至1976年间,大约有12000名美国人访问了中国,大多数是科技界人士。其中有一大批是对美国科技作出过重大贡献的美籍华裔科学家。在这4年里,有700多位中国科学界、教育界人士访问了美国。其中绝大部分是受过西方教育的。

1978年10月,中美两国正式宣布互派留学生和访问学者。这是自1949年以来,中美两国第一次以官方形式进行教育交流。

1979年,随着邓小平副总理访问美国并签订了两国之间的科技与文化交流之后,美国的30所大学先后与中国一些学术机构和高等院校建立了联系。

借着这股门可以走出去看看外面世界的科技交流之风,盛志勇带着一股学习热情与渴望,时隔32年,于1980年2月再次踏上了美国的土地。盛志勇当时急切地想知道国外的烧伤工作进展如何,因为他感觉已经太久没有与国外的科研人员进行交流了,国外发展如何,除了有些杂志能够看

图 8-4　盛志勇在美国与波特兰一个医生家小孩的合影

到,其他的根本一无所知。这次去,他主要是通过一个国外同学的联系,在一个医院参观学习了近一个月。在这一个月里,他参与烧伤科医生的查房、病例讨论等过程。他发现当时美国的烧伤科治疗方式与中国的很不一样,他们科室之间的协作非常好,比如:烧伤科主任查房的时候,有营养科的医生、有搞功能锻炼和复苏治疗的医生等一起查房,查房的时候不同科室的医生根据本科室的特点提出针对病人最有利的救治方案,最后大家一起讨论哪一种方案最合理。而且,他们从伤病还没有愈合的时候就开始为功能锻炼做准备工作,这是一套完善的救治方案,从最开始的复苏到后来的针对性治疗、营养措施以及功能锻炼还有就是后面的整形、美容等。这种方案救治的不单纯是一个烧伤的病人而是救治一个有社会功能的人。

除了参观和学习以外,由于当时得知美国的烧伤年会正在隔壁的一座城市举行,因此盛志勇还特地赶去参加了这次年会。在会上,盛志勇对美国当时的研究进展有了更多的了解,他发现可能中国医生在救治烧伤患者的成功率以及经验上并不亚于他们,但是他们有很多方面值得中国医生学习,很多方面的知识还需要多加交流和沟通。

回国之后,盛志勇就开始有针对性地将国外做得好的治疗措施借鉴给国内患者的治疗,比如加强烧创伤患者的术后营养,因为患者烧创伤术后大量除了大量体液流失需要合理补液之外,各脏器的功能代谢也会发生很大的变化,不同阶段对营养的需求也会有所不同。1981 年,304 医院的创伤外科研究室建好之后,盛志勇率先在医院聘用一名专门的研究人员做营养方面的研究,加强患者各方面营养物质的平衡以促进恢复。虽然当时无法做到像美国那样完全针对每一位患者的营养指导，但是至少有一些营养意识和方法，而且还研制了一些各方面配置较均衡的营养液。可是后来由于医院临床专业对此并不是很重视，加上制度的变化，研制的成果并未能很好地发挥作用，后来很可惜地被医院取消了，对此盛志勇感觉很惋惜。虽然现在中国的很多医院都有营养科，但是大部分都形同虚设，并未能做到真正的有针对性的营养指导。也许，要做到像国外医院那样完全的个体营养指导还需时日。

在盛志勇回国之后没多久，也就是1981年3月27日，位于美国华盛顿州卡斯梅尼亚县的圣海伦斯火山在休眠了123年后突然复活，而且在接下来的4、5月爆发多次。虽然美国做了很多相应的预防监测措施，但是还是引起了巨大的人员伤亡，就在盛志勇呆过的那个医院救治了很多因为地震、火山灾害而受伤的患者。

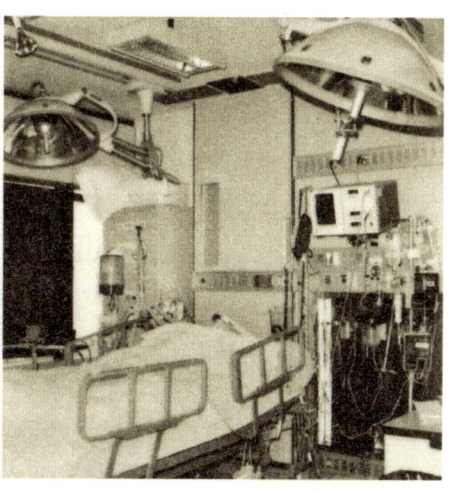

图8-5　盛志勇参观的美国明尼苏达州明尼阿波利斯一家医院照片

1984年9月，盛志勇第三次访问美国，当时主要是去参加美国烧伤学会年会，盛志勇受美国一家主要生产烧伤外用药——磺胺嘧啶银霜的资助去的。据盛志勇自己讲述，这家公司的副总是一位对中国很友好的美国人，他还受这家公司的资助去过澳大利亚开会。右图8-6为盛志勇参观美国一家医院的照片。

盛志勇再次去美国是1986年，

图8-6　盛志勇（左一）参观美国明尼苏达州明尼阿波利斯一家医院，Dr John Twomooy（右一）为该医院的医生

第八章　学术交流与学生培养

当时他是去参加在美国檀香山举行的第 46 届美国创伤学会年会。Fitts 讲座为美国宾夕法尼亚大学 William T. Fitts 教授于 1975 年担任《创伤》杂志主编时，以他的名字命名的一个美国创伤学会的荣誉讲座。这个讲座主要邀请非美国籍的专家进行演讲。1986 年盛志勇就是用自己的亲身救治经历，积累和总结了大量受伤患者的病历资料，写成了《唐山地震中大批伤员的医疗救护——某些创伤的治疗问题》的报告，在第 46 届美国创伤学会 Fitts 讲座上宣读，受到国际同行的高度赞誉，被接纳为该学会荣誉会员。荣誉会员没有年龄限制，而且不用支付会费。由于当时会上有加拿大的专家，他们听到盛志勇的讲座之后，代表加拿大创伤学会邀请盛志勇成为他们的荣誉会员。因此，盛志勇在这次会议后成为两个国家创伤学会的会员，他成为当时唯一获此殊荣的中国学者。盛志勇当时的这个报告，还引起一个创伤、烧伤权威——美国陆军外科研究所所长 Pruitt 的兴趣与重视，他了解之后还特地请盛志勇住到他们那里并为他们研究所的医务人员将这个报告的内容再次演讲了一次。

盛志勇在会上的报告影响很大，在他回国之后没多久，又接到一个会议通知，主要内容就是美国要开一个会，研究和探讨如何减轻地震后的损害。只是比较可惜盛志勇由于资金问题没有能够再次去参加。

与其他国家的学术交流

随着中国与很多国家的学术、科技、文化交流的不断增加，上世纪 80 年代，盛志勇多次赴美的同时，也在不断地与其他国家的烧伤、创伤学专家进行各方面的学术交流，主要是参加一些国际性会议等。1985 年 6 月，盛志勇到日本东京参加东京国际烧伤会议，参加会议的有来自世界各地的烧伤外科专家及学者。

除了出去参加国际会议，为了加强交流与增进学术研究成果的共享，也有很多在国内举办的各种国际会议。

在盛志勇去国外进行交流的同时，他也不断地接待国外的医学代表团到中国来学习与交流。1985 年 10 月 27—31 日在重庆召开首届中美国际烧伤会议,盛志勇在会议上做了相应的报告。在此次会议上,会议主席为黎鳌教授,副主席为美国创伤学会主席、美国陆军烧伤研究中心主任J.W.Alexander教授,盛志勇为本次会议的学术委员会主席,此次会议交流论文204篇。

图8-7 1985年6月东京国际烧伤会议开幕式

由于以前烧伤与整形外科两个专业是联系在一起的,因此两个专业的同行都相互兼顾,会议也同时召开。1988年10月14—17日在第四军医大学召开了首届中日整形外科学术交流会,会议由第四军医大学、沈阳军区总医院以及人民军医出版社共同主办。盛志勇也出席了此次会议。会议共

图8-8 1988年中日整形外科学术交流会开幕式,盛志勇(左二)

第八章 学术交流与学生培养

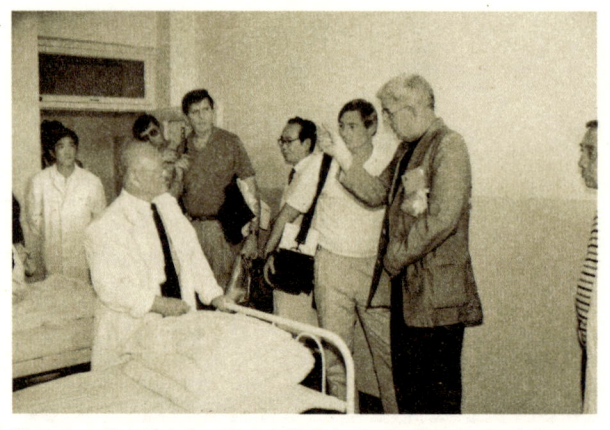

图 8-9　盛志勇（左，穿白大褂者），Dr.Basil.A.Pruitt（右，穿蓝色外套者）

图 8-10　1992 年新加坡第一届亚太烧伤会议，盛志勇正在做报告

收到学术论文 130 篇，其中中方 98 篇，日方 32 篇。参加会议的日方代表共 32 人，国内代表来自 40 多所医院、学校，此次会议加强了两国之间烧伤整形外科学界的相互交流，同时也促进了整个烧伤整形外科学的发展。

1989 年 5 月在北京举行第二届中美烧伤创伤会议，会议主席为盛志勇及美国陆军外科研究所的所长、国际烧伤学会副主席 Dr.Basil.A.Pruitt 教授，此次交流论文 246 篇。图 8-9 为 5 月 24 日盛志勇带 Pruitt 等人参观病房并且讨论烧伤医学前沿问题的相关照片。1990 年，盛志勇到印度新德里参加第八届国际烧伤学会议。1992 年 2 月，盛志勇到新加坡参加第一届亚太烧伤会议并做了与会报告。

1993 年 8 月 16—19 日在广州第一军医大学召开第三届中美国际烧伤创伤会议。会议中方主席为黎鳌教授、美方主席为俄亥冈健康科技大学外科专业 D.D.Trunkey 教授，本次会议交流论文 386 篇。下图 8-11 为一些与会者的合影。盛志勇参加此次会议并作了与会报告。

1997 年 9 月，第四届中美烧伤创伤会议在上海第二军医大学召开，中

图 8-11 第三届中美国际烧伤创伤会议部分与会者合影 [黎鳌（一排左二），盛志勇（一排左四）]

方主席为葛绳德教授，与会者有来自中、美、德、日等国家的代表共350人，本次会议交流的学术论文共有360篇。在此次会议上，烧伤治疗的观念已经有了很大的改变，从原来的侧重治疗到当时的重视烧伤患者的生活质量，国内已经开始在随访烧伤患者并指导他们进行相应的功能恢复。除了以上国际学术交流与会议外，盛志勇还多次赴奥地利、葡萄牙、比利时、丹麦、韩国、印度等国家参加国际外科或烧伤学相关会议并做与会报告。

国内交流与学术会议

从1958年全民大炼钢运动之后，烧伤患者增多，在很大程度上促进了烧伤外科的发展，不仅仅使烧伤外科从外科中逐渐独立出来，烧伤治疗方面的国内交流逐渐增多。第五章已经详细介绍了中国烧伤外科的成立与发展过程，尤其是军队内部烧伤研究的发展。自1959年军内有了救治烧伤的分片协作组，并且在上海举行了第一届军队协作组会议以来，之后每隔一年或两年一次举行（"文化大革命"期间曾间隔时间较长）全军烧伤

（整形）外科会议（会议名称曾有变动），到现在为止，全军烧伤整形外科会议已经举办了二十二届，极大地促进了国内烧伤整形外科的发展。盛志勇参加了近二十余次全军烧伤整形外科会议，而且每一次都做会议报告，在不断交流自己的工作与研究结果的同时也亲眼见证与亲历了整个中国烧伤外科的发展。

在1963年中国医学会举办的第八届全国外科学术会议上，盛志勇与朱兆明共同撰写了《烧伤后脓毒性症状和细菌内毒素关系的研究》并做学术报告。1983年，在天津召开的第十届全国外科学术会议上，盛志勇提交《肠道血流灌注减少使肠腔中细菌对肝脏的影响——动物实验研究》一文参会并做会议报告。1989年参加在南昌举行的第二届全国烧伤学术会议。

学 生 培 养

盛志勇作为一名烧伤外科学专家，早年时是一名普外科专家，更是一名创伤外科学专家，在临床和基础方面都作出了巨大贡献。盛志勇把为国家培养人才作为自己的重要责任，而且在培养学生方面也是竭尽全力将自己毕生的经验和知识传授给自己的学生。他就像一棵大树，身后是一片茁壮成长的树林。他亲自培养出许多优秀的医生，使解放军304医院全军烧伤研究所发展越来越好，此外也带动了全军乃至全国创烧伤外科的发展。他曾说过，培养和造就年轻一代对医学的发展及其重要。盛志勇先后培养博士后4名、博士研究生14名、硕士研究生9名，推荐了16名医疗骨干到美国和加拿大进修。由于盛志勇换过几个单位，而且早期给很多学生上过课，因此很多上过他课的医生尊称他为老师。现在很多学生已经成名，分布在全国各地，主要是在军队院校，也有在国外的。有的现在已经成为304医院烧伤研究所的中坚力量，有些也成为中华医学会烧伤学分会的领导。每当说起自己的学生，盛志勇总是很开心。他对自己每个学生都总结有各自的特点。某个学生聪明，另一个学生实干，还有一个是勤奋等等，每个人在盛志勇的眼中都有各自的优点，也许这也是一名大家的风范，很多时候他看到的都是人的优点。他带领的烧伤研究所医学科研队伍中硕士以上学历占 83%，博士、硕士研究生导师 7 名，国家有突出贡献的中青年专家 1 人，全国优秀青年科技之星 2 人，总后科技金星 2 人，科技银星 2 人，科技新星 1 人，研究所下设临床部、基础部，6 名正副主任平均年龄 43 岁，全部为硕士、博士研究生和博士后。"我国烧伤领域后继有人，是我最感欣慰之事。"盛志勇如是说。

董元林是盛志勇院士的第一名博士生，也曾是盛志勇到 304 医院之后接收的第一个（总的第三）硕士研究生，于 1981—1984 年读完硕士专业之后直接留在 304 医院工作，1986—1989 年修完博士学位，毕业之后前往美国，现定居美国。据盛志勇回忆，1989 年的时候，他联系美国的 Shriners Hospitals for Children-Galveston Burn Hospital，是美国的烧伤专业比较优秀的地方。医院的负责人叫 David Herndon，Herndon 对董元林非常欣赏，后来在多次国际会议中与盛志勇见面，每一次见到盛志勇就和他说

图 8-12　1984 年盛志勇在 304 医院培养的第一个硕士研究生董元林毕业答辩与答辩委员会及导师等人的合影［邓诗琳（前排左一），盛志勇（左二），常致德（左三），刘世恒（右一），黎鳌（右二），董元林（后排左二）］

第八章　学术交流与学生培养

董元林十分了不起。盛志勇也一直为自己的学生未能回国为祖国医学的发展做贡献而惋惜。

　　柴家科于1985年考入盛志勇的门下，从事烧伤外科的研究生学习，1988年毕业后留在304医院工作至今，1995年至1997年在纽约州立大学西拉兹丘医学院外科进修；现任全军烧伤研究所所长兼烧伤整形外科主任、解放军总医院烧伤整形医院院长、中央保健委员会会诊专家、国际烧伤学会执行委员会委员兼东南亚区代表、中华医学会烧伤外科学分会主任委员、北京市烧伤学会主任委员、全军烧伤专业委员会副主任委员。他与其他同事以及导师盛志勇等人长期致力于烧伤、整形的医疗、教学、科研一线工作，在感染、免疫、营养代谢、异体皮储存、组织工程皮肤的研制、电烧伤毁损组织的诊断和治疗、毁损性创面和难愈合性创面的修复等领域有较深的造诣。对危重烧伤、复合伤、脓毒症的基础和临床研究有独到之处，显著提高了救治水平。先后负责救治烧伤整形病人万余例，烧伤总治愈率达99.8%，居国际领先水平；先后20余次担任国家和军队成批烧伤、烧冲复合伤和化学武器伤患者救治专家组组长。先后被评为第二届全国卫生系统百名科技之星、解放军总后勤部科技金星、和谐中国十佳健康卫士、首都十大健康卫士、解放军总医院首届名医，荣获首届中国医师奖、中华医学会烧伤外科学会贡献奖、黎鳌烧伤基金一等奖、解放军四总部专业技术重大贡献奖，荣立二等功2次、三等功1次，2005年中央军委胡锦涛主席签署命令，授予一等功。

　　其他学生还有总后勤部科技银星、国家杰出青年科学基金获得者、欧洲希拉格奖获得者、博士生导师姚咏明教授；总后勤部科技新星胡森研究员；主持北京市科委"乌司他丁、胸腺肽α1联合治疗严重脓毒症的免疫调理治疗新策略"、"早期低分子肝素治疗严重脓毒症"、"促进我军重症医学及学科建设规范化发展的研究"等科研课题，获得国家、军队重大奖项4次，荣立三等功1次的林洪远教授。

　　另外，著名烧伤专家、博士生导师朱兆明教授和郭振荣教授，全国首届百名优秀中青年科技之星、总后勤部科技金星、总后勤部十大杰出青年、博士生导师付小兵院士，他们并不完全算是盛志勇的学生，因为他们是与盛志勇领导下工作过的同事，只是年龄比他小一些，但是大家习惯的把他尊称老师，因为他确实带他们学习了很多东西。

在鼓励与支持学生出国进修方面，盛志勇更是不遗余力地奉献。从上世纪80年代盛志勇自己开始了中华人民共和国成立之后的第一次国外之旅之后，盛志勇就利用自己科研交流的机会与国外的很多相关研究机构建立起相应的交流合作机会，不断将自己身边的年轻科研人员送出去交流。那个时候出国并不像现在这样相对容易，如果没有盛志勇在国际上的一些影响，以及他和国外专家之间建立的信誉，很多研究人员想要出去学习和进修可能要困难很多。比如与美国Shriners Burns Institute（Galveston）以及加拿大的一个创伤烧伤中心建立了定期交流的项目，已经退休的全军烧伤研究所的朱兆明教授，现在304医院全军骨科研究所侯树勋所长以及郭振荣、张家琪、贾晓明等，这些专家都是通过盛志勇联系到上述其中的一个单位进修或学习。而且，这些研究人员回来之后，基本上成为了这个学科著名的专家和学科带头人，或全国此学科的副组委、秘书长、组委等。所以在人才培养方面，盛志勇当时就看的比较远，而且做的比较早。因此，盛志勇在人才培养方面总是具有远见。

此外，他还不断地资助一些偏远地区的学生学习，到目前为止，他资助的学生有十人左右，最大的一个孩子接受盛志勇的资助已经从小学完成了大学本科的学业，在上海某医学院就读硕士研究生，现已完成学业，在无锡工作。一名大学毕业后在张家口市某地任村官。除此以外，他还把自己多年珍藏的外文原版图书捐赠给医院图书馆，并为医院向国外友人募集医学书籍杂志上千册。

严格要求

严格也许是医生所具备的一种职业特征，因为职业的特殊性，他们必须严格。在学术研究以及临床工作方面，盛志勇对学生要求很严格。他要求作为临床工作者，要对自己接诊的患者负责，询问病历时要尽可能详细地采集病史、做详细的体格检查、认真书写病历。尤其是在现在各种医疗器械已经充斥着整个医院各个角落的时刻，他认为很多机器远不如医生的治疗经验有用，比如一名严重烧伤患者如果合并肺部感染，早期可能用听诊器就已经能够听到肺部啰音，而X线平片不一定能够显示出来。一直以来，他都是这样严格的要求自己的从事临床工作的学生。直至今日，他到ICU查房时，还是要用听诊器去为患者听诊，用自己的双手去为患者做一些检查。

此外，他用"四勤"来教育和要求自己的学生以及年轻的医生：勤观察、勤思考、勤分析、勤学习。对自己负责治疗的患者，要勤于观察，尽早发现患者病情的变化，从而进一步完善对患者的治疗；在勤观察的同时还必须学会勤思考，对于自己不能解决的问题可以与他人商讨或者请上级医生协助解决；当观察到问题、思考了相应的处理措施之后，要善于分析和总结，不断从这个过程中学习；要勤阅文献，学习他人的经验和研究成果，以丰富自己的知识。他认为如果能够在临床上勤于观察、勤于思考、勤于分析，又能够以拳拳之心孜孜学习，就能够在脑海中不断产生创新的思路[1]。从事科研工作的医务人员也同样如此，临床与科研相结合，要归纳在临床上所观察到的相关问题，提出需研究的课题；要敏于生疑，敢于存疑，勇于质疑。对实验研究他要求记录要完整、详细，不允许用涂改液修改，更不能拭页。

有时候他对学生的严格是无声的。如果他告诉学生要去做一件事情，那么就得马上做，因为他的性子比较"急"。当他第一次告诉大家时，一般大家都不以为然，很多事情，后来可能也就忘了，当他第二次说，就有点不满意了，第三次他恐怕就要发火了。胡森研究员回忆："以前在研究生期间，我们一般是5月论文答辩，我想应该是4月底差不多论文出来就行了，他说不行。春节刚过完，那时候我实验还没有完全做完，他突然就跟我说：'我4月要出差，你的论文3月就得拿出来。'那当时很紧张，我当时晚上都不睡觉，开始我也没当回事，他第二次就火了，第三次他就说还没写完，其实我写一半了，他说那你就延期吧，这种事情还碰过好几个学生都是这样的。我现在管研究生也是这么跟他们说，一般盛老第三次跟

---

[1] 盛志勇. 做一名合格的烧伤外科医生——一位老医生的希望[J]. 中华烧伤杂志. 2006（1）：1-3.

你说交文章他就准备让你延期了，就是搞第一件事情你说我没办，第二次再没办，你看到他，他也不催你，下星期再问，第三次再问，他就生气了。做其他事情也是这样，他见你没做或者做的不多，或者做的不满意，就很严肃，他生气的表现，见你不太打招呼或者是他就直接找别人去做了。"也许这就是一种无言的严格。但是他又很平易近人，很和蔼。

态度认真

盛志勇在对某个问题感兴趣时，从来不考虑文章是否能够发 SCI 或者其他大文章，他认为只要对科研、对临床有用就可以做，他认为中文期刊一样的很好。

同时，他也鼓励年轻的科研人员将论文发表到国外的杂志上去。他经常对自己的学生们讲："如果做的比较有创新性的东西，不要满足于在国内发文章，而且要把这个文章写成英文，投到国外。如果想让国际上的同行认可你的工作，你必须走出国门。"在 20 世纪 90 年代初期，很多学生觉得能发表中文的论文就已经挺不错的，写英文的发表对于当时而言语言是一大难关。但是盛志勇总是不断地鼓励他们英文不好没关系，可以尝试着写，只要觉得自己的成果创新性比较强，有独特的地方，就可以慢慢地写。姚咏明当年就是这样开始他的第一篇英文论文的，他当时所做的实验已经有一些的阶段性的成果了，盛志勇看了以后觉得这个成果比较有意思，他就鼓励姚咏明用英文写。在姚咏明看来，当时心里很发虚，他觉得自己走还没学会就想跑了，但是在盛志勇的鼓励下姚咏明开始了他的第一篇英文论文的写作。当时整个医院就有只有一台计算机，在统计室，一般的人员都用不到也不会用。因此，写作就完全靠一台打字机。姚咏明教授回忆那是自己的第一篇英文论文，是在晚上和中午休息时间用打字机打出来的，因为当时白天要做实验，只有晚上和中午的休息时间比较好利用。他前前后后大概花了三个多月的时间，将论文初稿写出来了，当时实验记录纸可能有五十多页，图也不会画，由于盛志勇告诉他们往国外的杂志图要做的漂亮一些，没有计算机怎么办，于是他们找到对面空军总医院的专门绘图的老师，帮他把图画下来，再插入文章中。初稿用打字机打出来之后，盛志勇开始为他修改。第一次改完之后，从头到尾基本上是全是满页红的。授之以鱼不如授之以渔，盛志勇给学生修改文章不仅仅是简单的修改，总是特别认真，特别严谨，每一个符号，每一个标点都反复斟酌，每次改完之后学生再用打字机打印，再拿去给他看。他改完之后通常会将学生叫到身边，告诉他们哪个词表达的不好，应该用什么词，应该怎样表达比较好。个别的地方，认为拿不准的，他会打问号，问学生中文想表达什么意思，然后再告诉他们英文需要怎么改。不管他有多忙都会十分认真地修改学生们的文章。姚咏明说当时那篇文章前前后后修改了数次，从写好到发表大概花了一年多的时间。后来他们将此文以题名为"The association of circulating endotoxaemia with the development of multiple organ failure in burned patients"发表在 Burns 杂志上，这个杂志在烧伤领域是个十分不错的杂志。姚咏明教授说："当时给我的印象最深的就是盛志勇这么大的一个大家，这么认真地做事情，所以他这种对工作、对科研的精神就一辈子影响了我。所以现在我的学生写好的文章我也按照盛老那样认真地看，然后修改，改完了以后把学生叫到计算机前，因为现在有计算机方便，效率高多了，一边改一边看，要怎么改，要怎么看，仔细到每一个符号，每一个字，大小写。这么多年还是养成了盛老的这种传帮带的精神，一辈子感染着我，就认真的这种态度，这种事情影响了我，当然其他的印象很深。因为这篇文章被欧洲创伤休克学会创始人、奥地利维也纳路德维希·菠尔茨曼创伤研究所所长希拉格教授看到了，他很感兴趣，而且刚好研究方向跟他的方向很类似，于是邀请我去他们那边做博士后的研究。90 年代初出国还是很困难的，尤其在我们部队，因为一般的时候很难机会轮到我们。所以如果没有盛老，当时有这么一个高瞻远瞩的文章要发到国外，国外的专家不可能知道你，要是中文书写的谁知道？所以 1993 年我就出去了，一直到 1996 年才回来。所以这个在某种程度上影响了我一辈子。到现在为止，我写那些东西，盛老改过的字迹，我每次搬家的时候，都会带着，我一个字也不会丢的。因为太珍贵了。"

2000 年，全军第 18 届烧伤整形专业学术会议在北京成功召开，盛志勇在总结会上提出此次会议的成果以及由此次会议的成果所思考的进一步发展和对烧伤整形外科发展过程中的一些建议，在肯定国内学术界发展的同时也时刻提醒着大家要有危机感，要在烧伤整形外科领域中不断努力奋斗，不仅要追踪国际先进成果，而且要争取在更大的领域超过他们。并且他还对如何做课题、写论文，如何正确看待引用中、外文学术论文的问题进行了相应的探讨。

盛志勇认为，从事医学科学事业的临床医生，首先必须要有远见和理想，既要培养自己成为一名合格的医生，还应怀有不但要救治而且要治好烧伤、推动烧伤外科学向前发展的远大目标。烧伤外科理论和临床实践要创新，基础医学研究的成果有待引入临床医学，应该有把我国的烧伤救治水平始终保持在世界一流地位的气魄和胆略。在寻求研究课题之初，应该大胆设想，还需要察人之所未察，疑人之所未疑，辨人之所未辨，思人之所未思，行人之所未行。还需要对所从事的工作有高度的热忱，对可能经受到或观察到的事物有深刻的认识，转之有探其所以然的强烈好奇心，耐不住探索、求证的诱惑，驱使自己去思考、去分析、去证实。正像丁肇中

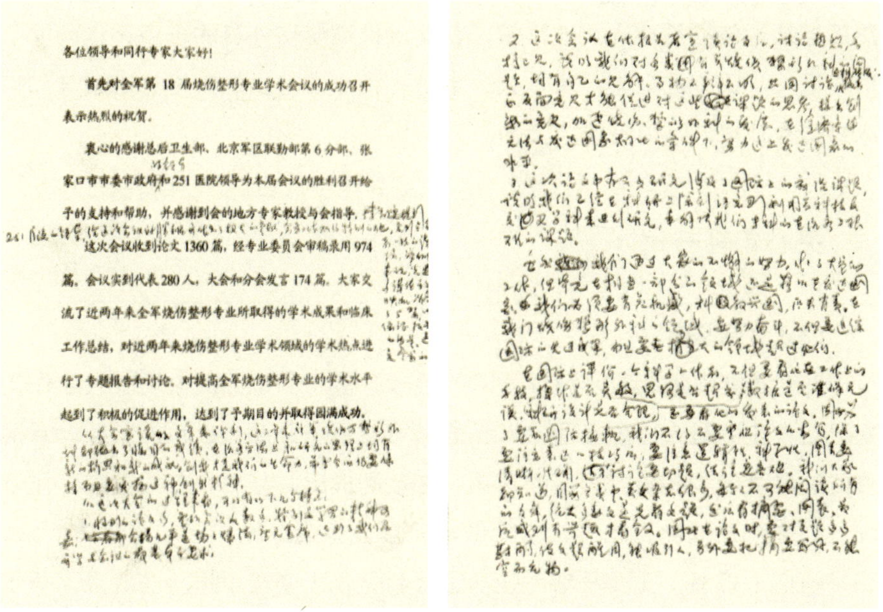
各位领导和同行专家大家好!

首先对全军第18届烧伤整形专业学术会议的成功召开表示热烈的祝贺。

衷心的感谢总后卫生部、北京军区联勤部第6分部、张家口市市委市政府和251医院领导为本届会议的胜利召开给予的支持和帮助，并感谢到会的地方专家教授与会指导。

这次会议收到论文1360篇，经专业委员会审稿录用974篇。会议实到代表280人，大会和分会发言174篇。大家交流了近两年来全军烧伤整形专业所取得的学术成果和临床工作总结，对近两年来烧伤整形专业学术领域的学术热点进行了专题报告和讨论。对提高全军烧伤整形专业的学术水平起到了积极的促进作用，达到了预期目的并取得圆满成功。

图 8-13　全军第 18 届烧伤整形专业学术会议上盛志勇的发言稿

教授所说的：科学研究的原动力是人的好奇心，是自然科学对宇宙不断的探索，而不是出于经济利益，这种科学精神也是新技术和工业发展的原动力。在临床工作中也一样，绝不可只求经济效益而忽视科学技术的创新，借以更新临床观念、治疗方针和治疗方法。所谓"好高骛远"，并不是要求不"实事求是"地空想，不努力去研究、求新，而是要在细致地观察病情变化之际勤于分析、善于思考，在阅读国内外学术报告的基础上找出尚存在的问题，提出研究课题。然后实事求是地进行研究设计，找出解决问题的技术路线，进行有计划的研究实施。再根据研究结果"去伪存真，由此及彼，由表及里"，形成科学性的概念，然后谨慎地进行实践并观察其过程，最后得出实事求是的结果。这样不但可对烧伤外科的进步做出贡献，也是一种非常重要的自我培养的过程。在临床工作积累了一定的经验，或是在某些领域进行了一定的研究后，应该将心得、教训及研究所得的结果写成论文。要认识到，撰写论文的重要性不仅仅是为了追求提级或晋升，而是对自己临床工作进行的系统性进行科学总结，或是为所进行的临床或实验研究做出的集假说、数据和结论为一体的概括性论述。论文不但能收集个人的临床经验、教训或是研究结果，更是一个科学性的总结，然后把结论传播给他人。这样做，有助于推动烧伤外科的进步，也有助于形成进一步研究的框架。对本人，也是一种非常宝贵的科学思维锻炼和临床经验的升华，不可漠视。

关心年轻一代

设立奖励基金

面对迅猛发展的世界科学技术的挑战，盛志勇把为国家培养人才作为自己后半生的最大心愿。他对学生的学习总是十分关心，也很关照。有很多的这种大的一些研究领域的开拓、方案的提出，甚至一些关键的工作方面，很多都是他自己领导，直接做。但是他也会鼓励自己的学生去实践，引导他们去思考，在涉及到一些学生的利益，比如在申报一些成果，一些文章的署名等问题时，他总是会觉得现在应该是年轻人多出去实践与锻炼的时候，想着学生的名字写在自己的前面，将更多的荣誉留给自己的学生。他对自己学生的这种提携，对年轻科研人员的成长以及各方面的支持应该是不言而喻的。烧伤研究所以及创伤研究室80%的SCI文章都是经盛志勇修改过的，因为他的英文好，但是改文章其实是很花时间的，有的时候甚至还要他自己动手写，有些文章他花费了很大的心血，90岁以后他依旧如此，可以说每一篇成果都包含有盛老的设想或者他的某些指导。

为了激励年轻的医护人员更好地工作，盛志勇院士在1996年6月获得全军首届科技重大贡献奖之后，将5万元奖金作为医院优秀青年论文奖励基金，主要用于奖励论文写得好的青年科研工作者，此后医院每年都有"盛志勇青年优秀论文"基金奖，而盛志勇也不断地将自己获得的其他奖金或者稿费往里面进行填补。其后又将自己获得的20万元何梁何利基金科学与技术进步奖奖金设立了"盛志勇奖励基金"，奖励本医院在科研上有突出贡献的年轻工作者。他认为护士非常重要，一个医院没有好的护理班子那是不行的，因此还专门设立了护士奖，医生们的奖励分为一、二、三等奖。

希望工程

盛志勇除了将自己的奖金或者稿费用于设立基金奖励年轻的医务工作者以外，还用自己的工资存款去资助贫困山区的孩子。他在河北张家口北边的崇礼县设立了一个希望工程项目，委托给崇礼县的共青团，资助一些贫困孩子的上学。一个孩子从上小学开始一直到大学毕业找到工作为止，都由盛志勇负责资助。到目前为止，盛志勇资助的学生有几个已经大学毕业参加工作了，这些孩子还会与盛志勇通信，其中也有学医的，在遇到医学问题时还会向盛志勇请教。盛志勇年轻时见识过贫困山区的生活条件，也同样体会过农村极其贫乏的医疗资源。因此他在资助贫困山区孩子上学的同时内心也希望他们将来能够从事医疗工作，能够学有所成之后为家乡的发展、为农村的医疗建设与改革贡献自己的一份力量。

由于现在的医学教育以及医疗资源的分配和国家的医改并不是那么的令人满意，盛志勇对此也有自己的看法："其中一个学医的孩子本科毕业之后不能找到工作，想要回家乡结果县医院进不去，要有关系甚至还要交一定数额的费用才能进去。现在在上海当研究生，他也考上了，所以学习还不错的，但是你考上研究生拿到硕士，又怎么呢。回不了农村，不能为他家乡服务，太可惜了，这希望工程就希望在农村培养人才，为农村服务，但是这个目的现在达不到，很可惜。所以我想要医改过程中政府应该有一笔钱，把农村的医疗设备搞起来，要有一个比较老的医生，有几个年轻医生，有一个施展他才能的一个单位，他们的待遇要比一般农村干部稍微高一点，不要太高，高一点吸引农村医学干部到农村服务，这样把农村的卫生事业搞好，好多农村的人不用到城里。所以城里头大医院好多都是农村来的病人，结果医生连和病人很好地交谈都做不到。"

学生心目中的老师

通过采访来了解盛志勇，也许仅仅能了解到他的一些方面，而通过采访跟随他学习并一起工作过的学生和同事，则可以对盛志勇有一个更全面的了解。

永不衰竭的求知欲

盛志勇是一个对知识永远充满热情、永远有求知欲的人。一般的人，到了六十可能就在想退休后的事，自己的理想还没有实现也就算了，积极性也就不高了。有些人做科研可能就是为 SCI 而 SCI，为报成果而报成果，但盛志勇纯粹是一种科学家，很多老一辈的科学家都有这种素质，这也是值得现在很多年轻的科研人员学习的地方。

现在很多年轻人比较实际，总想着将科研与其他的很多东西结合在一起。盛志勇他们这一代的很多人不是这样，他们就是觉得这东西值得研究，就去研究。比如盛志勇天天在找问题，永远对科研充满着兴趣，这是他的一个特点。他总是走在科研的前沿，他看的杂志比他的学生总是要更多，一有空就在看书看专业杂志。每当他看到有某些值得去做或者前沿的知识需要让大家知道的时候，他就会主动给学生们打电话，或者将有关的论文送去给学生，有时候即使不是他所研究的领域，而是其他学科的，他也会立即给他认识的这方面的专家打电话告诉他们最新信息。

勤奋

盛志勇是一个极其勤奋的人，一辈子钻研的都是创伤、烧伤。他年轻的时候比较喜欢运动，现在年纪大了，主要就只能通过走路、走楼梯来锻炼，现在的业余爱好就是写字。90多岁高龄依旧坚持工作，每天早上8点半准时到达办公室，中午11点半或者12点回家，下午两点半准时再来5点半下班回家。一到办公室就开始工作，他觉得工作很有意思。由于年龄较长，现在盛志勇不参与一线科研，较少上临床，也不怎么去实验室。但是他坚持每天给年轻的学生们改文章，做几个杂志的主编，为四个医学杂志修改英文摘要。每天如此，心无旁骛，曾经多次因为写书稿和一些会议或者论文的英文稿彻夜不眠。

盛志勇对学生的关心，不仅是在生活上，更是在学术上。从学生时就开始，到现在学生已经成为别人的老师也还是如此。他每天都在看文献，人家送给他很多杂志，比如国外的Trauma、Shock等杂志每期他都看，一看到上面有什么新的知识、新的想法，他可能会马上给复印下来，然后亲自给离得近的学生（同事）送过来。他有时候给他们一个电话，他问他们在哪儿，如果在办公室，他便自己拿着复印好的文章径直往他们的办公室送去了，通常不等他的学生回答他就出发了。有时候到达他们办公室之后，他还希望他们能有新的知识和他交换。虽然盛志勇现在已经90多岁，但是他的思维还十分活跃，思路一点不乱，小到细胞、因子、基因，大到临床手术什么方式，他都很清楚，也许是因为年轻时打下的良好基础。他关注的知识是多领域的，从烧伤、汗腺修复，包括内外妇儿等方面他都做过。因此在受国外一些杂志的启发之后，他总是有很多新的想法和思路，有时候就不仅仅是将杂志拿去给同事们看，而是给他们指导研究方向。盛志勇现在的名誉、地位等都已经到达顶峰，什么都不缺乏，但是他还是坚持每天学习，每天上班，不断给院里的同事提供新的知识，在学知识方面从来不甘落后。

除了看书、改稿、读杂志以外，盛志勇还有一份工作，就是经常出去开会，基本上有会能去的他都去；他也比较愿意去，因为开会可以去跟学术界交流。他认为学术就是要多交流才能产生更好的想法。而且参会他经常要发言，要讲一个主题，所以他还经常要准备一些发言的PPT，由于电脑用的不多，所以经常请自己曾经的学生帮忙做，但是他一般都是坐在旁边指导着按照自己的思路做。

由于盛志勇现在是知名的院士，经常会有人来找他，或者是采访或者是领导看望等，他的工作时间总是经常被中断，不过他有很好的素养，在接受完访谈之后能马上拿起稿子就审，而将稿子放下后又能继续接受不同类型的访谈，不混淆。对于一位已经92岁的老人而言，这一切多么的难能可贵！

结 语

中国的烧伤外科在国内战争时期初创，在新中国成立后逐渐发展、完善，建立成为一个独立的专科。随着烧伤外科从普外科中分离出来，从事烧伤治疗的医生也不断地走向专科化。盛志勇是在这样一个历史背景下从一名普通的外科医生成长为烧伤外科的临床学家。他除了繁忙的临床诊疗之外，还潜心烧伤外科学的实验研究，同时，他更是一名战士，在国家需要之时，勇于担当，参加战地医疗救护，挽救了许多的生命。回顾盛志勇从外科医生到烧伤外科学家的成长历程，如果要发现所谓的成功秘诀的话，那么这个秘诀就是坚定的理想与信念；名师指导；善于抓住机遇；高度的责任感与同情心；勤于思考与勇于探索。他在烧伤研究中，不但具有勇攀高峰的志气和勇气，还具有敏锐的思维和见微知著的洞察力，为我国烧伤外科学的创建与发展做出了重要贡献。

坚定的理想与信念

盛志勇生长在医生家庭，从小耳濡目染自己的父母治病救人，而且日常的活动也基本在医院进行。因此，在他的心中，自己的父母就是自己的榜样，他们的职业也应是自己的职业选择。也许，当时并非想着自己要有多么的伟大，但是他曾目睹过战争带来的伤残与病痛，在家庭的熏陶下，立志学医，以解除人类之疾苦为己任，明确了自己要当医生的理想与信念。虽然当时上海医学院入学考试很难，众多报考的学生都被挡在门外，但是在坚定的信念下，盛志勇经过自己的努力之后考取了不错的成绩并被上海医学院录取。在上海医学院学习期间，虽然由于时局动荡、抗日战争等因素，学校几经迁移，甚至因为战争，暑假回家的盛志勇无法从上海返回昆明，但是这并未阻挡盛志勇的学医之路。

在工作了几年之后，国内局势动荡，医院也成为双方争夺之地，很多有志青年空有一腔报国热血，难以实现为社会大众和为医学事业做贡献的愿望。此时，盛志勇去美国，学习他们的先进技术，结果发现美国也不是什么都好，在国外教授的一再挽留之下，他还是在全国解放的前夕回到了祖国。新中国成立之后，他参加了抗美援朝医疗队，为志愿军战士治疗战伤，战士们英勇不屈、不屈不挠的革命精神使盛志勇深受感动。从1952年开始，开展创、烧伤的临床和实验研究。盛志勇说他热爱医学事业，更热爱他所从事的创、烧伤专业，并为此进行了不懈的努力。

名 师 指 导

国立上海医学院成为独立的医学院之前，可谓名师云集，在国内外影响很大。专任教师乐文照、高镜朗[①]、蔡翘、谷镜汧[②]、朱恒璧、张鋆、应元岳及兼任教师牛惠生、倪葆春等各有所长，热心医学教育事业，成为医学院早期的元老和骨干。1932年，上海医学院改为独立学院、更名为国立上海医学院之后，学制由五年改为六年。为了提高教师队伍的水平，增加师生的学术交流，开展科研工作与教学相长的作用，国立上海医学院于

[①] 高镜朗（1892-1983），浙江省上虞市人，1915年入湖南湘雅医学院攻读医学，1921年毕业获医学博士学位后留校任内科助教。1927年与颜福庆一同创办第一所高等医学院第四中山大学医学院，任教授、儿科主任，主持儿科教育，并兼任附属护士学校校长。

[②] 谷镜汧（1896-1968），浙江省余姚市人。早年就读苏州垦植学校，1917年、1922年相继毕业于青岛德语专科学校和上海同济大学医科。后得县人宋汉章资助留学德国，进海岱山大学、柏林大学，1925年获医学博士学位。次年回国，任北京协和医学院病理科助教。1928年至上海参与筹建国人自办第一所高等医学院第四中山大学医学院，任讲师。1931年至1932年7月赴美国西余大学病理科进修。归国后任上海医学院副教授、教授。抗日战争时辗转滇、川任教。抗战胜利后，历任上海医学院病理科主任教授、教务长、代理院长。

1936年创办了《国立上海医学院季刊》。1936年，盛志勇入学后，在医学院的六年时间里，在张鋆、张毅、孙克基、唐淑之、应元岳、邵幼善、乐文照等知名的医学专家教授的指导下，盛志勇学习并掌握了扎实的医学基础理论，并且学会了各种相关的医学技能，不仅包括最基本的物理检查方法，还包括各种抽血、收集大小便等各种生化检查。

在红十字会第一医院实习期间，在内科教授乐文照、外科医生邵幼善等老师的指导下，盛志勇医学知识的运用进一步得到巩固与深入拓展。不过对盛志勇影响最深的名师还是沈克非，沈克非对盛志勇的影响不仅仅包含其丰富的学术思想、精湛的医疗技术、严谨的治学作风，更有其对盛志勇的培育与提携之恩，从推荐盛志勇到国外留学，到进修实验外科专业。当时实验外科是一个全新的专业，后来军事医学科学院成立，盛志勇跟随沈克非调往军事医学科学院工作，他们共同组建了实验外科系，沈克非推荐盛志勇出任实验外科系副研究员，并共同创建了我国第一个实验外科基地和野战外科实验基地，奠定了盛志勇在中国实验外科学领域的地位。

勤奋，善于抓住机遇

机遇只偏爱那些有准备的头脑。从盛志勇上学到工作、出国再回国工作。从临床与基础研究并重，研究工作更好地为临床服务的理念的实施。

纵观盛志勇的一生，可以说是充满着传奇的经历，而这充满传奇的经历有些是时代造就的，而有些更是与盛志勇时刻准备着自己丰富的临床经验、时刻为广大病患服务的理念是分不开的。新中国成立以后，作为一名军医，他参加了抗美援朝、中印自卫反击战、中越自卫反击战等战争以及地震灾害的医疗救护工作以及各种农村医疗队等。在"文化大革命"期间，很多医生也不可避免地遭到各种不同程度的诬陷与迫害，甚至有些医生因此失去了自己宝贵的生命。盛志勇也因为1947年去美国进修过，因此在"清理阶级队伍"的时候，被定为"特嫌"。经过几个月各种形式的审查，除了盛志勇清白的历史之外实在找不出他的问题。随后，盛志勇选择了参加农村医疗队，虽然在农村各方面的医疗条件没有在大医院好，但是至少可以远离事非纷杂之地，能使自己的医学技术有勇武之地，而且期间的几段农村医疗队经历在盛志勇的医学生涯中占据着十分重要的地位。这也许是他后来不断地资助贫困农村学生上学的一个始动因素。

在救治不同类型伤病的过程中，他不仅细心观察各种创伤的特征、精心实施治疗，且不断总结经验，发现问题，组织开展临床实验研究，在烧伤治疗领域取得了很多重要的成果。

高度的责任感与同情心

也许高度的责任感与同情心是作为一名好医生所应该具备的最基本的条件，但是一个医生从医一辈子要每天都做到并以此要求自己却十分难得。

盛志勇认为，如何来解除烧伤患者的生命威胁、强烈的心理创伤和减轻他们的经济负担，如何来改善这些患者创伤愈合后的生活质量，恢复其工作能力并最终重返社会，是烧伤科医生们的责任所在！

他认为在接受一名烧伤患者时，医务人员首先要有高度的同情心，不管患者的烧伤程度如何，都须像接待自己的亲人一般对待患者及其家属，借以取得他们的信任。要了解致伤的原因各不相同，而且作为具有社会属性的人来说，世界上没有完全相同的人，个体与个体之间总有不同之处，诸如社会背景、文化素质、经济情况、工作种类、居住环境、生活习惯等等，无不影响伤情、病情甚至病程中某些问题的发生。因此，在入院时需要详尽地采问病史和做细致的物理检查。目前相当一部分年轻医生有轻视询问病史和做物理检查的趋势，殊不知听到肺部啰音可能是肺部并发症的先兆，而非床旁胸部X线平片所能显示的，心电图不可能呈现心脏的杂音；上消化道出血只有肉眼才能首先察觉；而肠麻痹要凭听诊器才能发现。高精尖的诊断仪器的确在现代临床医学中起到了非凡的作用，但局限性亦不可避免。

对此，我们应该有清醒的认识：入院病史、病历不但是一份法律文件，更是一项科学调查。借收集到的资料，先做出正确的诊断，或对病程的发展变化有一个初步的估计，然后才能科学地制定初步的治疗方案。这个过程是临床实践的第一步,也是一项自我培养的手段。只有勤于实践,才能获得解决临床实际问题的本领,切不可有浮躁或敷衍塞责的心理或行动。

对患者要勤于观察,及早发现某些细微变化,并分析原因及时处理,化凶为吉。不但如此,从进一步完善对患者治疗的角度看,经治医生也应该每天观察伤情的变化,根据局部和全身的情况分析当前治疗措施的效果,及时做出判断,维持或者修正治疗方案作好详尽的观察记录,包括分析各项检查结果及目前的治疗效果,修正此后的治疗措施以及修正的目的等。这不仅对当前治疗极为有利,而且是日后总结经验、分析各项治疗措施时的重要科学根据。

勤于思考与勇于探索

作为一名成功的医生,盛志勇认为不仅仅要会看病,还要会思考。他自己就是在不断地问"为什么",深究为什么会出现某一些病情的变化,为什么正在进行的治疗措施能获得良好效果或是无效?某些现象的出现说明什么问题,可能会有什么发展?应采取什么措施防止病情的恶化?如何加速愈合?一系列的问题就会油然而生。对这些问题,有的可以自行回答,有些可以与科内同志商讨或请上级医生协助解决,而更重要的是经常带着问题参阅文献,汲取他人的经验或教训。

盛志勇从年轻时开始就是这样要求自己并加以实践。这也是盛志勇能够很好地把握学科发展的前沿与方向的原因。由于阅读了大量文献,时刻知道最新的学科发展动向,因此他能具备很好的学术的敏感性与前瞻性,从而拥有良好的鉴赏力和判断力。盛志勇先生就是这样一个不仅具有敏感性更善于将自己的想法付诸于实践的人,从 20 世纪 50 年代军事医学科学院成立之初的实验外科系的创立,到放射性复合烧伤的研究,提出细菌内毒素是产生烧伤后脓毒症的重要原因。后来,在烧伤治疗中,他倡导休克期复苏加用全血、休克期血流动力学监测指导输液量、CO_2 张力计监测胃肠道血供应;证实了烧伤休克后肠道血供恢复滞后,应用山莨菪碱可以改善胃肠道供血、应用氧自由基清除剂可以减轻再灌流损伤;他在国内首先进行休克期大面积切痂；他还领导完成了低温储存皮肤的研究，建立了国内第一家液氮保存异体皮库并向全国推广经验。再到后来的全军第一个ICU的建立，烧伤治疗新观念的提出等。虽然工作单位与地点经过多次变换，但是盛志勇先生对医学研究的热情，对伤病患者的态度却没有变化，对医疗环境的改善也在不断地尽自己的努力。

回首往事，无怨无悔。盛志勇说："我的来年不多，在有限的时间里，还有四大课题需要攻克。一是吸入性损伤的研究。他结合2010年上海发生的大火，认为当时很多烧伤患者都是烟雾损伤，很多都是呼吸道的损伤，但这并不主要是热引起的损伤，因为一般热进到呼吸道之后，声门关起来以后再到气管和支气管，由于总面具迅速扩大，温度迅速下降，因此损伤主要不是温度高引起的损伤。第三军医大学在这方面做了许多工作，而且也证实气管、支气管的损伤并不是热引起的损伤，而称之为吸入性损伤。虽然现在知道了吸入性损伤并非温度引起的，但是其治疗问题没有解决，目前的治疗不外乎将气管切开，然后使用一些抗生素或者激素进行治疗，但是这些并不能起到根本的治疗作用，后期的肺水肿、肺功能损伤以及最后的急性呼吸窘迫综合征（ARDS）都会发生。我们已经在动物身上取得初步进展，拟进一步在临床上进行研究。二是休克问题，一方面需要研制一种用于灾难现场或战场能延迟伤员休克尤其是低血容量性休克时间的药物，为后面的抢救赢得时间。在这个问题上，由于一般灾难或者事故现场，用输液的方式比较耗时而且需要专业的人员，在一种恶劣的情况下，液体带不上去，医药资源匮乏，运输不便等情况下，要考虑怎么在现场能延长休克伤员的存活时间，为获送创造条件，减少现场的阵亡率。要研制研究一种能自救互救的药物维持生命，液体的带不上去，是不是可以采取口服补液，所以主要研究对象为寻找一种比较实用的口服药物；另一个有关休克的问题是烧伤休克患者输液量的问题，需要寻找一种有效的药物来组织体液的渗出以减少输液量，而不再是以往的那种漏多少补多少的方法，因为这种漏得多补得多的方法最终总是会形成恶性循环。三是进一步开展汗腺的研究，尤其是解决汗腺种植以后的免疫反应问题。四是找到一种能快速诊断细菌的方法。"

由于工作的成就，不断有记者或者相关人员去采访盛志勇院士，我们采集小组也许只是众多人员中的一批，但也是有所不同的一批。每当有人谈及科研成就与人生经历时，盛老总是谦虚地说道："我没做什么大的贡献，有些工作我自己做，许多工作是我出点子，由年轻人去做。可能是做了一些别人没做的事吧。"然而，正是他不断创新的思想，他勇于做前人没做的事情，他不断地填补国内外烧伤研究领域的空白，继续在引领着烧伤外科学者一步步走向世界烧伤外科的前沿。

附录一　盛志勇年表

1920 年

7月1日，出生于上海市。是年，父亲盛才（原名盛清诚，英文名 John，1893—1978年）27岁，母亲罗静安（英文名 Edna，1894—1961年）26岁。出生时，家中有姐姐盛敏珍（原名盛志敏）。

1925 年

5岁，开始在沪东公社上小学。一直到1932年转入沪江大学附属中学上初二之前，都在沪东公社上学。

1931 年

9月，升学沪东公社上初一。9月18日，日本驻中国东北地区的关东军突然袭击沈阳，以武力攻击东北。九一八事变爆发。

1932 年

1月28日，日本海军陆战队进攻上海闸北，一·二八事变爆发。
9月，转入沪江大学的附属中学进行读初二。

1934 年
9 月，进入沪江大学的附属中学高中部读书。

1936 年
国立上海医学院在医学院路 136 号建成新校园。
9 月，考入国立上海医学院医疗系。
12 月 国立上海医学院中山医院正式竣工。

1937 年
7 月 7 日，卢沟桥事变爆发。
8 月 13 日，八一三事变爆发，国立上海医学院枫林校区新校舍被占领，师生被迫重新搬回与红十字会医院相邻的临时校舍。

1939 年
随国立上海医学院内迁，从上海坐船到越南然后到昆明。

1940 年
1940 年暑假，与同班同学段荫琦一起回上海。由于战争，原来的从上海到越南的路线已经走不通，因此，便留在了上海。

1941 年
与段荫琦、朱剑华等六位未能去重庆的同班同学一起在红十字会第一医院做实习医生。

1942 年
成为中华医学会终身会员。
7 月，从国立上海医学院毕业，分配到上海红十字会第一医院外科任住院医师。

1943 年

10 月 9 日，与张韵秀结为伉俪。

1945 年

7 月，被选为红十字会第一医院外科住院总医师。

1946 年

7 月，破格晋升为红十字会第一医院外科住院主治医师。

1947 年

9 月，赴美国德克萨斯州立大学医学院外科教研室做访问学者。

1948 年

12 月 31 日，结束访问学者生涯，从美国回到中国。

1949 年

1 月，在上海沪东医院担任外科主治医师、医务主任。

1950 年

8 月，担任上海中山医院外科主治医师。

12 月 15 日，上海医务界成立了上海市医务工作者抗美援朝委员会，发表《致全市医务工作者书》，号召医务工作者支援前线，抗美援朝，保家卫国。

1951 年

1 月 25 日，首批上海抗美援朝志愿医疗手术队 321 人，在总队长黄家驷的带领下分 3 个医疗手术大队赴长春、齐齐哈尔、通化展开工作，作为第二医疗手术大队第四中队的会诊队成员赴齐齐哈尔第二陆军医院参加救治志愿军伤员的工作。

6月16日，中央军委作出"迅速成立军事医学科学院"的重大决定。

8月1日，中国人民解放军军事医学科学院（以下简称军事医学科学院）在上海巴斯德研究所的基础上建立，它是继中国科学院之后，新中国建立的第二个科学院。

1952 年

4月，调任军事医学科学院实验外科系副研究员。

1955 年

10月，军事医学科学院与第二军医大学联手在汉口路创建上海急症外科医院，这是我国第一所专门救治临床各类创伤和其他外科急症的新型医院。

1956 年

4月28日，上海急症外科医院举行开院典礼。负责急症外科医院除了骨科以外的外科急症100个床位；同时还在上海第二军医大学给学生授课，担任第二军医大学局部解剖学和手术外科学教研室主任。由于当时没有十分完整的教材，与沈克非一起合编了新中国成立后第一本《腹部外科手术图解》。

1958 年

5月，军事医学科学院迁至北京。

10月，任军事医学科学院实验外科系副主任。

1959 年

国庆前夕，为前越南社会主义共和国副总理黎清毅会诊，黎清毅副总理因一次意外交通事故不慎腿部骨折。

1961 年

1 月，荣立三等功一次。

4 月，从军事医学科学院调到解放军总医院，任创伤外科、烧伤外科主任。

1962 年

3 月 12 日，加入中国共产党。

10 月 21 日，受中央军委、总后卫生部的指派，率领 10 人左右的医疗队奔赴中印自卫反击战前线，调查了解和指导战伤救治的情况。一直到 1963 年 2 月回北京。

1966 年

3 月，率医疗队赴邢台地震灾区。

6 月，率医疗队赴成昆铁路前线。

1967 年

8 月，赴朝鲜执行任务，救治中国驻朝鲜大使馆的一名烧伤患者。

10 月，赴越南执行任务。

1969 年

秋天，接上级革命委员会号令，赴陕西安康医疗队。在下乡一年左右的时间里，为山区百姓成功做了 200 多例手术。

1970 年

秋天，接到上级命令从农村医疗队返京，被院里抽调到第一军医大学参加医学教改工作约半年时间。

1971 年

参加农村医疗队，赴山西平川、长治一带。在此期间，为时任大寨党支部副书记的郭凤莲之子治好了急性肺炎。

1972 年
与朱兆明教授一起着手建立液氮储存异体皮皮库。

1975 年
任解放军第二届医学科学技术委员会委员。
11 月，参加中国人民解放军军医代表团赴罗马尼亚访问。

1976 年
7 月 28 日，唐山大地震。震后两周左右，与内科的田牛医生一起接受任务到唐山抢救一名震后 15 天左右救援出来的老太太。

1977 年
春天，赴南京军区后勤部卫生部与军内外有关专家一起编写《野战外科学》一书。
11 月，因科研工作成绩显著，中国人民解放军总后勤部特予奖励。

1978 年
在锦州召开了第七届全军烧伤、整形学术会议。会上，成立了全军烧伤、整形专业组，任副组长，组长为黎鳌，副组长有方之杨、汪良能、周一平。

1979 年
1 月，任解放军总医院烧伤外科教授。
4 月，任《解放军医学杂志》编辑委员会副主任委员。

1980 年
任解放军第三届医学科学技术委员会常委，烧伤专业组副组长。

2月，赴美国访问交流并参加美国烧伤学会年会，了解国外创、烧伤外科的最新进展，回国后开展相关研究工作。

1981 年

9月，成为硕士生导师。

12月，被聘请为304医院副院长兼军医进修学院创伤外科中心主任。

1982 年

3月，被聘请为《解放军医学杂志》编辑委员会主任委员。

1983 年

10月，第十届全国外科学术会议在天津举办，同时召开了中华整形烧伤外科杂志第三次筹备会议。会上决定组成以宋儒耀教授为总编辑，史济湘、朱洪荫、汪良能、张涤生、盛志勇、黎鳌教授为副总编辑的54人编辑委员会，并上报中华医学会，杂志由中华医学会主办，中国医学科学院整形外科医院承办出版，暂定为季刊。

1984 年

倡导并积极组建，在304医院成立了全军第一个、全国第二个综合性ICU。

1月，被中国人民解放军总后勤部授予全军后勤科技工作者先进个人。

3月，被选为中华医学会第十一届理事会理事。

4月，《中华整形烧伤外科杂志》获国家科委正式批准。

9月，赴美国访问。

1985 年

《中华整形烧伤外科杂志》创刊号诞生。

被聘请为解放军第四界医学科学技术委员会常委，烧伤专业组副组长。

因烧伤的研究获国家科学技术进步奖一等奖。

3月1日，被中国人民解放军第三军医大学聘请为《创伤杂志》名誉主席。

5月，被总后勤部卫生部聘请为第四届医学科学技术委员会委员。

6月，到日本东京参加东京国际烧伤会议。

7月，被中国人民解放军白求恩国际和平医院聘请为院烧伤专业技术顾问。

1986 年

1月，被聘请为《解放军医学杂志》第四届编辑委员会委员。

4月，被中国残疾人福利基金会康复协会聘请为康复协会顾问。

5月，经中国科学技术协会和中华医学会理事会批准，中华烧伤外科学会于5月20日在天津市正式成立。中华烧伤外科学会的第一届委员会由各省市民主推荐35人组成。在第一次委员会全体会议中选举了丁岳梁、方之扬、史济湘、邓诗林、田福全、汪良能、肖光夏、李济时、周一平、常致德、高智仁、韩凤玉、盛志勇、黎鳌等14人为常务委员，史济湘为主任委员，黎鳌、盛志勇、常致德为副主任委员。

6月，被聘请为总后勤部高级专业技术职位评审委员会委员，任期三年。

8月，被聘请为中国人民解放军第304医院卫生技术干部职务评审委员会委员（1986—1989年）。

9月，当选美国创伤学会荣誉会员，在Fitts讲座发言。成为加拿大创伤学会荣誉会员兼白求恩客座教授。

11月，被聘请为卫生部第一界消毒专家咨询组成员。

因"低温冰箱控制降温皮肤最佳温度范围"研究获军队科学技术进步奖三等奖。

1987 年

1月，因为军队建设做出贡献获解放军总参、总政、总后共同颁发的表彰。

5月，因长期从事医学科学技术工作，作出了重要贡献，中国人民解放军总后勤部授予其荣誉证书。

6月，被聘请为《国外医学·军事医学》分册顾问。

8月，被总后勤部金盾出版社聘请为《新编实用外科手册》主编，并负责编写其中的外科感染部分，该书由黎鳌、黎介寿、吴孟超、王正国等100多位著名外科专家共同编写。

11月，被聘请为全国煤矿创伤研究协作组名誉顾问。

因烧伤病人血清渗透浓度和胶体渗透压的动态变化获军队科学技术进步奖三等奖。

12月，被济南军区后勤部卫生部聘请为第九十一医院烧伤科顾问。

1988年

被中日整形外科学术交流会聘请为顾问委员会委员。

7月，因肠缺血所致肝肺损伤机制探讨及抗氧化剂的保护作用观察获中国人民解放军科学技术进步奖二等奖。

因烧伤感染的临床与实验研究获中国人民解放军科学技术进步奖二等奖。

11月1—4日，在重庆参加第六届国际创伤弹道学研讨会。

因"别嘌呤醇对烫伤后应激性溃疡预防作用的实验"研究获中国人民解放军科学技术进步奖三等奖。

1989年

1月，被中国人民解放军总后勤部政治部授予三等功。

2月，当选为中华医学会第二十届理事会理事。

4月1日，被沈阳军区后期部卫生部聘请为沈阳军区205医院烧伤整形科顾问。

5月22—25日，在北京参加第二届中美烧伤与休克会议，作会议报告，期间带美国陆军外科研究所的所长、国际烧伤学会副主席Dr.Basil.A.Pruitt教授等人参观病房并且讨论烧伤医学前沿问题。

9月，因"烧伤兔和病人红细胞膜的变化"研究获中国人民解放军科学技术进步二等奖。

1990年

赴印度新德里参加第八届国际烧伤学会议并作会议报告。

1月，获1989年度304医院优秀教员奖。

2月，被军医进修学院聘请为答辩委员会委员。

4月，被中华医学会聘请为《中华创伤杂志》第一届编辑委员会名誉总编、常委。

5月，被选为中华医学会创伤学会第一届委员会常务委员。

6月6日，被中国人民解放军第二五一医院聘请为名誉教授，外科名誉主任。

12月，论文《缺血后肠源性感染的发生与多器官功能衰竭》获优秀论文奖。

课题"开放性肾损伤治疗方法的探讨"获中国人民解放军科学技术进步奖三等奖。

1991年

1月22日，被中华医学会聘请为《中华外科杂志》第八届编辑委员会委员。

5月，创（烧）伤与自由基、创伤致肠道细菌易位与内源性感染的实验研究两个项目获中国人民解放军科学技术进步奖二等奖。

被总后勤部卫生部聘请为总后卫生部第五届医学科学技术委员会委员。

7月1日，被国家科学技术进步奖评审委员会聘请为国家科学技术进步奖医疗卫生行业组评审委员。

因为为中国医疗卫生事业做出的突出贡献，自7月开始获国务院颁发的政府特殊津贴。

10月，被选为中华医学会烧伤外科学会第二届委员会主任委员。

11月，因《地震对策》获国家科技成果完成者证书。

1992年

2月，到新加坡参加第一届亚太烧伤会议并做报告。

3月，被中华医学会聘请为烧伤医学名词审定组员。

7月，因多器官衰竭的病理学研究获中国人民解放军科学技术进步奖二等奖。

11月，出席全军第十四届烧伤整形会议的会议。

因皮肤储存的研究获国家科学技术进步奖二等奖。

12月，到香港参加Wilson TS Wang国际外科论坛。

被聘为南京军区第一七五医院烧伤专科的技术顾问。

因离体肺叶吸入性损伤肺水肿形成过程的动态观察研究获中国人民解放军科学技术进步奖四等奖。

因静脉导管血栓及感染的研究以及一次性人工肌腱实验研究获中国人民解放军科学技术进步奖三等奖。

1993年

与杨红明所著论文严重烫伤大鼠延迟复苏后心肝肾氧自由基含量变化及维生素E和C清除效果评估被全军首届危重病医学研讨会录用。

2月，被聘为304医院第三届专业技术职务评审委员会委员。

3月，被聘为总后勤部卫生专业高级职务评审委员会委员，聘期三年。

升为中华医学会资深会员。

4月，被中国人民解放军济南军区第八十九医院聘请为院创伤外科、烧伤科技术指导顾问。

5月，被中国临床营养杂志编辑部聘请为《中国临床营养杂志》的编委。

7月，被聘为邯郸烧伤专科医院烧伤整形技术顾问，聘期3年。

9月，因临床与基础研究相结合、培养合格的高层次烧伤专业人才获院校优秀教学成果奖。

被评为总后勤部优秀教师。

12月,因"创(烧)伤后TNF-α、IL-1、IL-2和细胞损伤及某些膜受体的关系研究"获中国人民解放军科学技术进步奖二等奖。

因创伤致肠道细菌易位与内源性感染的实验研究获国家科技进步奖二等奖。

解放军304医院因"创伤致肠道细菌易位与内源性感染的实验研究"获国家科技进步奖二等奖。

1994年

1月,因"痂下组织细菌定量培养的临床实验研究以及烧伤后心钠素的变化研究"分别获中国人民解放军总后勤部卫生部颁发的三等奖。

3月,当选为中华医学会第二十一届理事会理事。

7月,当选为中国医学会第二十一届理事会编辑工作委员会委员。

10月,因创伤后游离氨基酸的临床和实验研究获中国人民解放军总后勤部卫生部颁发的二等奖。

被聘请为中华医学会烧伤外科学会第三届委员会名誉主任委员。

1995年

成为美国科学促进协会(AAAS)国际会员,享有会员所有福利和权益,包括免费获得51期AAAS旗下享有盛名的《科学》杂志。

2月,所写的论文《延迟复苏对烫伤大鼠心肝肾氧自由基生成的影响及维生素E和维生素C治疗效果评价》获《解放军医学杂志》优秀论文。

5月7—11日,到维也纳参加第五届维也纳休克论坛会议。

6月,成为中华医学会专科学会会员。

8月27日—9月2日,参加在葡萄牙里斯本举行的第36届世界外科大会。

10月,被聘为中华医学会创伤学会第二届委员会名誉顾问。

11月7日,被中国人民解放军第三军医大学聘请为博士生导师校外评阅专家。

12月,因"创(烧)伤后氧自由基的损伤研究"获国家科学技术进步奖三等奖。

因"创(烧)伤后氧自由基的损伤研究"获中国人民解放军总后勤部卫生部颁发的三等奖。

1996年

2月9—11日,到香港参加第二届亚太烧伤会议。

3月,被首届中欧组织修复学术交流会议上海卫星会筹委会聘请为学术委员会委员。

4月,当选为中国工程院院士。

6月2—6日,中国工程院在京西宾馆召开大会,颁发院士证。

3日,给总后王克部长写信,申请将烧伤中心改为烧伤研究所。

10日,领导的"创(烧、战)伤多器官功能衰竭发病机理和动物模型的研究"获军队科技进步奖一等奖。

19—20日,荣获全军首届科技重大贡献奖,在中南海被江泽民主席等中央领导接见。

24日,向院党委申请将荣获重大贡献奖的5万元奖金作为医院优秀青年论文奖励基金。

8月,因"创(烧、战)伤后多器官衰竭发病机理的动物模型的研究"获中国人民解放军科学技术进步奖一等奖。

因"多肽生长因子与软组织创伤修复研究"获中国人民解放军科学技术进步奖二等奖。

21日,因"平时四肢火器伤初期处理的临床和实验研究"获中国人民解放军科学技术进步奖二等奖。

26—30日,到黄山参加军队创伤会议。

9月9—14日,赴成都参加全军烧伤会议。

21日,在北京香格里拉饭店参加由304医院主办的国际创伤组织修复卫星会议,任大会主席。共有国内外人士400多人参加了此次会议。

10月12—18日,到北京国际会议中心参加第31届国际军事医学大会。

20日,赴重庆参加中日感染会议。

11月22日,与肖光夏、孙永华、邓诗林、郭振荣等5人开会,商定1997年全国烧伤会议日程。

28—30日,到北京京友饭店参加总后干部部组织的"一代名师"和"科技之星"评审。

12月27日,领导的"创(烧战)伤多器官功能衰竭发病机理和动物模型的研究"获军队科技进步奖一等奖,由胡森代表上台领奖。

1997年

1月,因"拇指腕掌关节不稳定及其功能重建研究"获中国人民解放军医疗成果奖。

8—11日,与郭振荣、付小兵一起赴重庆参加《中华创伤》杂志编委会、中华创伤常委会。

22—24日,与王正国、孙永华一起赴杭州参加医疗签定会。

4月2—4日,参加总后卫生部在北京黄亭子宾馆召开的军队医疗卫生系统院士会,审议推荐申报院士人选。

8日,文职级由一级晋升为特级(相当于上将军衔),时间从1997年3月1日起算。

5月25—6月1日,与郭振荣一起赴荷兰考察讲课。

6月9—12日,到重庆第三军医大学参加黎鳌基金会成立并八十寿辰。

7月18—24日,赴张家界参加全国烧伤会审稿、讨论酝酿中华医学会烧伤学会换届人选和在烧伤学习班上授课。

31日 代表总后科技人员到人民大会堂参加"八一"建军节招待会。江泽民主席等国家和军队领导人及各国驻华武官参加了这次盛会。

8月21日—9月1日,赴墨西哥阿卡波可参加国际外科周学术会议,并在大会上发言。

9月28日—10月2日,赴上海参加由第二军医大学主办的中美国际烧伤会议。

10月8日,接待来访的美国陆军外科研究所所长MCMANUS等人。

9日，因大面积烧伤的救治获中国人民解放军科学技术进步奖二等奖。

15—20日，赴上海参加"上海医科大学建校70周年暨沈克非教授诞辰100周年"活动，并与老朋友、老校友相见。

11月4—8日，到北京京丰宾馆参加院士大会，选举新院士。

12月1日，中国人民解放军总后勤部授予其主编的《手术全集总论卷》首届"中国人民解放军图书奖"。

1998年

2月10日，与黎鳌、王正国、程天民、卢士璧共同提名美国Pruitt为工程院外籍院士候选人，下午将5位院士签名的推荐表送到工程院。

3月9—12日，到重庆第三军医大学参加"国家重点基础研究项目发展规划"创伤外科建议案讨论会。

25日，被聘请担任"全军第二届优秀图书"评委，除与黄志强院士一并负责医学类图书的初评外，还负责复评。

5月12日，接见巴基斯坦军医代表团来院参观烧伤研究所、骨科中心。

15日，请美国哈佛大学麻省医学院的美籍华人尤永明作学术报告，题目是：稳定同位素示综技术在创伤代谢中的应用。

19日，到玉泉饭店参加烧伤学习班开幕式。

29日，到中组部招待所参加由304医院组织的创伤修复学术会开幕式，黎鳌、王正国等专家参加了会议。

6月1—5日，开院士大会，增选外籍院士，实行八十岁以上资深院士制度。

8月25—31日，应德国基诺药厂之邀赴丹麦哥本哈根参加国际创伤修复会议。

27日，被中华医学会聘请为《中华创伤英文版杂志》第一届编辑委员会顾问。

10月5日，《烧伤治疗学》一书获中国人民解放军科学技术进步奖一等奖。

因"创伤后肠源性内毒素血症防治途径及其意义的研究"获中国人民

解放军科学技术进步奖二等奖。

15日，到北京国际饭店参加由积水潭医院主办的中日烧伤会议。

24—26日，赴上海参加国际电烧伤会。

11月17—19日，到总后参加"一代名师"和"科技之星"的评审会。

1999年

2月，因"气相色谱技术用于肠通透性监测的研究"获中国人民解放军科学技术进步奖三等奖。

3月，被聘请为《中国临床营养杂志》第二届编委会编委。

4月8—11日，到北京五洲大酒店报到，参加中华医学会第22届代表大会。开会三天，因在担任中华医学会第二十一届理事会理事期间，对学会工作做出了贡献，获表彰。

13日，到中华整形烧伤杂志编辑部开定稿会。

20—23日，到南京江苏省会议中心参加全国创伤会议。

5月10日，给美国外科学会主席发传真，拒绝参加美国外科学会在维也纳组织的国际外科会议邀请，以抗议美国为首的北约轰炸我驻南大使馆。

6月5—8日，到北戴河281医院给烧伤学习班讲课。参加了学习班的开幕式，为学习班讲了烧伤的进展以及多脏器衰竭两个主题内容。

23—24日，赴昆明参加危重病学术会，作休克期切痂主题演讲。

7月，因"几种创（战、烧）伤修复材料研制、保存与质量控制方法的研究"获中国人民解放军科学技术进步奖二等奖。

8月21日，中国烧伤学、创伤学主要奠基人之一黎鳌院士去世。

9月30日，到人民大会堂参加建国50周年招待会。

10月1日，到天安门观礼台参加庆祝50周年阅兵和群众游行活动。

21日，到北京国宾馆芳菲园参加"何梁何利奖"颁奖大会。获港币20万元奖励。

12月，因几种生长因子调控创伤修复机理及其应用研究获国家科技进步奖三等奖。

因《烧伤治疗学（第二版）》一书获国家科技进步奖三等奖。

9日，赴重庆参加《中华烧伤杂志》挂牌及编委会。

2000 年

1月28日，到人民大会堂参加中华医学会联谊会。

3月16—19，到上海好望角大酒店参加黎介寿院士主持的"东方科技论坛会"，并拜访了吴孟超院士。

4月18—21日，到北京国际会议中心参加由工程院主办的2000年生命科学与临床医学大会。

6月5日，到人民大会堂参加两院院士大会开幕式，江泽民主席在会上讲了话，并与代表们合影留念。

15日，被《北京军区医药》编辑委员会聘请为杂志编辑委员会顾问。

8月，任中国人民解放军第七届医学科学技术委员会常务委员。

被中国人民解放军总后勤部卫生部聘请为《解放军医学杂志》第七届编辑委员会主任委员。

7—9日，到张家口251医院参加全军第十八届烧伤会议。

8日，因"创伤后内毒素增敏效应及其机制的研究"获中国人民解放军科学技术进步奖二等奖。

17日，因"烧伤休克期大面积切痂的临床与实验研究"获中国人民解放军科学技术进步奖二等奖。

18—21日，参加全军后勤科技大会，获"九五"贡献奖。

24日，参加人民军医出版社在新兴宾馆召开的《手术学全集》再版会议。

9月，因"山岳丛林作战一线医院战伤救治与卫勤保障和系列研究"获中国人民解放军科学技术进步奖三等奖。

1日—3日，到北戴河总后疗养院为烧伤学习班讲课。

11月30日，304医院为其召开一等功庆功大会，总后陆增琪部长助理宣读通令，周坤仁政委为其挂军功章讲话，号召全院同志学习院士精神。司令部参谋长杨澄宇、政治部贾润兴主任、卫生部白书忠部长等总后领导到会，工程院发来了贺电，全院同志参加了大会。

12月1日，到中华医学会参加新楼典礼，纪念建会80周年。

8日，到广州军区总医院参加刘春利主任的毛孩整容新闻发布会。获中国人民解放军总后勤部政治部授予的总后勤部优秀科技人才建设伯乐奖。

20日，到总后答辩"十五"指令性课题"多脏衰"。

2001年

1月7日，与黎沾良、郭振荣、侯树勋、柴家科、李基业、杜等一道乘飞机赴南京参加中华外科杂志50周年大会。

4月8日，与郭振荣、柴家科等4人赴159医院参加全军烧伤中心挂牌和全军烧伤委员会开会。

23—30日，参加《手术学全集—整形烧伤治疗学》订稿会。

5月9—10日，赴杭州市参加全国烧伤会。

11日，被中华医学会聘请为中华医学会烧伤外科学分会第五届委员会顾问。

6月2—3日，赴沈阳参加全国危重病会，做MODS的主题演讲。

8月，因几种体表创面延迟愈合发生的分子机制及促愈合措施研究获中国人民解放军科学技术进步奖一等奖。

因新药"大龙烧伤膏"的研制获中国人民解放军科学技术进步奖二等奖。

27—9月3日，在柴家科的陪同下赴比利时布鲁塞尔参加国际外科会议并发言。

10月12—13日，与王正国、刘荫秋、华积德、杨志焕等教授一起参加《高原战创伤》一书定稿会。

14—15日，到中国科技会堂工程院参加微创外科会议并做了"全身炎症和MODS认识的变迁及现状"的大会发言。

12月20日，到中国科技会堂参加"二十世纪我国重大工程技术成就"新闻发布会。

2002 年

1月30日，医院庆功表彰大会。烧伤科荣立集体一等功，研究室被总后评为基层先进集体，付小兵荣立二等功，骨科三等功。

3月22日，与郭振荣、柴家科等乘飞机赴桂林参加一八一医院的广州军区烧伤整形中心挂牌仪式。

4月5—8日，赴上海参加中华医学会外科学会和施桂宝医药公司联合主办的"外科感染应用抗菌素出书"会议。

5月27日—6月1日，到北京京丰宾馆参加中国工程院院士大会。

7月8日，参加中国工程院组团赴台湾进行为期一周的学术交流。

29日，到参政招待所参加柴家科牵头的国家一等奖答辩。

8月8日，应中央电视台"走进科学"栏目的邀请，为工程院评选的二十世纪二十件重大成就《外科诊疗》做现场录制。

被《中华老年多器官疾病杂志》编委会聘请为《中华老年多器官疾病杂志》编辑委员会第一届顾问。

25—29日，到银川市解放军第五医院参加军队烧伤康复大会，在会上作了"勤观察、勤思考、勤总结努力做好烧伤防治的科研工作"的大会报告。

9月9—11日，参加中华医学会理事会，讨论实施"医疗事故处理条例"事宜。

10月11—16日，赴济南市金马大厦参加中华烧伤学会组织的烧伤规范讨论。

11月3—10日，作为大会主席，赴广州温泉宾馆参加工程院主办、304医院研究所承办的炎症修复会议。3日，先到南方医院作"多脏衰"主题演讲，后到在大会作"国内脓毒症进展"的报告。会议结束后到暨南大学和省人民医院受聘名誉教授，然后参观东莞常平医院等。

27—30日，到杭州市浙江宾馆参加由《中华急诊杂志》主办的危重病会议，做了专题"国内脓毒症的一些进展"的报告；出席了浙江省烧伤学会会议并同与会同志们进行了专业对话。

12月，因"严重创（烧、战）伤致肠屏障功能损伤发生机制及其防治的基础与应用研究"获中国人民解放军科学技术进步奖三等奖。

因"烧伤后失锌与补锌的研究及其对代谢和创面修复的影响"获中国人民解放军科学技术进步奖二等奖。

2003 年

1月16日，到北京友谊宾馆参加中国工程院院士联谊会。

31日，因"烧伤后全身炎症反应和脓毒症的基础与临床研究"获国家科学技术进步奖一等奖。

3月2日，到北京饭店参加由时任浙江省长吕祖善、省委书记习近平主持的浙江省籍在京院士恳谈会。

18日，到武警森林指挥部副食品生产基地参加海军总医院与大坪医院联合完成的"九五"全军重点课题《海战伤合并海水浸泡伤情特点及早期救治的实验研究》成果鉴定会，任主任委员。

4月1—5日，参加全军烧伤会在温州举办由118医院承办的审稿会和烧伤新进展学习班，并为学习班讲课，主题为"国内有关脓毒症新进展"。

11—12日，在北京九华山庄参加由工程院和中华医学会共同主办的"医疗事故处理条例周年座谈会"。

21日，医院传达总后的指示，为防"非典"限制人员外出。

22—26日，到成都、重庆，为中华烧伤学会学习班讲"多脏衰"。回京后，全力以赴抗"非典"，一切外出均停止。

7月31日，到解放军总医院科技礼堂参加建院50周年学术报告会，下午做题目为"勤观察、勤思考、勤总结，努力做好科研工作"的学术报告。

8月2日，到301医院参加建院50周年庆祝大会。

12日，到沈阳新世界宾馆参加全国创伤会议。在大会上做了《多脏衰的进展》的学术报告。

14日，到武警辽宁省总队医院烧伤科参观并会诊。

9月3—5日，到北京香山饭店参加"中华烧伤分会成立二十周年"活动，在大会上做了《脓毒症的免疫学机制及治疗意义》的学术报告。

12—15日，到沈阳参加全国科协大会，并受聘为沈阳市科技顾问。

10月11—12日，赴珠海，为烧伤学习班做课"脓毒症的免疫学机制及治疗意义"授课。

13—15日，到广州南方医院住外训队，为烧伤整形中心做了学术报告"勤观察、勤思考、勤总结、持之以恒，努力做好临床科研工作"。

27日，到总参第一招待所参加中国急诊医学、灾难救援大会。

29日，到人民大会堂参加"中国名医论坛"开幕式，下午在华润宾馆讲课，题目为"浓毒症的免疫学发病机制及治疗意义"。

11月，被中华医学会聘为《中华外科杂志》第十一届编辑委员会顾问。

1—5日，赴漳州参加全军第十九届烧伤会，为大会做报告"勤观察、勤思考、勤总结、持之以恒，努力做好临床科研工作"。

14—15日，赴广州亚洲国际大酒店，参加《中华外科杂志》第十一届编委会，吴阶平、裘法祖等十几位院士和各大医院外科专家300多人参加了此次盛会，从2004年开始《中华外科杂志》改为半月刊。

2004年

1月6日，到人民大会堂参加中华医学会、吴阶平基金会等主办的"中华科技奖"颁奖及专家新春联欢会。

20日，因"创面延迟愈合发生机制与促愈合基因工程一类新药的研发与应用"获国家科学技术进步二等奖。

2月，被聘为《道路交通事故人员创伤诊疗指南》编撰工作专家组成员，参加该诊疗指南的编写工作。

3月，因生长因子调控重要内脏缺血性损伤主动修复的基础研究北京市科学技术二等奖。

被中华医学会急危重症论坛组委会聘请为第一届专家学术委员会名誉主席。

4月，被聘为《中华烧伤杂志》第二届编辑委员会顾问。

5月10—13日，赴安徽屯溪参加由三医大中华烧伤杂志编辑部主办的黄山"全国烧伤创面修复与脓毒症专题研讨会"，并在大会上就"有关涉及感染问题的名词定义"进行大会发言。

28日，接受中央电视台《大家》栏目编导杨丽丽采访。

6月1—5日，参加中国工程院第七次院士大会。

8日，应天津中医学院院长张伯礼的邀请，到该院为研究生及部分医务人员讲"脓毒症和多器官功能障碍综合征的发病机制及治疗"。

23日，应广东省人民医院的邀请，在该院急危重症医学部举办的国家级继续教育《急危重症诊治进展》课程班上讲授《脓毒症和多器官功能障碍综合征的发病机制及治疗》。

7月14—15日，在北京铁道大厦参加"2004年度何梁何利基金科技奖专业组评审会"。

29日，因"创、烧伤脓毒症和多器官损害发病机制与干预途径研究"获中国人民解放军科学技术进步奖二等奖。

8月，被聘为中国人民解放军第四五二医院名誉院长、首席医学专家顾问。

13—14日，参加广东省烧伤学会会议，授"脓毒症和多器官功能障碍综合征的发病机制及治疗"的课。

21—30日，与郭振荣、柴家科、姚咏明一起赴日本横滨参加国际烧伤学术会议。

9月17—18日，参加山东省第十届烧伤整形大会及继续医学教育学习班并发言《有关涉及感染问题的名词定义》。

10月26—29日，赴武汉参加"中华医学会第七次全国烧伤外科学术会议"，并看望了90高龄的外科界泰斗裘法祖院士。

11月17—18日，应邀参加广州中山大学附属第一医院在东莞石碣镇举办的国家级继续教育学习班，并讲授《烧伤感染的概念》。

19—20日，应广东佛山医院院长之邀前往该院参观访问指导。

21—23日，应上海东方医院之邀讲授《勤观察、勤思考、勤总结，持之以恒，努力做好临床研究工作》，并参观了该院部分科室。

12月,被山东省立医院聘请为山东省立医院名誉教授,聘期两年。

被中国医师协会北京慈济健康体检连锁机构聘为专家顾问。

3—4日,到北京国际饭店参加"中华医学会肠外肠内营养学分会"成立大会暨学术会议。

26日,被聘为山东省立医院(山东大学临床医学院)名誉教授,聘期两年。

2005年

1月7—10日,应南京医科大学第一附院急救中心王一镗教授的邀请赴南京国际会议中心参加"莨菪药物在救治休克中的应用高层专家论坛"。

21—24日,赴哈尔滨参加中华医学会全国烧伤休克期处理研讨会暨烧伤专业新进展学习班。22日在研讨会发言,题目为"肠缺血再灌注损伤与脓毒症和多器官功能障碍综合征",23日为学习班讲课,题目为"脓毒症和多器官功能障碍综合征的发病机制及治疗"。

2月,因"严重创伤后氨基酸代谢的基础与应用研究"获北京市科学技术二等奖。

因"创、烧伤后内/外毒素在脓毒症发病中的作用及机制研究"获北京市科学技术二等奖。

3月1—2日,参加301医院野战外科研究所高级专家研讨班。

4日,在总后京友招待所参加院士遴选会,柴家科、付小兵被提名并通过了总后遴选。

17日,被黄志强院士推荐为何梁何利科学与技术成就奖候选人,材料上报评委会(国家科学技术奖励办)。

18日,参加在北京国际会议中心举行的"中华医学会危重病分会成立大会"开幕式并讲话。

4月12日,参加在北京国际会议中心举行的中华医学会第23次全国会员代表大会暨成立90周年庆典开幕式,吴仪、高强、吴阶平、裘法祖等领导及专业到会并合影。

13日,参加在北京国际会议中心举行的中华医学会第23次全国会员代表大会学术报告会。

14日，到301医院参加总医院组织的与美国哈佛大学医学院合作事碰头会。

16—21日，参加在湖南张家界举行的由烧伤外科学分会、304医院烧伤所、三医大野战外科研究所、三医大烧伤所共同举办的、中华医学电子音像出版社承办的"2005年全国烧伤及创伤外科医学研讨会暨培训班"，并做了题为"脓毒症和多器官功能障碍综合征的发病机制及治疗"的报告。

27日，陪同以德国国防部卫勤总监、海军中将奥克尔为团长的6人"德军卫生代表团"，参观304医院烧伤所及急救部。

28—30日，赴上海参加由美国赛生公司主办的有关肿瘤及感染方面的学术会议，并做大会执行主席。

5月14—18日，赴广西北海市参加烧伤所承办的国家级继续教育学习班并讲授"脓毒症和多器官功能障碍综合征的发病机制及治疗"。

7月4—9日，赴成都参加解放军医学杂志编委会和成都地奥集团共同承办的战、创伤休克复苏高层研讨会。

14—15日，到北京香山饭店参加总后卫生部综合局组织的《战伤救治规则》审定会。

9月，被聘为清华大学医学院兼职教授。

12—17日，赴兰州参加由兰州军区总医院举办的国家级继续教育学习班并授课。期间参观了酒泉卫星发射基地。

27—28日，赴广州参加南方医科大学教育部重点实验室评定工作。

10月27—29日，赴上海锦仓文华大酒店参加亚洲创伤外科会议。

11月，因为为中国烧伤外科事业的发展作出了重要贡献，中华医学会烧伤外科学会授予其特殊贡献奖。

4—7日，赴上海国际会议中心参加亚太地区及海峡两岸烧伤会议。

20日，因"严重创伤致重要内脏缺血性损伤主动修复的基础与应用研究"获国家科学技术进步奖二等奖。

12月17日，到北京友谊医院参加中西医结合脓毒症高层研讨会。

2006 年

1月，因烧（创）伤后组织缺损修复的临床研究获中国人民解放军科学技术进步奖二等奖。

9日，到人民大会堂参加"中华医学会科技奖颁奖大会"。

2月，因特殊原因烧伤后组织毁损的判断与修复的临床研究获北京市科学技术二等奖。

3月，被聘为中国人民解放军第八届医学科学技术委员会整形外科学专业委员会顾问。

4月3日，到北京饭店参加工程院组织的IAMP第二次全球大会。

5月，被中国病理生理学会聘请为危重病医学专业委员会顾问。

6月，被《中华医学论坛》——脓毒症专辑ICD-ROM聘请为名誉主编。

被第三五九医院聘请为首席技术指导专家。

被聘为《中国百名医学家峰会》烧伤科论坛顾问。

在中国人民解放军首届全军重症医学论坛做了主题为"脓毒症研究的现在和未来"的专题讲座。

4—7日，京西宾馆报并参加5日开始的两院院士大会。

10日，赴南京参加"全军危重病医学会成立大会暨学术交流会"。

11日，参加"全军危重病医学会成立大会暨学术交流会"开幕式。

12日，被《中华损伤与修复杂志》电子版聘请为该杂志英文编辑。

12—13日，参加长海医院军队级12个研究所和中心的挂牌仪式。

25—27日，赴镇江参加359医院举办的全军战创伤新理论新技术师资培训班，并讲授"脓毒症和多器官功能障碍综合征的发病机制及治疗"，同时还参加了该院军队级中心及基地的挂牌仪式。

8月4日，赴兰州参加"第五届全国创伤修复（愈合）与组织再生学术会议"。

12日，参加中国医师协会在人民大会堂举行的"中国百名医学家峰会开幕式"。

14日，参加中国医师协会在京西宾馆主办的"百名医学家峰会——烧伤科论坛"，并作"脓毒症发病机制中的免疫失调"报告。

15日，到国家卫生部16层1608会议室参加了由中国保险行业协会和中国医师协会联合召开的健康保险专家委员会成立大会暨第一次重疾定义专家工作会议，会上颁发了委员证书。

22—24日，赴沈阳军区总医院参加"2006纪念前臂皮瓣发明25周年暨国际整形美容外科专家论坛"。

26—29日，在北京五洲大酒店参加亚太地区危重病会议，并在会上做了有关脓毒症与多脏衰的研究报告。

9月11—13日，赴新疆乌鲁木齐市参加"创面修复与康复专题研讨会暨第6届继续教育烧伤新进展学习班"并作做了"有关涉及感染问题的名词定义"的报告。

10月，在八里庄街道办事处举办的纪念红军长征胜利70周年书画摄影展中荣获特别奖。

17—20日，在北京市昌平区参加了由304医院院承办的第20届全军烧伤整形外科学术会议。

27日，参加"解放军总医院烧伤整形医院"授牌仪式。担任名誉院长，柴家科为院长，付小兵为副院长。

30日，应中华医师协会邀请到人民大会堂参加"2006海峡两岸医疗合作与交流论坛"开幕式。

30日—11月1日，参加解放军总医院第九次党代表大会。

11月12日，参加由天津红日药业在北京举办的"第三届脓毒症高峰论坛"并在开幕式上致词，同时还作了"有关炎症感染的名词定义"的报告。

25日，参加在北京龙脉温泉度假村举办的中西医结合学会灾害医学专业委员会成立大会并在会上做主题为"脓毒症的诊断和治疗"报告。

25日，被聘为中国中西医结合学会灾害医学专业委员会高级顾问。

25—26日，赴唐山市参加26日在工人医院举办的"河北省烧伤年会、全国危重症烧伤早期复苏及创面处理研讨会"并在会上作主题为"有关涉及感染问题的名词定义"的报告。

12月，参与完成的"电烧伤损伤范围的判断和多种毁损组织重建的临床研究"获2006年中华医学科技奖一等奖。

被《中华损伤与修复杂志》电子版聘请为该杂志第一届编辑委员会专家顾问。

12日，被第二军医大学聘请为长海医院烧伤科学名誉教授。

16—19日，赴广州参加广东省人民医院建院60周年庆典活动，并在院士论坛上，作了"有关涉及感染问题的名词定义"的学术报告。

2007年

4月，被中国医师协会聘请为中国医师协会烧伤科医师分会第一届委员会顾问。

12日，授聘为中华医学会《中华损伤与修复杂志（电子版）》第一届编辑委员会专家顾问及英文编辑。

15—17日，赴山东曲阜参加烧伤研究所学习班暨中国医师协会烧伤专业医师分会第一届委员成立大会，授聘任该委员会顾问。

6月2—6日，赴韩国参加第六届亚太地区烧伤大会并作题为"烧伤脓毒症"的报告。

16日，到北京人民大会堂参加"解放军总医院与南开大学合作签字仪式"，被聘为南开大学教授。

7月6日，给河北省崇礼县中国共产主义青年团委员会汇款人民币1万元，以资助4名当地贫困中学生。

16日，与王志雷政委在办公室协商有关中美烧伤会事宜。

9月8日，在北京香山饭店参加全国创伤医学大会，并做主题为"烧伤脓毒症"的报告。

14—17日，赴昆明参加国家继续医学教育项目并做"烧伤脓毒症"讲课。

27日，到第二军医大学参加国家继续医学教育项目并做主题为"烧伤脓毒症"的报告。

29日，在上海医学院枫树林校区礼堂参加上海医学院成立80周年庆祝大会。

10月，因"皮肤软组织扩张技术在损伤后期整复中的应用"获中国人民解放军科学技术进步奖二等奖。

28日，在北京九华山庄参加"第五届脓毒症高峰论坛"并做主题为"有关涉及感染问题的名词定义以及脓毒症的发病机制和治疗"的报告。

10月29日—11月1日，在京丰宾馆参加中国工程院会议。参加本年度中国工程院年会及第二次院士遴选。

11月16—19日，参加上海长征医院急救部成立20周年大会，做主题为"脓毒症"的报告。

24—26日，赴广州参加第八届全国烧伤学术年会，做主题为"汗腺种植研究"的报告。

12月7日，参加301医院举办的为烧伤科为"国家重点学科"挂牌仪式，亲手为国家重点学科揭牌。

17—18日，在中国工程院参加"脓毒症高峰论坛"，作主题为"脓毒症"报告。

2008年

1月12日，在平谷京东第一温泉度假村参加危重急救病症会议。

2月19日，接受CCTV10频道"大家"栏目编导采访。

5月15日，将1万元现金交王志雷政委，作为为四川灾区的捐款；向院领导提出去灾区参加医疗救援工作。最终被列为医疗队预备队员。

6月23—26日，在北京（远望楼）参加中国工程院第九次院士会议；在工程院医药卫生学部学术会议上作主题为"汗腺的种植"的报告。

27—29日，赴武汉第三医院参加烧伤病人会诊。

7月，因"严重创、烧伤感染并发症免疫功能紊乱及其防治新策略的研究"获中国人民解放军科学技术进步奖二等奖。

1日，接待来院参观的巴基斯坦医学代表团。

9—11日，赴长春参加全军第二届危重症急救学术会议，作主题为

"唐山地震某些救治的回顾"的报告。

15—17日，赴包头参加本部主办的国家继续医学教育项目学习班，并作主题为"汗腺的种植"的报告。

22—25日，赴上海参加国家教育部与国家自然基金委主办的"研究生暑期大师论坛"，做主题为"脓毒症"的报告。

8月18日，给河北崇礼共产主义青年团委员会汇款1万元，资助4名中学生。

9月22—26日，先后赴郑州、开封、驻马店，参加"烧伤外科学术会"（郑州）、"解放军第159医院成立50周年庆祝大会"（驻马店）。

10月24—26日，赴苏州参加由中华医学会创伤学分会组织修复学组主办、苏州医学会和苏州大学附属第一医院承办的"第六届全国创伤修复（愈合）与组织再生学术交流会"，作"汗腺的种植"专题发言。

29—31日，赴武汉参加由中华医学会、中华医学会烧伤外科分会湖北省分会举办的"湖北省第十二次烧伤外科学术会议"，作"汗腺的种植"专题发言。

11月，因在烧伤外科领域作出了突出贡献，获中华医学会烧伤外科学分会颁发的"中国烧伤医学杰出成就奖"。

在军医进修学院建院五十周年之际，获终身成就奖。

1—5日，赴长沙参加第九次全国烧伤外科学术会议，作"汗腺的种植"专题发言。

4—6日，赴海口参加中国微生物学会"感染与脓毒症研讨会"，作"感染的定义与脓毒症"专题发言。

15—16日，在北京中海大厦参加总后卫生部组织召开的"全军抗震救灾卫勤保障研讨会"，作"军队医院战创伤学科建设的思考"专题发言。

12月3日，因皮肤损伤过度病理性修复新机制的发现即其应用研究获国家科学技术进步二等奖。

因烧创伤诱导的内源性损伤防治的基础与临床研究获国家科学技术进步奖二等奖。

1—4日，赴广东佛山三水参加由广东佛山市三水区人民政府、中国医药生物技术协会主办、大连百奥泰科技公司承办的"2008年中国再生医学和干细胞大会",作"汗腺的种植"专题报告。

19—22日,赴上海参加解放军第二军医大学烧伤科成立50周年庆典活动。

2009 年

4月,被中国医师协会授予"中国医师协会烧伤科医师分会特别贡献奖"。

被中华医学会聘请为《中华烧伤杂志》第三届编辑委员会顾问。

1—3日,赴长沙参加全军危重症学会学术会议。

16日,到北京国际会议中心参加由北京协和医院组织的"北京协会医院骨科高峰论坛"。

25—27日,赴浙江瑞安参加中国医师协会北京烧伤分会承办的"创口修复与护理教程研讨会"。

5月11—13日,赴湖北襄樊参加本部承办的全国暨全军继续医学教育项目"烧伤脓毒症研究新进展",作"汗腺移植的研究"专题报告。

19—21日,赴江苏无锡第三人民医院烧伤科讲课、查房及指导工作;主讲"如何做好科研工作"。

6月,被《中华烧伤杂志》编辑部聘请为第三届编辑委员会总顾问。

12—14日,赴武汉同济医院参加卫生部"十年百项"(负压密闭引流技术)活动启动仪式;裘法祖院士逝世一周年纪念座谈会及铜像落成揭幕仪式。

18—20日,赴西安参加中华烧伤杂志2009年工作会议,担任顾问。

6月29日—7月1日,到北京会议中心参加中国工程院2009年院士增选大会。

7月,被中华医学会聘请为《中国危重病急救医学》第五届编辑委员会名誉总编辑。

10—12日,赴山东威海参加中华损伤与修复杂志举办的学术会议并作"汗腺种植的研究"专题报告。

13日,到北京海军总医院参加受聘仪式(海军总医院特聘专家);研讨"海军总医院发展战略"、"海战外科学"（暂定名）相关议题。

7月30日—8月4日，到嘉峪关参加"全国危重病急诊学术会议（平原—高原）"，作"脓毒血症与多器官功能障碍综合征的防治策略"专题报告。

9月6—9日，赴宁夏银川参加"宁夏回族自治区海内外人才招聘洽谈会"，应聘为"自治区专家"；在区医院作"汗腺的种植"专题报告。

24日，赴309医院参加"全军危重病护理学习班"开幕式并致祝辞。

10月1日，参加国庆60周年阅兵及庆典活动。

20—21日，赴无锡第三人民医院讲课，作"勤思考、勤学习、认真做好科研工作"专题报告。

22—24日，赴上海长海医院参加全国研究生论坛，做"灾难医学"专题报告。

11月2—4日，赴南昌参加"全国烧伤学术年会"，做"吸入性损伤的临床研究"专题报告；中华医学会烧伤分会授予其"终身成就奖"并颁发证书和奖金。

12月，获北京市人民政府表彰，获奖项目为：异种（猪）皮肤替代物的基础与临床研究，一等奖。

16日，在北京军区总医院参加2009年度中华医学会北京烧伤分会学术年会。

2010年

3月17—19日，赴武汉参加武汉第三医院烧伤科成立40周年庆典活动。

24日，参加中华医学会北京烧伤外科分会会议。

4月2—4日，赴广州番禺参加第三届全军危重兵医学大会，作"创伤外科的过去与未来"专题报告。

7—9日，赴上海参加上海世博局主办、第二军医大学承办的"迎世博反恐医学救援高峰论坛"，为讲座主持人。

16日，被中国人民解放军309医院聘为整形美容烧伤修复中心顾问。

20—23日，赴杭州参加本部承办的继续医学教育项目"多器官衰竭综合症研讨会",作"烧伤脓毒症"专题报告；22日回访原籍浙江德清县。

5月4日,到武警总医院参加灾害救援研讨会。

29日,被中华少年儿童慈善救助基金会特聘为中华少年儿童慈善救助基金会医疗顾问。

6月,中华烧伤杂志编辑委员会授予其特别贡献奖。

1—3日,赴大连参加中华烧伤杂志编委会。

7—11日,到北京会议中心,参加中国工程院第十次大会。获第八届光华工程科技奖。

24日,到京西宾馆参加北京医学会大会,获终身成就奖。

7月2—5日,赴南京、镇江参加中华医学会创伤分会与江苏大学附属医院联合举办的感染研讨会,作"浅谈外科感染"专题报告。

8月6—8日,赴长春参加中华医学会北京烧伤医师分会组织的"伤口覆盖研讨会"。

9月10—12日,赴重庆参加中华医学会感染学分会组织的"脓毒症论坛",做"外科感染与脓毒症"专题报告。

13—15日,在北京京西宾馆参加全军医学大会。14日与全体代表一起接受胡锦涛主席接见。

18—20日,赴济南参加中华医学会创伤与组织修复分会组织的学术会议,做"汗腺的种植"专题报告。

11月7—9日,赴重庆参加第三军医大学承办的"中美烧伤救治与研究高峰论坛",作"乌司他丁治疗烧伤休克"专题报告

10—13日,赴上海参加中华医学会与瑞金医院主办的全国烧伤年会,做"烧伤休克口服液体复苏"专题报告。

26日,在301医院参加"全国急危重症医学高层论坛"会议开幕式。

附录二 盛志勇主要论著目录

中文论文

[1] 盛志勇，黄文华，赵雄飞. 灯心草压缩绷带[J]. 人民军医，1958.

[2] 盛志勇. 火器伤的初期外科处理[J]. 人民军医，1962（8）.

[3] 朱兆明；盛志勇. 注射小剂量细菌内毒素有助于清除烧伤家兔血内的细菌[J]. 人民军医，1965（1）.

[4] 盛志勇. 火器性腹部穿透伤的诊断和处理原则[J]. 人民军医，1965（2）.

[5] 盛志勇. 处理腹部火器伤的术前准备和剖腹探查的方法[J]. 人民军医，1965（3）.

[6] 盛志勇. 四肢战伤的处理（一）[J]. 人民军医，1965（6）.

[7] 盛志勇. 四肢战伤的处理（二）[J]. 人民军医，1965（8）.

[8] 盛志勇. 在处理腹部穿透伤中可能遇到的几个问题[J]. 解放军医学杂志，1966（1）.

[9] 刘世恒，盛志勇. 大面积严重烧伤早期切痂术的禁忌症[J]. 解放军医学杂志，1980（5）：264-266.

[10] 郭振荣，盛志勇. 网状植皮（文献综述）[J]. 国外医学. 外科学分

册，1982（3）：164-167.

[11] 郭振荣，朱兆明，宁淑华，等. 烧伤病人静脉高营养的应用及其并发症的预防［J］. 解放军医学杂志，1982（5）：293-295.

[12] 刘世恒，盛志勇. 严重烧伤后急性肝功能不全［J］. 解放军医学杂志，1983（5）：360-361.

[13] 贾晓明，郭振荣，盛志勇. 急性一氧化碳中毒合并烧伤（摘要）（附25例分析）［J］. 解放军医学杂志，1984（6）：447.

[14] 盛志勇，徐世豪，贾晓明，等. 烧伤后血浆纤维结合蛋白的变化［J］. 解放军医学杂志，1985（5）：327-329.

[15] 柳培檀，郭振荣，盛志勇. 导管败血症［J］. 国外医学. 外科学分册，1986（1）：12-16.

[16] 高维谊，郭振荣，盛志勇. 烧伤休克期输全血或平衡液对心脏收缩性能影响的实验研究［J］. 中华整形烧伤外科杂志，1987：293-295.

[17] 尹少杰，盛志勇. 异体骨冷冻贮存及同种异体移植［J］. 解放军医学杂志，1988（2）：147-148.

[18] 徐小涛，盛志勇. 烧伤对犬外周血粒-单系祖细胞的影响［J］. 解放军医学杂志，1989（2）：86-89.

[19] 董元林，盛志勇. MSOF的面面观［J］. 医学与哲学，1989（4）：1-4.

[20] 盛志勇，董元林，王晓红，等. 缺血后肠源性感染与多器官功能衰竭［J］. 中华创伤杂志，1991（2）：65-68.

[21] 盛志勇，侯树勋，王予彬，等. 近距离肢体中速枪弹伤的弹道特点［J］. 中华创伤杂志，1991：69.

[22] 盛志勇. 述评［J］. 中华整形烧伤外科杂志，1992（1）：1.

[23] 盛志勇，徐世豪，施治国，等. 肿瘤坏死因子致伤无菌大鼠多器官功能损害的初步研究［J］. 解放军医学杂志，1992（3）：168-170.

[24] 林洪远，盛志勇. 对多系统器官衰竭的概念、诊断和命名的初议［J］. 解放军医学杂志，1992（6）：443-445.

[25] 熊德鑫，盛志勇. 创伤外科领域中的几个微生态问题［J］. 中国微生态学杂志，1992（2）：71-74.

[26] 黎君友，郭振荣，盛志勇. 烧伤败血症病人血浆游离氨基酸浓度的变化[J]. 中华整形烧伤外科杂志，1992（4）：272-275.

[27] 姚咏明，田惠民，盛志勇. 选择性清洁肠道疗法及其外科应用（文献综述）[J]. 国外医学. 外科学分册，1992（3）：147-151.

[28] 林洪远，盛志勇. 脓毒症的概念、本质及体液介质的作用[J]. 解放军医学杂志，1993（1）：73-75.

[29] 李基业，黎沾良，盛志勇. 肠道细菌移位的促发因素[J]. 中国急救医学，1993（4）：49-54.

[30] 林洪远，盛志勇. A COMMENT ON THE CONCEPT AND DIAGNOSIS OF MULTIPLE ORGAN SYSTEM FAILURE[J]. 中华创伤杂志，1993（3）：199-201.

[31] 熊德鑫，盛志勇. 微生态学观点用于抗生素的选择[J]. 国外医学. 外科学分册，1993（2）：84-87.

[32] 熊德鑫，祝小枫，盛志勇. 黄褐斑病人皮损区皮肤菌群的研究[J]. 中国微生态学杂志，1994（6）：10-14.

[33] 盛志勇，杨洪明. THE CONCEPT AND DIAGNOSIS OF MULTIPLE SYSTEMS ORGAN FAILURE[J]. Chinese Medical Journal，1994（8）：5-11.

[34] 付小兵，田惠民，盛志勇. Ischemia and Reperfusion Reduces the Endogenous Basic Fibroblast Growth Factor in Rat Skeletal Muscles[J]. Chinese Medical Sciences Journal，1994（4）：262.

[35] 盛志勇，杨洪明. 烧伤脓毒症和多系统器官功能衰竭[J]. 基础医学与临床，1994（4）：1-2.

[36] 熊德鑫，祝小枫，盛志勇. 气相色谱在临床厌氧菌检测上的应用[J]. 中华医学检验杂志，1994（3）：172-175.

[37] 祝小枫，熊德鑫，盛志勇. 建立肠通透性改变测定方法[J]. 中国微生态学杂志，1994（4）：36-38.

[38] 熊德鑫，祝小枫，盛志勇. 痤疮皮损区皮肤菌群的研究[J]. 中国微生态学杂志，1994（5）：9-11.

［39］徐世豪，盛志勇．脓毒症、介质与多系统器官衰竭——临床与实验研究的启示［J］．中国危重病急救医学，1995（6）：365-368.

［40］林洪远，盛志勇．MODS 研究的回顾与瞻望［J］．中华创伤杂志，1995（5）：31-33.

［41］付小兵，田惠民，盛志勇．酸性成纤维细胞生长因子对急性肾缺血-再灌注损伤的治疗效应［J］．中国危重病急救医学，1995（1）：8-11.

［42］付小兵，田惠民，盛志勇．酸性成纤维细胞生长因子减轻急性肠道缺血-再灌注对肝脏的损伤［J］．中国危重病急救医学，1995（6）：355-357.

［43］焦华波，陆家齐，盛志勇．一氧化氮与内毒素休克研究进展［J］．中华创伤杂志，1996（4）：63-65.

［44］熊德鑫，祝小枫，盛志勇．12 种药物对临床分离厌氧菌的体外抗菌活性测定［J］．中国抗生素杂志，1996（1）：36-39.

［45］盛志勇．多器官功能障碍综合征的回顾与展望［J］．解放军医学杂志，1996（1）：3-4.

［46］熊德鑫，祝小枫，盛志勇．肠通透性改变的研究初报［J］．中国微生态学杂志，1996（2）：1-4.

［47］盛志勇，高维谊，郭振荣，et al. THE USE OF ANISODAMINE IN THE TREATMENT OF BURN SHOCK［J］．中华创伤杂志，1996（5）：339-346.

［48］熊德鑫，祝小枫，盛志勇．替硝唑对厌氧菌体外抗菌活性的研究［J］．中国抗生素杂志，1997（6）：74-78.

［49］盛志勇，姚咏明，于燕．The relationship between gut derived endotoxemia and tumor necrosis factor, neopterin: experimental and clinical studies［J］．CHINESE MEDICAL JOURNAL，1997（1）：28-33.

［50］付小兵，盛志勇．软组织创伤修复基础研究的现状与展望［J］．解放军医学杂志，1997（1）：14-15.

［51］熊德鑫，许振国，盛志勇．一些制品中活菌所含质粒的初步分析

[J]．生物技术通讯，1997：155．

[52]吴志谷，孙同柱，盛志勇．双级冷却法对冷冻皮肤活力的影响[J]．解放军医学杂志，1997（5）：69．

[53]盛志勇，付小兵．近年来创伤与创伤基础研究的进展[J]．中国危重病急救医学，1998（8）：6-8．

[54]付小兵，盛志勇．新型敷料与创面修复[J]．中华创伤杂志，1998（4）：58-60．

[55]章亚东，侯树勋，盛志勇，等．交通事故伤致死性并发症相关因素及防治[J]．中华外科杂志，1998（3）：44-47．

[56]盛志勇，姚咏明．脓毒症研究的现状与展望[J]．解放军医学杂志，1999（2）：1-4．

[57]付小兵，盛志勇．我国软组织创伤修复研究的现状与展望[J]．中华医学杂志，1999（4）：76-77．

[58]盛志勇，林洪远．关于sepsis译名的商榷[J]．科技术语研究，1999（3）：12-13．

[59]黎君友，郭振荣，盛志勇．烧伤病人血浆游离氨基酸的变化及意义[J]．解放军医学杂志，1999（2）：49-50．

[60]姚咏明，盛志勇．MODS抗炎治疗研究的反思[J]．中国危重病急救医学，1999（8）：9-11．

[61]盛志勇．严重烧伤后多器官功能障碍综合征的防治[J]．中华烧伤杂志，2000（3）．

[62]盛志勇，杨红明，柴家科，等．大面积烧伤后多器官功能障碍综合征的临床防治[J]．中华外科杂志，2000（6）．

[63]姚咏明，盛志勇．脓毒症研究的若干新动态[J]．中国危重病急救医学，2000（6）．

[64]姚咏明，盛志勇．重视金黄色葡萄球菌脓毒症的研究[J]．中华烧伤杂志，2000（2）：11-13．

[65]付小兵，盛志勇．积极审慎地开展创面愈合的基因治疗研究[J]．中华创伤杂志，2000（6）：8-10．

［66］盛志勇. 严重烧伤后多器官功能衰竭综合征的防治［J］. 感染. 炎症. 修复，2000（2）：59-61.

［67］孙晓庆，付小兵，盛志勇. 表皮干细胞［J］. 中华创伤杂志，2000（10）：58-61.

［68］吴焱秋，柴家科，盛志勇. 烧伤后大鼠不同类型骨骼肌蛋白降解率的变化规律及其与糖皮质激素间的关系［J］. 解放军医学杂志，2001（12）.

［69］姚咏明，盛志勇. 金黄色葡萄球菌肠毒素与多器官功能障碍综合征［J］. 中国危重病急救医学，2001（9）：517-519.

［70］林洪远，盛志勇. 全身炎症反应和MODS认识的变化及现状［J］. 中国危重病急救医学，2001（11）：643-646.

［71］胡森，盛志勇. 山莨菪碱对肠缺血-再灌注大鼠肠黏膜血流量的影响［J］. 中国危重病急救医学，2001（11）：678-680.

［72］程飚，付小兵，盛志勇. 有关创面愈合中信号调控机制的新认识［J］. 现代康复，2001（24）：72-73.

［73］柳琪林，胡森，盛志勇. 肺泡Ⅱ型细胞与急性肺损伤［J］. 感染. 炎症. 修复，2001（4）：243-244.

［74］李建福，付小兵，盛志勇. 汗腺发生过程中几种细胞外基质成分变化规律的组化研究［J］. 感染. 炎症. 修复，2001（3）：158-160.

［75］付小兵，王正国，盛志勇. 正常创伤修复与"失控"创伤修复的研究现状与展望［J］. 中国修复重建外科杂志，2001（6）：385-388.

［76］程飚，付小兵，盛志勇. 基因治疗在创面愈合中的应用［J］. 感染. 炎症. 修复，2001（3）：177-180.

［77］方文慧，姚咏明，盛志勇. 肿瘤坏死因子拮抗剂防治脓毒症的研究现状［J］. 创伤外科杂志，2001（2）.

［78］柴家科，吴焱秋，盛志勇. 脓毒症对不同类型骨骼肌蛋白降解率的影响及其机制初探［J］. 中国危重病急救医学，2001（5）.

［79］盛志勇. 严重烧伤后多器官功能障碍综合征的临床防治策略［J］. 中华急诊医学杂志，2001（1）.

[80]程飚，付小兵，盛志勇. 神经肽与生长因子在创伤修复过程中细胞信号传导系统中的角色——该领域研究正成为关注的重点［J］. 现代康复，2001（14）.

[81]程飚，付小兵，盛志勇. 神经再支配对修复细胞的影响及在瘢痕形成中的地位［J］. 现代康复，2001（18）.

[82]付小兵，王正国，盛志勇. 正常的创伤修复与"失控"的创伤修复［J］. 感染. 炎症. 修复，2001（2）：63-65.

[83]吴焱秋，柴家科，盛志勇. 烧伤早期大鼠骨骼肌组织泛素转录表达的变化研究［J］. 中国危重病急救医学，2001（7）：423-426.

[84]李建福，付小兵，盛志勇. 汗腺发生过程中基质金属蛋白酶与层黏连蛋白、纤连蛋白的表达特征［J］. 中华创伤杂志，2002（7）：12-15.

[85]李建福，付小兵，盛志勇. 表皮生长因子、基质金属蛋白酶与汗腺发生相关性的实验研究［J］. 解放军医学杂志，2002（5）：383-385.

[86]盛志勇. Prevention of multiple organ dysfunction syndrome in patients with extensive deep burns［J］. Chinese Journal of Traumatology，2002（4）：4-8.

[87]柴家科，吴焱秋，盛志勇. 脓毒症大鼠骨骼肌蛋白降解增强与泛素转录表达关系的研究［J］. 军医进修学院学报，2002（2）：81-85.

[88]柴家科，吴焱秋，盛志勇. 严重烧伤大鼠早期切痂植皮对急性期反应的影响及意义［J］. 中华医学杂志，2002（20）.

[89]付小兵，程飚，盛志勇. 有关创伤修复与组织再生的现代认识［J］. 中国危重病急救医学，2002（2）：67-68.

[90]李建福，付小兵，盛志勇. 表皮干细胞的研究近况［J］. 中华烧伤杂志，2002（1）：60-62.

[91]柴家科，盛志勇. 进一步重视大面积深度烧伤皮肤替代物的研究［J］. 中华烧伤杂志，2002（2）：9-10.

[92]胡森，黎君友，盛志勇. 失血性休克复苏后肠内给予特殊营养物对肠粘膜血流量的影响［J］. 氨基酸和生物资源，2002（1）.

[93]盛志勇. THE DEVELOPMENT OF BURN SURGERY IN CHINA-A RETROSPECTIVE OVERVIEW［J］. Chinese Medical Sciences

Journal, 2002（1）：57-62.

［94］胡森, 盛志勇. 肠缺血再灌注时肠内给予不同营养物对肠粘膜ATP含量的影响［J］. 氨基酸和生物资源, 2002（3）.

［95］柴家科, 盛志勇. 进一步重视大面积深度烧伤皮肤替代物的研究［J］. 感染. 炎症. 修复, 2002（1）：6-7.

［96］程飚, 付小兵, 盛志勇. 基因治疗在创面愈合中的应用［J］. 创伤外科杂志, 2002（1）.

［97］程飚, 付小兵, 盛志勇. 胎儿无瘢痕愈合与神经发育［J］. 中华实验外科杂志, 2002（2）：95-96.

［98］李建福, 付小兵, 盛志勇. 人胚胎期表皮干细胞与汗腺发生过程关系的研究［J］. 感染. 炎症. 修复, 2002（1）：17-19.

［99］申传安, 柴家科, 盛志勇. TNF对离体孵育骨骼肌的蛋白代谢与泛素系统基因表达的影响［J］. 解放军医学杂志, 2002（7）：582-584.

［100］程飚, 付小兵, 盛志勇, 等. 增生性瘢痕与正常皮肤内的磷酸化酪氨酸蛋白及表皮生长因子受体的变化及意义［J］. 中华实验外科杂志, 2002（3）：92.

［101］付小兵, 盛志勇. 对创伤修复中信号转导机制的认识［J］. 中国危重病急救医学, 2002（7）：387-388.

［102］柴家科, 吴焱秋, 盛志勇. 烧伤后大鼠骨骼肌组织泛素及泛素化蛋白表达的变化研究［J］. 解放军医学杂志, 2002（7）.

［103］李红云, 姚咏明, 盛志勇. Toll样受体与脓毒症的研究进展［J］. 中华烧伤杂志, 2002（5）：58-61.

［104］盛志勇, 付小兵. 深入开展组织由解剖修复到功能性修复的应用基础研究［J］. 中华外科杂志, 2002（1）：10-11.

［105］姚咏明, 盛志勇. 高迁移率族蛋白-1在脓毒症发病中的作用与意义［J］. 解放军医学杂志, 2002（9）：753-756.

［106］付小兵, 李建福, 盛志勇. 对细胞逆分化现象的再认识［J］. 感染. 炎症. 修复, 2002（3）：131-134.

[107] 李建福, 付小兵, 盛志勇. 汗腺发生过程细胞外基质成分的免疫组织化学变化 [J]. 中华外科杂志, 2002（1）.

[108] 李建福, 付小兵, 盛志勇. 人胚胎期表皮干细胞与汗腺发生过程关系的研究 [J]. 中华烧伤杂志, 2002（6）: 49-51.

[109] 柴家科, 吴焱秋, 盛志勇. 烧伤刺激大鼠骨骼肌组织泛素活化酶的转录表达 [J]. 中华外科杂志, 2002（1）.

[110] 程飚, 付小兵, 盛志勇. 创面愈合中基因治疗的进展 [J]. 中国病理生理杂志, 2002（10）: 129-132.

[111] 盛志勇, 姚咏明, 林洪远. 全身炎症反应和多器官功能障碍综合征认识的变迁及现状 [J]. 解放军医学杂志, 2002（2）: 98-100.

[112] 郭振荣, 盛志勇, 柴家科, 等. 烧伤休克防治措施的改进 [J]. 感染. 炎症. 修复, 2002（4）: 195-198.

[113] 付小兵, 盛志勇. 创伤修复严重后遗症的发生机制与防治：希望和挑战 [J]. 解放军医学杂志, 2002（2）: 109-111.

[114] 陈伟, 付小兵, 盛志勇. Review of current progress in the structure and function of Smad proteins [J]. Chinese Medical Journal, 2002（3）: 127-131.

[115] 吴焱秋, 柴家科, 盛志勇. 烫伤休克期切痂植皮对骨骼肌蛋白降解率影响的实验研究 [J]. 中华外科杂志, 2002（3）.

[116] 付小兵, 李建福, 盛志勇. 表皮干细胞：实现创面由解剖修复到功能修复飞跃的新策略 [J]. 感染. 炎症. 修复, 2002（4）: 199-201.

[117] 付小兵, 郭振荣, 盛志勇, 等. 碱性成纤维细胞生长因子加速慢性难愈合创面愈合 [J]. Chinese Medical Journal, 2002（3）: 145.

[118] 柴家科, 申传安, 盛志勇. 糖皮质激素在烧伤脓毒症骨骼肌蛋白代谢中作用的研究 [J]. 中华外科杂志, 2002（9）.

[119] 陈伟, 付小兵, 盛志勇. Smads 蛋白结构与功能的研究进展 [J]. Chinese Medical Journal, 2002（3）: 159.

[120] 于勇, 盛志勇. 抗生素使用与病原菌耐药量化关系的研究进展 [J].

感染. 炎症. 修复，2003（3）：184-188.

［121］盛志勇，姚咏明. 努力提高脓毒症的认识水平［J］. 感染. 炎症. 修复，2003（1）：3.

［122］姚咏明，盛志勇. 我国创伤脓毒症基础研究新进展［J］. 中华创伤杂志，2003（1）：8-11.

［123］柴家科，盛志勇. 严重烧伤脓毒症骨骼肌蛋白分解代谢的机制及意义［J］. 解放军医学杂志，2003（11）：947-951.

［124］姚咏明，盛志勇. 加强Janus激酶/信号转导和转录激活因子通路在脓毒症发病中作用的研究［J］. 感染. 炎症. 修复，2003（2）：67-69.

［125］胡森，盛志勇. 多器官功能障碍综合征研究和治疗的进展与展望［J］. 感染. 炎症. 修复，2003（2）：116-121.

［126］付小兵，程飚，盛志勇. 组织结构特征对创面愈合研究的启示［J］. 中华创伤杂志，2003（4）：4-5.

［127］程飚，付小兵，盛志勇. 脂肪与创面愈合［J］. 感染. 炎症. 修复，2003（2）：122-124.

［128］方文慧，姚咏明，盛志勇. 浅谈英文论文的撰写和修改［J］. 感染. 炎症. 修复，2003（1）：60-61.

［129］盛志勇. 努力提高脓毒症的认识水平［J］. 中国危重病急救医学，2003（3）：131.

［130］林洪远，盛志勇. 我们需要一个更清晰和准确的脓毒症定义——对2001年华盛顿"国际脓毒症定义会议"的初步评析［J］. 感染. 炎症. 修复，2003（3）：131-133.

［131］吴焱秋，柴家科，盛志勇. 糖皮质激素在烧伤大鼠骨骼肌蛋白降解中的作用及其与蛋白酶体亚基表达的关系［J］. 中华实验外科杂志，2003（3）.

［132］付小兵，李建福，盛志勇. 表皮干细胞：实现创面由解剖修复到功能修复飞跃的新策略［J］. 中华烧伤杂志，2003（1）：5-7.

［133］林洪远，盛志勇. 我们需要一个更清晰的脓毒症概念和标准——介

绍和评析 2001 年华盛顿国际脓毒症定义会议[J]. 中华外科杂志，2004（14）：7-9.

[134] 姜笃银，付小兵，盛志勇. 皮肤创（烧）伤后继发假上皮瘤样增生病变[J]. 感染. 炎症. 修复，2004（3）：107-110.

[135] 胥彩林，姚咏明，盛志勇. 生物喋呤在脓毒症中的作用及其相关信号转导机制的研究进展[J]. 中华烧伤杂志，2004（6）：64-66.

[136] 王忠堂，姚咏明，盛志勇，等. 休克期切痂对烫伤大鼠肝、肺组织高迁移率族蛋白B1表达及促炎/抗炎平衡的影响[J]. 中华外科杂志，2004（14）：10-15.

[137] 张诚，盛志勇，胡森，等. 烫伤延迟复苏后细胞凋亡对肠粘膜通透性的影响[J]. 西北国防医学杂志，2004（1）：10-12.

[138] 申传安，柴家科，盛志勇，等. 妊娠合并大面积深度烧伤的救治体会[J]. 感染. 炎症. 修复，2004（3）：124-125.

[139] 林洪远，盛志勇. 脓毒症免疫调理治疗的新思路[J]. 中国危重病急救医学，2004（2）：67-69.

[140] 付小兵，程飚，盛志勇. 进一步重视脂肪新功能对创面愈合作用的研究[J]. 中国修复重建外科杂志，2004（6）：447-448.

[141] 王忠堂，盛志勇，蔡宝仁，等. 双歧杆菌对严重烧伤患者美罗培南应用后肠菌群的调节[J]. 中华医院感染学杂志，2004（7）：18-21.

[142] 杨红明，柴家科，盛志勇，等. 成批中重度烧伤患者长途转送后的救治[J]. 军医进修学院学报，2004（2）.

[143] 于勇，盛志勇，柴家科，等. 烧伤临床抗菌药物使用的统计分析[J]. 感染炎症修复，2004（4）：150.

[144] 付小兵，程飚，盛志勇. 生长因子应用于临床创伤修复——十年的主要进展与展望[J]. 中国修复重建外科杂志，2004（6）：508-512.

[145] 姜笃银，付小兵，盛志勇，等. 皮肤损害过程中肉芽组织形成与微血管结构的关系[J]. 中国临床康复，2004（26）：5600-5602.

[146] 曹卫红，胡森，盛志勇. 肠缺血再灌注损伤发病机制及防治[J].

感染. 炎症. 修复, 2004: 61-63.

[147] 王忠堂, 姚咏明, 盛志勇, 等. 休克期切痂对烫伤大鼠肝 HMGB1 表达及肝功能的影响 [J]. 中华急诊医学杂志, 2004 (12).

[148] 蔺静, 姚咏明, 盛志勇. 内毒素受体基因多态性与脓毒症的研究进展 [J]. 解放军医学杂志, 2004 (11): 1006-1008.

[149] 程飚, 付小兵, 盛志勇, 等. 外源性 bFGF 对深度烫伤大鼠创面血管内皮细胞增殖与迁移的影响 [J]. 中国修复重建外科杂志, 2004 (3).

[150] 王忠堂, 姚咏明, 盛志勇. 高迁移率族蛋白 B1 的细胞核外作用 [J]. 中国病理生理杂志, 2004 (4).

[151] 王忠堂, 姚咏明, 盛志勇, 等. 休克期切痂对烫伤大鼠肺高迁移率族蛋白 B1 表达的影响及其意义 [J]. 中华实验外科杂志, 2004 (4).

[152] 胡森, 柳琪林, 盛志勇, 等. 表皮细胞生长因子气管内给药减轻吸入性损伤引起的肺水肿 [J]. 中华急诊医学杂志, 2004 (1): 24-26.

[153] 姜笃银, 付小兵, 盛志勇, 等. 假性上皮瘤样增生病变中上皮-间质连接区基底膜相关成分缺失机制的研究 [J]. 中国危重病急救医学, 2004 (1): 36-41.

[154] 郭振荣, 盛志勇. 不断发展壮大的烧伤专业 [J]. 感染. 炎症. 修复, 2004 (3): 67-68.

[155] 盛志勇. 进一步提高脓毒症和 MODS 的诊治水平 [J]. 临床外科杂志, 2004 (11): 653-654.

[156] 姚咏明, 盛志勇. Janus 激酶/信号转导子和转录激活因子通路与创伤脓毒症的关系 [J]. 解放军医学杂志, 2004 (1): 27-29.

[157] 于勇, 盛志勇, 柴家科, 等. 烧伤感染病原菌结构变化的研究 [J]. 感染. 炎症. 修复, 2004 (3): 79-82.

[158] 姚咏明, 盛志勇. 金黄色葡萄球菌外毒素与脓毒症及多器官损害 [J]. 中华创伤杂志, 2004 (12): 11-14.

[159] 姜笃银, 付小兵, 盛志勇, 等. 皮肤创伤后形成假性上皮瘤样肉芽

肿的病因分析——附11例报告［J］．中国危重病急救医学，2004（8）：454-457．

［160］柴家科，盛志勇．有关烧伤休克复苏问题的探讨［J］．解放军医学杂志，2005（11）：7-10．

［161］于勇，盛志勇．金黄色葡萄球菌临床感染的变化趋势［J］．军医进修学院学报，2005（4）：317-318．

［162］姜笃银，付小兵，盛志勇，等．微血管基底膜相关成分缺失在假上皮瘤样肉芽肿发病中的作用［J］．中华烧伤杂志，2005（2）：137-138．

［163］柴家科，盛志勇．应重视严重烧伤脓毒症患者骨骼肌蛋白高分解代谢的研究［J］．中华医学杂志，2005（41）：8-10．

［164］林洪远，盛志勇．战、创伤休克复苏治疗高层研讨会会议纪要［J］．人民军医，2005（10）：619-620．

［165］姚咏明，盛志勇．加强对烧伤后金黄色葡萄球菌外毒素作用的研究［J］．中华烧伤杂志，2005（2）：152-154．

［166］柴家科，申传安，盛志勇．严重烧伤脓毒症患者骨骼肌蛋白分解代谢的临床研究［J］．中华医学杂志，2005（41）．

［167］杨红明，柴家科，盛志勇，等．内毒素对人皮肤成纤维细胞的影响及在增生性瘢痕形成中的意义探讨［J］．中国药物与临床，2005（8）：568-569．

［168］付小兵，盛志勇．深入开展基因表达与皮肤及其附件发育关系的研究［J］．创伤外科杂志，2005（2）：151-153．

［169］姚咏明，盛志勇．内毒素与革兰阳性菌致病因子的协同效应与意义［J］．中国危重病急救医学，2005（4）：193-196．

［170］姚咏明，盛志勇．重视对脓毒症本质的探讨［J］．中华急诊医学杂志，2005（3）：185-186．

［171］姚咏明，盛志勇．创、烧伤脓毒症研究的重要领域与进展［J］．解放军医学杂志，2005（10）：857-860．

［172］盛志勇，李国平．雌激素对创伤失血性休克肠道细菌移位的影响

[J]．江西医学院学报，2005（2）．

[173] 姜笃银，付小兵，盛志勇．硫酸乙酰肝素糖蛋白的结构—功能多样性与相关修饰酶群作用［J］．中国病理生理杂志，2005（5）：1020-1025.

[174] 盛志勇．严重创、烧伤后脓毒症与多器官功能障碍综合征的防治［J］．中华创伤杂志，2005（1）：14-17.

[175] 任清华，胡森，盛志勇．战（创、烧）伤休克早期口服液体复苏研究进展［J］．解放军医学杂志，2005（7）：571-573.

[176] 程飚，付小兵，盛志勇．脂肪与创面愈合［J］．中国修复重建外科杂志，2005（1）：78-81.

[177] 雷永红，付小兵，盛志勇．成体干细胞生物学的研究进展［J］．感染．炎症．修复，2005（3）：165-169.

[178] 柴家科，盛志勇，杨红明，等．两批危重烧伤患者转入院后的早期救治体会（英文）［J］．解放军医学杂志，2005（2）：117-120.

[179] 程飚，付小兵，盛志勇．雌激素与创面愈合［J］．创伤外科杂志，2005（6）：74-76.

[180] 于勇，盛志勇，柴家科，等．烧伤创面愈合前病原菌的更替［J］．军医进修学院学报，2005（4）：302-303.

[181] 姚咏明，张莹，盛志勇．重视贫铀武器对人与环境危害及其防护的研究［J］．中国急救复苏与灾害医学杂志，2006（6）：195-198.

[182] 刘辉，姚咏明，盛志勇．脓毒症研究的新策略——非线性观点［J］．中华外科杂志，2006（3）：205-207.

[183] 程飚，付小兵，盛志勇，等．局部应用碱性成纤维细胞生长因子对烫伤创面愈合及周围神经纤维再生的影响［J］．中华外科杂志，2006（3）：198-199.

[184] 王瑞兰，盛志勇，许建宁，等．机械通气动态通气参数对ARDS犬肺组织病理学的影响［J］．江西医学院学报，2006（2）：21-23.

[185] 姚咏明，刘峰，盛志勇．多器官功能障碍综合征与脏器功能支持策略［J］．中华急诊医学杂志，2006（4）：293-294.

[186] 姚咏明,刘辉,盛志勇. 提高对神经—内分泌—免疫网络与创伤脓毒症的认识[J]. 中华创伤杂志,2006(8): 561-564.

[187] 雷永红,付小兵,盛志勇,等. 诱导脂肪干细胞向表皮细胞表型的转分化研究[J]. 中华实验外科杂志,2006(12).

[188] 姚咏明,盛志勇,林洪远,等. 2001年国际脓毒症定义会议关于脓毒症诊断的新标准[J]. 中国危重病急救医学,2006(11): 645-646.

[189] 李建福,付小兵,盛志勇,等. 创面愈合过程中创缘表皮干细胞的异位(英文)[J]. 中国修复重建外科杂志,2006(3): 264-267.

[190] 徐姗,姚咏明,盛志勇. 树突细胞与T淋巴细胞相互作用及其免疫调节效应[J]. 解放军医学杂志,2006(9): 919-921.

[191] 盛志勇,姚咏明,林洪远. Immunologic dissonance in the pathogenesis of sepsis[J]. 中国危重病急救医学,2006(11): 641-642.

[192] 申传安,柴家科,盛志勇,等. 胰岛素对体外培养兔骨骼肌肌管蛋白降解的调节作用[J]. 中华烧伤杂志,2006(4): 262-265.

[193] 王瑞兰,许建宁,盛志勇,等. 机械通气动态通气参数对急性呼吸窘迫综合征犬肺损伤的影响[J]. 中国危重病急救医学,2006(6): 334-337.

[194] 盛志勇,赵雩卿. 脓毒症诊治新策[J]. 中国医疗前沿,2006(6): 81-84.

[195] 于勇,盛志勇,柴家科,等. 烧伤病区抗菌药物使用9年的回顾性分析[J]. 中华医院感染学杂志,2006(12): 1403-1405.

[196] 盛志勇,黎沾良,管向东,等. 外科感染有关概念的翻译与争论[J]. 中国实用外科杂志,2007(12): 1007-1010.

[197] 王忠堂,姚咏明,盛志勇,等. HMGB1对淋巴细胞增殖、凋亡及T_H和T_C亚群的影响[J]. 中华微生物学和免疫学杂志,2007(7): 663.

[198] 姚咏明,盛志勇. 进一步提高对严重脓毒症胰岛素抵抗的认识[J]. 中国急救复苏与灾害医学杂志,2007(12): 705-707.

[199] 盛志勇，林洪远，姚咏明. 脓毒症中的免疫"失和谐"现象（英文）[J]. 解放军医学杂志，2007（8）：783-785.

[200] 张莹，姚咏明，盛志勇. 调节性T细胞研究进展[J]. 生理科学进展，2007（1）：83-88.

[201] 张立天，姚咏明，盛志勇. 细胞因子对树突状细胞成熟的调节作用及机制[J]. 感染. 炎症. 修复，2007（1）：52-56.

[202] 车晋伟，胡森，盛志勇. 烧（创）伤休克战地液体复苏研究进展[J]. 解放军医学杂志，2007（3）：271-273.

[203] 柴家科，盛志勇. 建立成批烧创伤急救体系，提高平战时救治能力[J]. 解放军医学杂志，2007（12）：1201-1204.

[204] 盛志勇，付小兵，蔡飒，等. 汗腺的种植（附2例报告）[J]. 解放军医学杂志，2008（4）：363-368.

[205] 王淑君，柴家科，盛志勇，等. 25年1043例危重烧伤住院患者调查分析[J]. 解放军医学杂志，2008（12）：1477-1479.

[206] 盛志勇. 军队医院战创伤学科建设的思考[J]. 解放军医学杂志，2008（12）：1399-1401.

[207] 黄立锋，姚咏明，盛志勇. 树突状细胞与调节性T细胞相互作用研究进展[J]. 中国病理生理杂志，2008（3）：610-616.

[208] 孙晓艳，付小兵，盛志勇，等. 胚胎组织提取液影响表皮干细胞表型变化的初步研究[J]. 中国病理生理杂志，2008（5）：883-887.

[209] 胡森，盛志勇. 口服补液——战争或突发事故及灾害时救治烧伤休克的液体复苏途径[J]. 解放军医学杂志，2008（6）：635-636.

[210] 姚咏明，盛志勇，黄立峰. The Effect of a Novel Cytokine, High Mobility Group Box 1 Protein, on the Development of Traumatic Sepsis[J]. Chinese Journal of Integrative Medicine，2009（1）：13-15.

[211] 祝筱梅，姚咏明，盛志勇. 内质网应激与急性损伤后免疫反应[J]. 生理科学进展，2009（1）：51-55.

[212] 贾赤宇，盛志勇. 浅谈烧伤真菌感染的临床防治策略[J]. 中华损伤与修复杂志（电子版），2009（5）：505-509.

［213］祝筱梅，姚咏明，盛志勇. 炎症复合体与炎症反应［J］. 生物化学与生物物理进展，2010（2）：129-137.

［214］周国勇，胡森，盛志勇. 脓毒症免疫调理治疗研究进展［J］. 解放军医学杂志，2010（6）：748-750.

［215］祝筱梅，姚咏明，盛志勇. 凝溶胶蛋白与创伤后炎症反应［J］. 生理科学进展，2010（4）：279-282.

［216］吴志谷，付小兵，盛志勇. 舌下或颊黏膜二氧化碳分压测量技术研究进展［J］. 解放军医学杂志，2011（10）：1117-1121.

［217］盛志勇，姚咏明. 加强对脓毒症免疫功能障碍及其监测的研究［J］. 解放军医学杂志，2011（1）：8-10.

［218］胡森，盛志勇. 重视战、创（烧）伤休克现场非常规救治技术研究［J］. 解放军医学杂志，2011（1）：5-7.

英文著作

［219］Bao, C. et al., 2010. Effect of carbachol on intestinal mucosal blood flow, activity of Na+-K+-ATPase, expression of aquaporin-1, and intestinal absorption rate during enteral resuscitation of burn shock in rats. *Journal of burn care &research: official publication of the American Burn Association*, 31（1）, pp.200-206.

［220］Chai, J., Song, H., et al., 2003a. Repair and reconstruction of massively damaged burn wounds. Burns: *journal of the International Society for Burn Injuries*, 29（7）, pp.726-732.

［221］Chai, J., Wu, Y.& Sheng, Z., 2002. The relationship between skeletal muscle proteolysis and ubiquitin-proteasome proteolytic pathway in burned rats. *Burns: journal of the International Society for Burn Injuries*, 28（6）, pp.527-533.

［222］Chai, J., Wu, Y. & Sheng, Z.Z., 2003b. Role of ubiquitin-proteasome pathway in skeletal muscle wasting in rats with endotoxemia.

Critical care medicine, 31（6）, pp.1802-1807.

[223] Chen, W. et al., 2003. Analysis of differentially expressed genes in keloids and normal skin with cDNA microarray. *Journal of Surgical Research*, 113（2）, pp.208-216.

[224] Chen, W. et al., 2005. Ontogeny of expression of transforming growth factor-beta and its receptors and their possible relationship with scarless healing in human fetal skin. *Wound repair and regeneration: official publication of the Wound Healing Society [and] the European Tissue Repair Society*, 13（1）, pp.68-75.

[225] Chen, W., Fu, X. & Sheng, Z., 2002. Review of current progress in the structure and function of Smad proteins. *Chinese medical journal*, 115（3）, pp.446-450.

[226] Chen, W., Fu, X., Ge, S., Sun, T. & Sheng, Z., 2007a. Differential expression of matrix metalloproteinases and tissue-derived inhibitors of metalloproteinase in fetal and adult skins. *The international journal of biochemistry & cell biology*, 39（5）, pp.997-1005.

[227] Chen, W., Fu, X., Ge, S., Sun, T., Zhou, Gang, et al., 2007b. Profiling of genes differentially expressed in a rat of early and later gestational ages with high-density oligonucleotide DNA array. *Wound repair and regeneration: official publication of the Wound Healing Society [and] the European Tissue Repair Society*, 15（1）, pp.147-155.

[228] Cheng, B. et al., 2002. Expression of epidermal growth factor receptor and related phosphorylation proteins in hypertrophic scars and normal skin. *Chinese medical journal*, 115（10）, pp.1525-1528.

[229] Cheng, B. et al., 2006. Recombinant human platelet-derived growth factor enhances repair of cutaneous full-thickness excision by increasing the phosphorylation of extracellular signal-regulated kinase in diabetic rat. *Zhongguo xiu fu chong jian wai ke za zhi=Zhongguo xiufu chongjian*

waike zazhi=Chinese journal of reparative and reconstructive surgery, 20 (11), pp.1093–1098.

[230] Duan, H. et al., 2009. Effect of burn injury on apoptosis and expression of apoptosis-related genes/proteins in skeletal muscles of rats.Apoptosis: an international journal on programmed cell death, 14 (1), pp.52–65.

[231] Fu, X. et al., 2009. Migration of bone marrow-derived mesenchymal stem cells induced by tumor necrosis factor-alpha and its possible role in wound healing. *Wound repair and regeneration: official publication of the Wound Healing Society [and] the European Tissue Repair Society*, 17 (2), pp.185–191.

[232] Fu, X. et al., 2003. Thermal injuries induce gene expression of endogenous c-fos, c-myc and bFGF in burned tissues. *Chinese medical journal*, 116 (2), pp.235–238.

[233] Fu, X., Fang, L., et al., 2007a. Adipose tissue extract enhances skin wound healing. *Wound repair and regeneration: official publication of the Wound Healing Society [and] the European Tissue Repair Society*, 15 (4), pp.540–548.

[234] Fu, X., Fang, L., et al., 2006a. Enhanced wound-healing quality with bone marrow mesenchymal stem cells autografting after skin injury. *Wound repair and regeneration: official publication of the Wound Healing Society [and] the European Tissue Repair Society*, 14 (3), pp.325–335.

[235] Fu, X., Jiang, Duying, et al., 2007b. Pseudoepitheliomatous hyperplasia formation after skin injury. *Wound repair and regeneration: official publication of the Wound Healing Society [and] the European Tissue Repair Society*, 15 (1), pp.39–46.

[236] Fu, X., Li, J., et al., 2005a. Epidermal stem cells are the source of sweat glands in human fetal skin: evidence of synergetic development of stem cells, sweat glands, growth factors, and matrix metalloproteinases.

Wound repair and regeneration: official publication of the Wound Healing Society [and] the European Tissue Repair Society, 13 (1), pp.102-108.

[237] Fu, X., Li, X., et al., 2005b. Engineered growth factors and cutaneous wound healing: success and possible questions in the past 10 years. *Wound repair and regeneration: official publication of the Wound Healing Society [and] the European Tissue Repair Society*, 13 (2), pp.122-130.

[238] Fu, X., Qu, Z. & Sheng, Z., 2006b. Potentiality of mesenchymal stem cells in regeneration of sweat glands. *Journal of Surgical Research*, 136 (2), pp.204-208.

[239] Fu, X., Shen, Z., et al., 2002a. Healing of chronic cutaneous wounds by topical treatment with basic fibroblast growth factor. *Chinese medical journal*, 115 (3), pp.331-335.

[240] Fu, X., Yang, Y., et al., 2002b. Comparative study of fibronectin gene expression in tissues from hypertrophic scars and diabetic foot ulcers. *Chinese medical sciences journal=Chung-kuo i hsüeh k'o hsüeh tsa chih/ Chinese Academy of Medical Sciences*, 17 (2), pp.90-94.

[241] Hu, Q. et al., 2012. Oral hypertonic electrolyte-glucose/mosapride complex solution for resuscitation of burn shock in dogs. *Journal of burn care &research: official publication of the American Burn Association*, 33 (2), pp.e63-9.

[242] Hui, L. et al., 2009. Inhibition of Janus kinase 2 and signal transduction and activator of transcription 3 protect against cecal ligation and puncture-induced multiple organ damage and mortality. *The Journal of trauma*, 66 (3), pp.859-865.

[243] Jiang, Duyin et al., 2005. [Relationship between keloid proliferation and apoptosis of epithelial cell with destruction of structure and function of skin appendages]. *Zhongguo xiu fu chong jian wai ke za zhi =*

Zhongguo xiufu chongjian waike zazhi=Chinese journal of reparative and reconstructive surgery, 19 (1), pp.15-19.

[244] Li, J.et al., 2006a. Ectopia of epidermal stem cells on wound edge during wound healing process. Zhongguo xiu fu chong jian wai ke za zhi=Zhongguo xiufu chongjian waike zazhi=Chinese journal of reparative and reconstructive surgery, 20 (3), pp.264-267.

[245] Li, J.et al., 2002. The interaction between epidermal growth factor and matrix metalloproteinases induces the development of sweat glands in human fetal skin. Journal of Surgical Research, 106 (2), pp.258-263.

[246] Li, L. et al., 2006b. A comparative study on the predictive value of digital subtraction angiography and B-mode ultrasonography in evaluating arterial injury in high-voltage electrical burn of the forearm. Journal of burn care &research: official publication of the American Burn Association, 27 (4), pp.502-507.

[247] Sheng, Z., 2002a. Prevention of multiple organ dysfunction syndrome in patients with extensive deep burns. Chinese journal of traumatology = Zhonghua chuang shang za zhi/Chinese Medical Association, 5 (4), pp.195-199.

[248] Sheng, Z., 2002b. The development of burn surgery in China-a retrospective overview. Chinese medical sciences journal=Chung-kuo i hs ü eh k'o hs ü eh tsa chih/Chinese Academy of Medical Sciences, 17 (1), pp.57-62.

[249] Sheng, Z. et al., 2009. Regeneration of functional sweat gland-like structures by transplanted differentiated bone marrow mesenchymal stem cells. Wound repair and regeneration: official publication of the Wound Healing Society [and] the European Tissue Repair Society, 17 (3), pp.427-435.

[250] Sun, X. et al., 2011. Dedifferentiation of human terminally differentiating keratinocytes into their precursor cells induced by basic

fibroblast growth factor. *Biological & pharmaceutical bulletin*, 34 (7), pp.1037−1045.

[251] Sun, X., Fu, X.& Sheng, Z., 2007. Cutaneous stem cells: something new and something borrowed. *Wound repair and regeneration: official publication of the Wound Healing Society [and] the European Tissue Repair Society*, 15 (6), pp.775−785.

[252] Wang, Z. et al., 2006. The role of bifidobacteria in gut barrier function after thermal injury in rats. *The Journal of trauma*, 61 (3), pp.650−657.

[253] Wei, W.et al., 2010. Biphasic effects of selective inhibition of transforming growth factor beta1 activin receptor−like kinase on LPS−induced lung injury. *Shock (Augusta, Ga.)*, 33 (2), pp.218−224.

[254] Wu, Z. et al., 2003. Preparation of collagen−based materials for wound dressing. *Chinese medical journal*, 116 (3), pp.419−423.

[255] Xu, Y. et al., 2012. Promising new potential for mesenchymal stem cells derived from human umbilical cord Wharton's jelly: sweat gland cell−like differentiative capacity. *Journal of tissue engineering and regenerative medicine*, 6 (8), pp.645−654.

[256] Zhang, C. et al., 2010. Dedifferentiation derived cells exhibit phenotypic and functional characteristics of epidermal stem cells. *Journal of cellular and molecular medicine*, 14 (5), pp.1135−1145.

[257] Zhang, C. et al., 2011. Wnt/β−catenin signaling is critical for dedifferentiation of aged epidermal cells in vivo and in vitro. *Aging cell*.

[258] Zhou, Guoyong et al., 2011. Carbachol alleviates rat cytokine release and organ dysfunction induced by lipopolysaccharide. *The Journal of trauma*, 71 (1), pp.157−162.

附录三　正气从何而来

前言：北京大学医学部医学人文研究院黎润红老师请我为中国科协有关我大舅"盛志勇院士学术成长资料采集工程"提供材料，恰好我正在撰写我和我的前辈的回忆文章，现把有关我大舅的内容提供给你们，希望能为盛志勇学术成就追溯历史线索提供一砖一瓦。

2008年，在遥远的澳大利亚，一个偶然的机会，在卫星电视节目中看到我大舅熟悉的身影，原来是央视《大家》的访谈节目，正在采访我大舅——盛志勇。我目不转睛地注视着电视中我的大舅，聆听他那熟悉的声音，心情久久不能平静。

大舅是我最崇敬的长辈之一。在我的心目中，他性格开朗、乐观；他热爱生活；他为人善良、助人为乐；他一身正气、对名利地位不屑一顾；他对事业热爱执着、对专业刻苦钻研，90多岁的人却有着一颗年轻人的心。

因为我也是从事医学研究的，所以对大舅渊博的医学知识和专业功底，在医学道路上勇于探索的精神格外佩服。我们舅甥俩的关系格外亲密，即使后来他从上海调到了北京，即使我们都为了医学事业转战天南地北，即使我在1985年从上海来到了南半球的澳大利亚，我们都还一直保持着紧密的联系，见了面还总是那么亲近，无话不谈。

聪明过人、有"小老虎"的美称

从大人的口中我从小就知道大舅聪颖过人,在16岁时就以优异成绩考上了大学,22岁从上海医学院医疗系毕业,27岁出国进修,我外公对他寄予厚望。我们家和外公外婆同住在上海常德公寓,大舅家就在斜对面的金城别墅,我们来往非常密切,我和年龄相近的表弟妹经常在一起玩耍。当时,我只知道,大舅的工作很重要,他非常忙碌,常常不在家,在医院里做手术。

我稍懂事后,知道大舅在上海著名的红十字会第一医院(现华山医院)和中山医院外科工作。据说,他做手术胆大心细、解剖层次清晰、动作利落,得到多任外科教授的赏识。有位中山医院退休的老护士回忆道:盛志勇开起刀来,又快又好,当时我们都称他"小老虎"。

从大人的交谈里,我早就听到过外科老前辈沈克非的大名。后来才知道大舅还是沈克非教授的得意门生。沈克非,这位中国外科学的元老到华山医院担任院长兼外科主任之初,就认为大舅是个做外科医生的可造之才。从此,我大舅在医学成长道路上时时有这位伯乐的指点和支持。是他,在人才济济的华山医院外科里,极力推荐我大舅去国外进修;是他,想方设法和美方医院联系,为我大舅办好一切手续;是他,在大舅临行前,谆谆教导:记住,你是"中国派";是他,在新中国成立前夕"白色恐怖"中,竭力保护了刚从国外学成归来的大舅,让他暂时在我外公的医院里工作,以免被国民党抓去送往台湾;是他,委以我大舅重任——救治解放军伤病员,独当一面主刀各种手术,医治了大量的骨折、烧伤、贯穿伤、复合伤等各种战伤病例,这无疑是我大舅日后在中国创伤、烧伤外科领域颇有建树的一个重要起始;还是他,邀请我大舅参与了沈克非主编的我国第一部经典外科学的编写工作。

我大舅和沈克非教授不仅是不同寻常的师生,还是同心同德致力于创伤外科的亲密战友。在抗美援朝时,他们共同成功地研究了输送血液的保温防震方法。1952年,中国人民解放军军事医学科学院在上海组建,又是时任副院长的沈克非教授,全力推荐我大舅出任该院实验外科的副研究员和副主任。他们一起在上海创建了中国第一个实验外科基地，后又创建了第一所外科急诊医院。

1958年，军事医学科学院迁往北京，大舅也随学院举家去了北京。我们虽然见面的机会少了，但是在上海的家人对他事业的每一个进展都十分关注。60年代，大舅调到了中国人民解放军总医院，任创伤、烧伤外科主任。80年代，我大舅又奉命在304医院创建了创伤外科中心。90年代，成立全军烧伤研究所，任所长。现任解放军总医院、烧伤整形外科医院名誉院长，全军烧伤研究所名誉所长。

大舅早就对我说过，他的梦想是要造一幢全军烧伤研究所大楼，集医疗和研究于一体。在那里，作为一个有效运作的平台，在救治伤员的同时，把中国的烧伤外科医学事业推向世界的先进水平。正是在坚持不懈的努力下，多年后他的夙愿实现了，一幢白色的六层大楼矗立起来了。2010年我去北京探望大舅和舅妈时，专程去拜访了那幢大楼。在那里，大舅有一个很大的办公室，90岁高龄的他，每天依然在那里勤勉上班。一个大桌子上堆满了正在修改和有待修改的中文、英文的论文和著作。我深深地知道，大舅对这座大楼是情钟魂系的。它是大舅和他的团队在战创伤、烧伤的临床和研究道路上不断开拓创新，并作出了他一生卓越贡献的心血结晶。

勉励后生

我这个后辈选择了走学医这条路，也正是因为深受了我外公和大舅的感召。

1963年我考入了上海第二医学院医疗系，我外公和大舅为家族中有人能走上他们钟爱的医学道路而感到分外高兴。当时我也是满怀浪漫的理想和憧憬，要以他们为榜样，在将来成为一个对人类有贡献的医学专家。

1970年我却是带着困惑离开了母校，奔赴了天涯海角——一个当时在地图上都很难找到的陕西省小县城。我含泪挥别了抚育我成长的亲人和家乡上海，茫然地奔赴一个全然没有人生概念的大西北。

说是一家县医院，其实远远不如上海的任何一家地段医院。有一台

X-光机，因为没有放射科医生和技术员而被闲置在那里。院长有意思让我把放射科建立起来，但是对 X 射线的恐惧让我犹豫了。当时我的外公还在世，他鼓励我说："新中国成立前，所有的私立医院都办在有钱人的地区，可我恰恰选在上海的贫困的工人区办医院，正因为那儿缺医少药嘛。你们那里没有放射科，你就应该义不容辞挑起担子把它建立起来，只要自己注意好防护就不会有问题。"受到长辈教导和的鼓励，在毫无专业知识和技术的情况下，我，竟然勇敢地挑起了在大西北小县医院开设放射科的重担。

就在那最艰苦的岁月里，一天，有一位"不速之客"来访，着实让我兴奋激动了长久长久。那就是我的大舅突然来了。当时他是中国人民解放军总医院创伤外科主任，千里迢迢从北京到陕南安康参加巡回医疗。他专程从山区的巡回点到我所在的这个小县城来看望我。我是多么激动啊！我带他参观了我们的县医院；在我那简陋的卧室里用煤油炉做了顿简单的饭"招待"他，他竟然还吃得挺香。看到我能在西北的小县城里过着和大上海有天壤之别的生活，而且还能在艰苦的环境下创业，大舅十分地高兴，对我倍加鼓励。他说："你们这个医院虽小，但还有手术室、化验室和 X-光机；我们在陕南山区巡回医疗，可是什么都没有的，要用最基本的医学知识和检查手段来诊断疾病。我们曾碰到过一个急需要手术但来不及转送去县医院的病例，只好就地取材，用门板放在土炕上当手术台，被单支撑起来以防屋顶的灰尘落在伤口里，用手电筒照明，为患者成功地实施了手术。"大舅还对我说："医生的职责，就是在任何环境下都要责无旁贷，想方设法地为病人解除病痛，救死扶伤……"

大舅的句句话语，对我的鼓励太大了。我明白了，我们在考入医学院时心怀的那个"在大医院当大医生"的理想，必须在现实中慢慢地沉淀下来，我们面临的是一个要付出艰辛努力、用我们学到的最基本的医学知识去开创适合乡土社会的医学生涯。

说不完的知心话、听不厌的教诲，不知不觉天黑了。从县城发往西安的长途班车已经没有了，看着大舅坐上了我在公路上拦下的运输车离我而去，不由感到一阵失落。

1974年我回上海生了女儿、取名立优。大舅从北京来沪看到有盛家血脉的第三代（从我外公算起应该是第四代了），兴奋无比。他把我女儿高高举起，似乎在说：立优、立优，你长大后一定要比我们立得高、比我们优秀喔！

　　1985年，命运把我们全家推到了冬夏倒置、南北倒置的南半球—澳大利亚墨尔本。

　　生活的变迁，使我们又面临了新的一轮的磨难。一切又要从零开始，再一次的感到了前途难卜。当时国内门户开放不久，经济尚未飞跃，人们口袋里的钱还非常有限，不可能像现在的留学生那样得到家庭的资助。经济上的困境，使我们只能租最便宜的单元房住，买最便宜的食品吃。澳洲人非常善良，他们常常无私地帮助我们，把家里的旧橱柜、桌椅、自行车等都送给我们用。很快，一个简陋但温暖三口之家就建立起来了。

　　不久，大舅来澳洲开会，舅妈也随同一起来看望我们。现在回想起来，我们当时的条件实在是太差了。但是大舅舅妈还是从宾馆搬来和我们一起挤在那个小小的单元房里。我们一起度过了那短暂的、清贫的、但确是甘甜的日子。去机场送别他们回家，发现床底下有一台新吸尘机，原来是他们悄悄地买来送给我们的。家人们这种默默无闻的支持，使我们后来在他乡、异国的从医道路上，能迈开虽然艰难、然而走向成功的坚定步伐。

图附1-1　1974年大舅来上海，看到只有几个月大的立优高兴地把她举了起来

图附1-2　大舅和幼年时的立优在上海我们家（常德公寓50室）的前阳台上

图附1-3　1998年大舅（右二）、大舅妈（右一）和小舅（左二）小舅妈（左一）到澳洲墨尔本参加立优的婚礼

此后，大舅一直关心着立优的健康成长。每次互通电话时他总问："立优适应了外国学校了吗？""立优成绩怎样？"当听到立优从中学毕业以优异成绩考入墨尔本大学医学院的消息，他连声说："好！好！好！"

1998年，他和舅妈特地来墨尔本参加了立优的婚礼。

2003年，当他听到立优完成了妇产科专科的训练，获得了专科医生的执照，立即来信祝贺。立优（Leah Xu）循三代前辈们（太公、大舅公、父母）的足迹，也走上了用医术治病救人的道路。现在她建立的私人诊所，正在生气蓬勃地发展。

我们在上海家中的大部成员都移居到墨尔本了，就我妹妹徐珏一个人在美国奋斗。大舅格外关心、记挂着她。大舅到美国访问时，绕道专程到我妹生活与工作的地方去看望她。相聚虽然短暂，但舅甥间的促膝谈心，使我妹妹陪感到亲情的温馨。

大舅对徐珏的女儿王玉也是喜欢有加，小时候他会让她坐在他的肩膀上，在房间里转圈。王玉来澳洲后，他也是时时关心她的成长。当他听到

图附 1-4　上个世纪 80 年代坐在大舅公肩膀上的王玉（我妹妹徐珏的女儿）

图附 1-5　王玉（Alicia Wang）从澳洲 Monash 大学医学院毕业（2003）

王玉（Alicia）在澳洲拿到了放射科专科医师的执照后，说："放射科好，一个合格的放射科医生是需要很广泛的解剖、病理和各专科知识的，介入检查又需要一定的外科技术，加上计算机技术的飞快发展，放射科是个很有挑战性的专业。"9 旬的老长辈道出了如此精辟的话语来鼓励他的孙辈同行。

有时我们会从澳洲托人带一些小礼品给大舅舅妈，譬如脱敏牙膏和大舅喜欢的奶酪（当时国内还没有）以表我们对他们的思念。他们总是来信叫我们千万不要再带东西给他们了。大舅来信中曾有这么一段原话："我们也老了，没有什么追求的（指物质上）。你们在国外奋斗也不是那么轻松的。我看只要你们在那里生活过得很愉快，工作顺利，我们就能安心。我想你们经常来片言只语、寄回来一些照片，我们就非常高兴了。"现在，每当我再次复看他和舅妈的来信时，我总是每每地热泪盈眶。这就是老一辈对我们小辈的最朴素最真切的期望啊！

现在，我女儿和我妹妹的女儿她们也都有孩子了。大舅对第四代更是关心备至，嘱我要定时寄孩子的照片给他。每次打电话，他都要问到每个孩子的情况。听到孩子的趣事，他会在千里之外电话的另一头放声哈哈大笑，欣慰之情溢于言表。每次听到他爽朗的笑声，我完全被他感染征服了。我心想：这样的笑声是我大舅特有的！

乐观豁达、兴趣广泛

乐观、豁达、兴趣广泛是我大舅性格中最闪亮的光点。

我舅妈来信中对大舅是这样描写的："你大舅是名声在外,鉴定会、评审会、答辩会、审稿会……总是有事忙。但他也爱活动、爱吃、爱听、爱看、爱玩、对什么都有兴趣。"

听我妈说,大舅小时候很"皮",爱玩、爱运动。因为他属猴,所以他有个雅号叫"猢狲"(上海话"猴子"的意思)。他一年四季都穿短裤、洗冷水澡,所以身体一直很壮实。

上个世纪 60 年代,我去北京探望他们,当时大舅在中国人民解放军总医院任创伤、烧伤外科主任,大舅家就在总医院的大院里。每天清晨当军号一响起,大舅和年轻人一样,参加跑步晨练、精神焕发,真让我这小辈感到自愧不如。

当时大舅正值壮年,一天工作下来再累,吃过晚饭,看新闻看电视是必不可少的,等到大家都要去睡觉了,他才开始"做功课"(看杂志、写文章、思考问题),一直到深夜。我曾问他:"你忙得话,是否电视可以少看些?""每天这么晚睡觉,累不累?"他说:"只有脑子休息调整好了,才能集中精力思考;夜深人静,才是学习最好的时候。"我凝望着他,思索着"孜孜不倦"的真实含义。

作为长辈,他从来不端长辈的架子。他看见我们总是乐乐呵呵、亲亲热热地,有时还会开我们小辈的玩笑。我出国后多年后第一次回国,特地去北京探望他和舅妈,他见了我打趣地说:"看!外国老太婆回来了!"(意思是我变胖了,像外国那些胖老太婆了)。然后,就是我大舅那特有的放声大笑。

他喜欢吃。按舅妈的话说:"只要不是不能吃的食物他都喜欢。"我知道他最喜欢的是鸡皮和红烧肉的肉皮。有时还要逗着叫我们吃,他说:"这是美容的,哈哈!"当然,有时还得受到我舅妈的"限制"。他从不刻意去追求"长寿",可是他却长寿。这里,我必须要说:大舅妈几十年如一日,对大舅的精心照

图附 1-6　大舅牵着我家的 Rikko(狗的名字)去散步 (1998)

附录三　正气从何而来　225

顾，功不可没。

他对生活对小动物的热爱，让我感受到他的那颗童真的爱心。1998年他来澳洲住在我们家时，天天要抢着去遛狗。还饶有兴趣地帮我们割草、做花园活。记得有一次，我带了一只会呼吸的玩具狗去北京，准备送给他的孙子，他看到后爱不释手，结果和孙儿商量了好一阵，决定先在他那儿放几天，让他"过过瘾"。

图附1-7　大舅戴着耳机在我家后花园割草（1998）

图附1-8　大舅在澳洲充分享受了大自然赋予的美。连鸟儿和袋鼠都成了他的好友（1998）

我对大舅的尊敬和崇拜，不仅仅是因为他在医学领域上的成就，更重要的还有他在人文艺术领域的修养和造诣。他喜欢音乐，通晓世界名曲；他还有一副天生的歌喉；他能流利地阅读各种英文小说；他还写得一手好字。他的书法自然如画，苍劲有力。更让大家惊奇的是他无师自通，完全是天赋，完全是灵性！

衷心感谢他的弟子们为大舅出版了"盛志勇院士书法作品选萃"。下面几幅，我最为欣赏。从中我感悟到大舅他对高尚品格、心灵纯正的毕生追求，和他对生活和事业的热爱和执着，实是为人师表之信念。

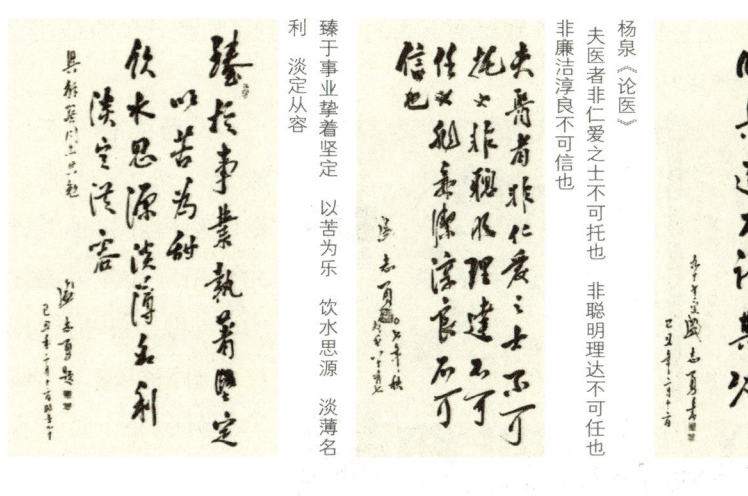

《汉书·董仲舒传》
正其谊不谋其利　明其道不计其功

杨泉《论医》
夫医者非仁爱之士不可托也　非聪明理达不可任也　非廉洁淳良不可信也

臻于事业挚着坚定　以苦为乐　饮水思源　淡薄名利　淡定从容

人体生理秘最玄　寻踪苦觅穷办源　万类古今何相似　缘是非线关系传　九旬常怀千年策　热血更温世纪泉

岂能尽如人意
但求无愧我心

灵感来源于知识的积累
而实现灵感不仅要有丰富的知识
更需要坚韧不拔的精神和毅力

饮 水 思 源

据我小姨回忆，1948 年，我外公盛清诚请人在他创办的沪东医院后花园掘口新井。正逢我大舅回国，外公让他填字，大舅毫不思索地在新砌的水泥上刻下了"饮水思源"四个大字。不言之中流露了年轻的大舅爱国、爱家、爱父母、不忘本的深情。

近年来，90 多岁的大舅年年要去给我外公外婆上坟，还抢先交了多年的管理费以尽子孝。外公外婆的墓地在苏州灵岩山上，那个地方很难找，而且要走很多高低不平的石级才能到达。我真不知道心脏血管里装了 5 根支架的大舅，是怎样一步一步地攀登上去的？我看到了！我看到的是九旬老人的那颗知恩图报的孝心。

大舅能有今天的成就，外公对他的影响和培养起了关键的作用。我外公盛才（盛清诚）出生在浙江省德清县莫干山脚下庾村的一个贫苦农民家庭。他从一个放牛娃通过执着努力成为一代名医，还在缺医少药的旧上海沪东工人聚集地区，独资创办了有一定规模的私立沪东医院，为国人治病，传播了西方医学科学和医疗技术，自立培养了不少医务人才。在这样的一个家庭环境里成长，很早就在大舅心里埋下了那颗治病救人、科学救国的种子。后来，在华山医院工作时，沈克非教授全力推荐大舅出国深造，当时政局混乱、经济危机，外公在自身财政已经非常拮据的情况下仍毫不犹豫地出资在经济上全力支持大舅。大半个世纪过去了，如今轮到大舅坚持不懈用最古老、最朴素、也是最亲情、最人文的方式，来永远缅怀和感恩他的父母了。

图附1-9　沪东医院正面印象图（上海市眉州路34号）［右上角：沪东医院创始人盛清诚（后改名盛才，1893—1978）］

浙江莫干山，也是我大舅盛志勇思念的地方。那里是他的家乡，还有他父亲留下的老屋—莫干山90号（注：目前产权尚未落实归还，由莫干山管理局代管）。在那老屋里，他父亲曾利用夏天暑假开设义诊，为当地乡亲父老们服务，留有极好的社会声誉。近年来，大舅多次回乡寻访他童年时足迹，还专门去察看老宅。去时总在当年父亲为民诊病的老屋楼下的诊所里逗留，心灵感应着他父亲当年的善举，久久、久久地舍不得离去。他殷切地希望，有朝一日，也能像父亲一样，为家乡的父老乡亲尽点心、做点事。

图附 1-10　俯视盛家老宅——莫干山 90 号　　图附 1-11　大舅在盛家的老宅门前留念（2011）

有一颗"关爱的仁心"

大舅关心着家庭中每个成员的身体健康。

我记得早在上个世纪在 70 年代，我在陕西工作，我父亲（盛志勇的姐夫）在上海被怀疑为肺部肿瘤，马上被收入院要做剖胸探查，为此一家人急得简直像热锅上的蚂蚁。大舅认为术前检查不够完善、诊断依据不充分，所以他即刻从北京特地赶到上海，找了中山医院放射科专家看了胸片，又做了进一步检查，最后认定是血管畸形，排除了肺癌，我爸才得以免受了开胸之罪。

上个世纪 80 年代，在大西北的二舅（盛志勇的胞弟）不幸患了肝癌，大舅亲自赶到银川市，为他安排手术，在手术台旁陪同二舅渡难关。

自从我们全家（包括我父母、小姨和妹妹）都移居国外后，通信和通电话成了我们和大舅家的主要联系方式。大舅实在忙的时候，就由舅妈代笔。如今，我有幸还能找到大舅和大舅妈的一部分来信。现在复读，又一次次让我感动。字字句句都深含了他们对我父母健康的关怀、对我们第二代的鼓励和对第三代的希望。

1998 年，那是个充满喜庆的一年。大舅、大舅妈和小舅、小舅妈千里迢迢来到了澳大利亚墨尔本，这是盛家的老一代兄弟姐妹（我妈妈盛敏珍、我大舅盛志勇、小舅盛志廉和小姨盛志信）的一次历史性的重聚。他们和我们一起共同见证了我的女儿立优走上婚姻的殿堂；一起欢度了圣诞

附录三　正气从何而来

节和元旦；一起游览了澳洲的名胜。我还陪同大舅参观了布里斯班医院。盛家老一代加上我和我妹妹两家以及我们的下一代都汇聚在我家，回忆往事、谈笑人生、整理花园、烧烤、开家庭音乐会，尽享融融的天伦之乐。

图附 1-12　1998年盛家姐妹兄弟团聚在墨尔本，在我家后院留影［前排左起：盛志信（我小姨）、盛志廉和何铭珏（我小舅和小舅妈）、徐沛才和盛敏珍（我爸和我妈）、盛志勇和张韵秀（我大舅和大舅妈）；后排左起：许立优和Ben（我女儿和女婿）、徐珏和Kevin（我妹妹和妹夫）、王玉（我妹妹的女儿）、徐瑾和许时昂（本人和我丈夫）］

图附 1-13　大舅扮圣诞老人给我爸、妈发新年礼品

图附 1-14　全家人聚在门口欢送我女儿女婿这对新婚夫妇去度蜜月

图附 1-15　大舅和大舅妈在澳大利亚黄金海岸充分享受阳光、沙滩、海浪带来的欣喜（1998）

时光飞逝，几周后，大家又要话别了，但一家人那浓浓的亲情却永远会维系着我们每一个人的心。

殊不知，这一别，却也成了大舅他们和我爸妈的永别。

不久，我父母都患病了。在那段时日里，我和大舅间频繁的 E-mail 往来不计其数。

1998 年，我爸爸（盛志勇的姐夫）被诊断出患了前列腺癌。大舅当即请教了中国国内泌尿科专家，并马上发来了 E-mail：

"We are longing for news concerning the health of your Dad. His health is always in our mind. I have consulted our urologist. He told me that the best treatment will be orchidectomy（睾丸切除术）followed by local radiotherapy. He also assured me that the prognosis is not too bad. One of my friends has been surviving for many years after such a therapeutic strategy."

大舅的来信对我父亲的病怎样治疗、预后怎样有很重要的指导意义，使我们对澳洲泌尿外科医生所采取的治疗手段有了充分的思想准备，父亲成功地接受了睾丸切除术，又快快活活地生活了 7 年。

2003 年，当大舅听说我妈妈胆囊癌转移到肝脏后，万分忧急，立即来了邮件：

"It is my immediately decision to go to Melbourne myself, but I have learned today that it is impossible to get an approval from the authorities. I will send Pei-lun to Melbourne as my personal representative."

大舅恨不得亲自即刻飞来澳洲，但是他得知他是不可能成行的，所以委派了他的小女儿沛伦全权代表，赴澳帮助照顾我母亲。他嘱咐我把所有的检查报告转寄给他，他去请教了中国肝胆胰外科的权威吴孟超教授。还嘱我每周向他汇报一次妈妈的病情。大舅告诉我：

"Adenocarcinoma is usually not sensitive to chemotherapy, and chemotherapy will give rise to many adversary reactions, producing more sufferings. Therefore I don't believe any aggressive treatment is acceptable. What we can do is to give comfort, and relieve any pain, agony, discomfort."

腺癌对化疗是不敏感的，化疗有许多的副作用，所以大舅认为是不可接受的。我们能够做的就是尽量让母亲减少疼痛和不适。这个观点是和国外对癌肿晚期病人的治疗原则是一致的。

How is your father？ You have to take extra care of him in the present situation. Everybody must leave this world at last. There is no exemption. One of the two will pass away first, and nobody is able to tell who will go first. He should be more philosophical in such matter. Give my best regard to him.

得知我父亲为我母亲的病情很是忧郁后，大舅叮嘱我要格外照顾好我父亲。他让我转告我父亲：每个人最终都要离世，没有一个会例外。夫妻两人总有一人会先走，也无人知道谁会先走。应该要哲理地对待这件事。大舅的这份亲情和对于生死的豁达态度，给了我爸极大的安慰。

我父母在澳洲先后仙逝之后，大舅寄来了他亲自书写的悼念诗稿。短短几句诗词中，却包含了他对半个多世纪的亲情的无限怀念、对失去亲人的无限悲痛以及寄托了神往要和他们再次团聚的无限情思。

图附1-16　大舅书写的悼念诗稿（一）
注：志勇、韵秀是我大舅、大舅妈；景元是我二舅妈；志廉、铭玉是我小舅、小舅妈；十伦代表我的十位"伦"字辈表弟妹

近年来，频频传来大大舅立功、获奖和中央领导人接见他的消息。我并不感到意外，因为我了解他。回忆大半世纪以来，他参加了那么多次生死战争的战地救护（抗美援朝，中印、中越边境自卫战），邢台、唐山大地震和成昆铁路救助，经历了山区农村（陕西、山西）的巡回医疗艰苦条件的磨炼；加上他有扎实深厚的医学基础，善于借鉴西方的科学方法，实践于医疗临床和研究中，他成为了现代中国创伤外科的主要开拓者之一。大舅对于创伤、烧伤的防治有自己独到的见解，为把我国烧伤救治水平推向了世界领先地位作出过贡献。

图附1-17　大舅书写的悼念诗稿（二）
注："杨浦"是我外公创办的沪东医院所在地，他们在那儿度过了青少年时代；大舅和我妈妈都在那儿工作过；"静安"是我们和大舅在上海居住的地区，是他们建立家庭、养育下一代的地方；"墨尔本"是他们在1998年再次团聚的地方

国家和人民认可了他在医学道路的上顽强拼搏精神，认可了他对医学科学的卓著贡献。他当选为中国工程院院士。

大舅，你是实至名归、当之无愧啊，我们为你感到骄傲！

如今，我大舅已年逾九旬。然而，他的思维仍旧非常活跃、他的身体和同龄人相比显得相当的硬朗，他每天还在坚持上班。近年回国去北京看望他和舅妈，我观察到他生活还是很有规律。每天按时起床，和我外公在世时的习惯一样；一成不变的早餐：煮鸡蛋、面包奶酪、咖啡；准点下楼，司机接他上班；中午回家吃饭、在躺椅上打个盹；下午2:00准时下楼，司机接他上班；晚饭后，看新闻依然必不可少，然后有好的电视剧他也会看看；然后看书、入睡。

我最担心的还是大舅的心脏，现在已有五根支架撑着他那狭窄的冠状动脉。我对他说："您就不必上全天班了，半天也很可以了。"他说："要我坐在家里反而要得病。我有做不完的事，改不完的论文。我还可以发挥

附录三　正气从何而来　233

一些余热，为年轻人的英语论文摘要润润色，为他们修改修改文章，自己也感到年轻了。"

他还反复嘱咐我说："你也不要退休！你们的研究对全世界的聋人复聪是多重要啊！能做就做点力所能及的事，这比待在家里好。"

图附1-18　我和大舅、大舅妈共进晚餐

最近我和大舅通电话，他说："现在他们不要我做第一线的事了。"我说："您都快92岁高龄了，您还想做多少事情啊？"他说："我现在主要的心愿就是继续参与研究植皮后汗腺再造这一世界性的难题，通过干细胞诱导形成汗腺细胞并成功植入病人的皮肤中，恢复排汗功能。"

我知道这是近几年来他和他的团队一直致力于攻克的课题，他们已经在小面积植皮上获得了突破性的成功。但他说："这还不能解决问题，实现大面积才是我们的最终目标。"

我的大舅，盛志勇，他的科学探索的目光永远紧盯着世界医学的最前沿。

徐　瑾

（作者徐瑾是盛志勇胞姐盛敏珍的大女儿，现为澳大利亚仿生研究所的资深研究员）

参考文献

[1] 沪东医院院庆特刊序. 傅若愚. 沪东医院创立二十五周年纪念特刊. 1949.7.1.

[2] 急症外科医院即将开院 [N]. 新民晚报.

[3] 盛志勇, 火器伤的初期外科处理 [J]. 解放军医学杂志, 1965（1）: 60-63.

[4] 郭振荣, 盛志勇. 不断发展壮大的烧伤专业 [J]. 感染. 炎症. 修复. 2004（3）: 67-68.

[5] Bjorn Aage Ibsen [J]. Lancet. 2007, 370（9598）: 1538.

[6] Zhu Zm J X C J. clincal application of skin stored by vitrification [J]. Cryobiology. 1995, 32（6）: 572.

[7] 董元林, 盛志勇, 张遵一等. 烧伤后感染期中性粒细胞化学光测定 [J]. 中华整形烧伤外科杂志. 1985（2）: 17-20.

[8] 郭振荣, 盛志勇, 朱兆明, 等. 293 例严重烧伤病人休克期复苏的评价 [J]. 中华整形烧伤外科杂志: 194-197.

[9] 高维谊, 郭振荣, 盛志勇. 烧伤休克期输全血或平衡液对心脏收缩性能影响的实验研究 [J]. 中华整形烧伤外科杂志. 1987: 293-295.

[10] 贾晓明, 柴家科, 纪晓峰等. 速冻玻璃化储存异体皮的临床应用 [J]. 军医进修学院学报. 2001（1）: 14-16.

[11] 刘辉, 姚咏明, 盛志勇. 脓毒症研究的新策略——非线性观点 [J]. 中华外科杂志. 2006（3）: 205-207.

[12] 胡森，盛志勇，周宝桐. 创伤后多器官衰竭发病过程的"双相预激"学说 [J]. 解放军医学杂志. 1995（5）：361.

[13] 吴公良、赵连璧主编. 野战外科学 [M]. 上海科学技术出版社. 1981.

[14] 吴孟超、盛志勇、王正国、朱克文主编. 新编外科临床手册 [M]. 金盾出版社. 1989.

[15] 黎鳌主编. 现代创伤学 [M]. 人民卫生出版社. 1996 [N].

[16] 鲁开化. 1988年中日整形外科学术交流会在我校召开 [J]. 第四军医大学学报. 1989（3）：172.

[17] 盛志勇. 做一名合格的烧伤外科医生——一位老医生的希望 [J]. 中华烧伤杂志. 2006（1）：1-3.

[18] 盛志勇. 中华烧伤外科学会正式成立 [J]. 中华整形烧伤外科杂志. 1986(1)：166.

[19] 马泰泉. 活着，因你而美丽 [M]. 北京：解放军文艺出版社，2003.1.

[20] 佚名. 沪医疗手术队今天出发，医务工作者万人将游行欢送. 文汇报，1951-1-25（1）.

[21] 佚名. 上海市志愿医疗手术总队全体名单. 文汇报，1951-1-24（1）.

[22] 披肝沥胆赤子情——一代宗师盛志勇院士从事医教研六十五周年纪念 [C]. 北京：长城出版社，2007.12.

[23] 中国科学技术协会（编）. 中国科学技术专家传略·临床医学卷3·盛志勇 [M]. 北京：人民卫生出版社，2007.9.

[24] 史玉泉，陈化东，沈克非，盛志勇，石美鑫. 一种新的适合国情的止血剂 [J]. 中华医学杂志. 1951（11）：1025-1029.

[25] 沈克非、盛志勇、王文正. 淀粉海绵止血剂制造与消毒进一步的研究 [J]. 中华外科杂志. 1953.1：81-86.

[26] 王文正、盛志勇、沈克非. 用化学灭菌法制造淀粉海绵止血剂的研究 [J]. 中国人民解放军医学科学院院刊. 1957.2：295-301.

[27] 石美鑫、姚泰等. 沈克非教授百年诞辰纪念文集. 盛志勇. 缅怀敬爱的沈克非老师 [M]. 上海医科大学出版社. 1997.

[28] Hilton TG·S. G. O 1981；152：441.

[29] 张向清. 烧伤休克期复苏液体的临床选择. 中国烧伤创疡杂志. 2004.第四期.

[30] 新方志、上海市《上海建筑施工志》国立上海医学院，来源：《上海建筑施

工志》/工程篇—第六章教育体育卫生建筑，编纂单位：《上海建筑施工志》编纂委员会，编纂人员：吴文达、张锡荣、李晓华，上海社会科学院出版社.1997.

[31] 中华整形烧伤外科杂志编辑部. 十年种树郁郁成林. 中华整形烧伤外科杂志，1995（6）：403-405.

后 记

在 2010 年 6 月以前，我对盛志勇教授并不太了解，只是曾经在学习相关医学课程中有所耳闻。直到中国科协"老科学家学术成长资料采集工程"启动，我们小组有幸得到中国科协的批准，开展了盛志勇院士的学术成长资料采集工作，我才得以近距离地了解盛志勇教授。

第一次见到盛志勇院士之前，我做了不少的"功课"：从网络上查找了很多关于盛先生的介绍，虽然那些介绍并不太系统，但是汇集起来之后，仍能感觉到盛老是一位人生阅历十分丰富、科学研究硕果累累的医学家。2010 年 9 月 23 日，我第一次见到了盛先生，第一印象是他是一位极其亲切的老人。虽然当时我们是第一次见面，但是盛老给我们讲述了一个多小时，将自己人生过程中的主要的事件脉络给我们做了一个很好的梳理。也是在那天我才知道，盛先生的经历有很多特别之处。随着后来多次的访谈，我才对盛老的人生阅历的特别之处有了更为深刻的了解。访谈是采集工程中一件十分重要的工作，但是实物资料的采集以及相关材料的解读对更全面地开展访谈工作是十分有益的。盛老有一个很好的习惯，他对文献资料十分珍惜，虽然搬家数次，有不少东西可能已经丢失，但是有几个箱子的材料他无论到哪个单位、哪个办公室，始终保存着。那几箱材料就是他多年来所阅读过的大量的中英文文献和自己写的部分书籍手稿以及自己与亲人、朋友之间的通信。这几箱资料，盛老都很放心地交给我们进行整理，因此，我们小组几位成员拿到这几箱资料时真是如获至宝，虽然整理文稿资料目录十分"繁琐"，但是在看见具有很高史料价值而且十分难得的资料之时，大家都是十分兴奋的。除了整理出来的有效资料得到盛老同意捐赠之后，我们将与采集项目不甚相关的资料也分类整理并送还盛老之时，他十分亲切的笑着对我们说："你们的工作做得真细致！"听到这样的话语，我们真的十分感动，盛老对我们给他造成的多次打扰不仅一点不在意，却反过来对我们的工作给予如此的肯定。也许这也是盛老的特别之处，自己年过九十，每天准时 8:30 上班，5:30 下班，如此辛苦浑不在意，对别人的辛苦却记在心中，不忘对别人的肯定。

　　研究报告的撰写真的是一段比较"痛苦"的事情，尤其是撰写报告的同时还有很多材料要整理，也有很多访谈工作需要进行，当大大小小数件事情汇集在一起需要完成时，就难免会让人有些焦虑。好在有几个师弟师妹过来帮忙，当时很多实物资料的整理编排工作都在他们的大力帮助下一一完成。后来我们又对研究报告进行很大幅度的修改，然后经过不断的加工修理，内容渐渐地完善，终于感觉越来越有点像样子了，甚感欣慰。由于笔者水平所限，对盛老丰富的人生阅历和深厚的学术素养理解不够透彻、把握不够全面，还望各位专家、读者批评指正。

　　本书能够顺利地完成，与多位老师的帮助密切相关。其中，盛老的秘书解葵老师给我们提供了大量的材料，当然，她也是在这个采集过程中一直与我们密切联系并给我们提供了大量帮助的人，借此机会，我们小组对解老师的工作致以深深的谢意！同时，在报告的写作过程中，也得到盛老外甥女徐瑾的大量帮助。另外，采集工程办公室的领导与老师们，请了各方专业的专家对我们进行精心培训，结题验收过程中又为我们的研究报告提出了大量的修改意见，使我们能够不断地完善。尤其是中国科学院自然科学史研究所的张藜老师、王传超先生，中国科学院科技政策与管理研究所的樊洪业老师等都对传记的内容提出了宝贵的意见和建议，在整个采集工作中，盛老的学生、家人以及所有的采集小组成员都付出了很多辛劳，在此一并感谢！

老科学家学术成长资料采集工程丛书
已出版（50种）

《卷舒开合任天真：何泽慧传》　　　　《此生情怀寄树草：张宏达传》
《从红壤到黄土：朱显谟传》　　　　　《梦里麦田是金黄：庄巧生传》
《山水人生：陈梦熊传》　　　　　　　《大音希声：应崇福传》
《做一辈子研究生：林为干传》　　　　《寻找地层深处的光：田在艺传》
《剑指苍穹：陈士橹传》　　　　　　　《举重若重：徐光宪传》

《情系山河：张光斗传》　　　　　　　《魂牵心系原子梦：钱三强传》
《金霉素·牛棚·生物固氮：沈善炯传》《往事皆烟：朱尊权传》
《胸怀大气：陶诗言传》　　　　　　　《智者乐水：林秉南传》
《本然化成：谢毓元传》　　　　　　　《远望情怀：许学彦传》
《一个共产党员的数学人生：谷超豪传》《没有盲区的天空：王越传》

《含章可贞：秦含章传》　　　　　　　《行有则　知无涯：罗沛霖传》
《精业济群：彭司勋传》　　　　　　　《为了孩子的明天：张金哲传》
《肝胆相照：吴孟超传》　　　　　　　《梦想成真：张树政传》
《新青胜蓝惟所盼：陆婉珍传》　　　　《情系梁菽：卢良恕传》
《核动力道路上的垦荒牛：彭士禄传》　《笺草释木六十年：王文采传》

《探赜索隐　止于至善：蔡启瑞传》　　《妙手生花：张涤生传》
《碧空丹心：李敏华传》　　　　　　　《硅芯筑梦：王守武传》
《仁术宏愿：盛志勇传》　　　　　　　《云卷云舒：黄士松传》
《踏遍青山矿业新：裴荣富传》　　　　《让核技术接地气：陈子元传》
《求索军事医学之路：程天民传》　　　《论文写在大地上：徐锦堂传》

《一心向学：陈清如传》　　　　　　　《铃记：张兴铃传》
《许身为国最难忘：陈能宽》　　　　　《寻找沃土：赵其国传》
《钢锁苍龙　霸贯九州：方秦汉传》　　《虚怀若谷：黄维垣传》
《一丝一世界：郁铭芳传》　　　　　　《乐在图书山水间：常印佛传》
《宏才大略：严东生传》　　　　　　　《碧水丹心：刘建康传》